AF346726

BIOGRAPHIES

DES

HOMMES ILLUSTRES

Hommes d'État, Hommes de guerre.

BIOGRAPHIES

DES

HOMMES ILLUSTRES

**Civilisations primitives et monuments de l'Orient,
Législateurs, Fondateurs, Hommes d'État,
Hommes de guerre, Conquérants et Patriotes.**

A L'USAGE DE LA CLASSE PRÉPARATOIRE DES LYCÉES
ET DES COURS DE L'ENSEIGNEMENT PRIMAIRE

Par M. E. MARÉCHAL

Professeur d'histoire.

OUVRAGE ORNÉ DE VIGNETTES

PARIS

IMPRIMERIE ET LIBRAIRIE CLASSIQUES

MAISON JULES DELALAIN ET FILS

DELALAIN FRÈRES, Successeurs

56, RUE DES ÉCOLES.

LES HOMMES ILLUSTRES

DES TEMPS ANCIENS ET MODERNES

LES GRANDS HOMMES ET L'AMOUR DE LA PATRIE.

Un homme illustre, c'est un homme dont le nom
est très connu, un homme dont la vie est célèbre, et
dont le souvenir se perpétue après sa mort. On peut
devenir illustre par des actions et pour des motifs
très différents. Solon, qui a créé les lois des Athéniens; Léonidas, qui a défendu l'indépendance de la
Grèce, et Vercingétorix, qui a défendu celle de la
Gaule; Alexandre, qui a conquis l'Asie; Shakspeare,
qui a été un très grand poète; Gutemberg, qui a
trouvé l'imprimerie; Christophe Colomb, qui a découvert l'Amérique; Papin, qui le premier a compris
l'utilité qu'on pouvait tirer de la vapeur pour faire
mouvoir des machines, sont également des grands
hommes. Toutefois ne l'oubliez jamais : on n'est véritablement digne d'éloges qu'à condition d'être honnête
et dévoué aux autres ; plus on rend de services à ses
semblables, et plus on est digne d'admiration. La
grandeur réelle d'un homme se mesure, non pas sur
le bruit que son nom a fait dans le monde, mais sur

l'étendue des services qu'il a rendus à ses concitoyens et à l'humanité. Ce qui reste d'un homme après lui, c'est le bien qu'il a fait, ce sont les bons exemples qu'il a donnés.

Il y a eu des hommes illustres chez tous les peuples, mais ceux sur lesquels j'appellerai principalement votre attention, ce sont les Français, c'est-à-dire nos compatriotes. Gardez-vous de croire que les hommes des autres pays n'aient pas comme nous de grandes qualités; rendez-leur justice : car ce n'est pas en méconnaissant les talents ou les vertus de ses voisins qu'on montre son propre mérite; c'est en imitant ce qu'ils font

D'après la statue de MERCIÉ,
au square Montholon (Paris.)

eux-mêmes de bien, en tâchant de les égaler ou de les dépasser. Il est déraisonnable d'ignorer ce que font les étrangers et de ne pas leur donner les éloges auxquels ils ont droit.

Mais avant tout, soyez bons Français. Quand vous étudierez en détail l'histoire de France, vous verrez que plus on connaît son pays, et mieux on l'aime. Un

1.

écrivain ancien voulant caractériser les Gaulois, nos ancêtres, disait d'eux : « Ils savaient bien parler et ils se battaient courageusement. » Au moyen âge, cette époque intermédiaire entre les temps anciens et les temps modernes, on appelait la France « le soldat de Dieu ». Au temps de notre grande révolution de 1789, l'Assemblée nationale constituante, c'est-à-dire l'Assemblée chargée de faire une constitution, des lois, plaça en tête, non pas une déclaration des droits du Français, mais une *Déclaration des droits de l'homme et du citoyen*, voulant marquer ainsi que, quand la France entreprend quelque chose, elle veut que tout le monde en profite, et non pas seulement ses enfants.

L'histoire vous montrera aussi que dans les relations entre les différents peuples, notre langue est employée comme langue diplomatique, autrement dit que les traités sont signés partout *en français*. Vous constaterez encore que nos poids, nos mesures, nos monnaies, ont été adoptés par un grand nombre de peuples. C'est surtout à la France, qui les a secourus quand ils étaient trop faibles pour s'affranchir, que les Américains des États-Unis, les Grecs, les Belges, les Italiens, doivent leur liberté, leur indépendance. Elle a donné asile aux Polonais lorsqu'ils ont été exilés de leur patrie.

Aimez donc la France et tâchez de devenir des hommes instruits, capables de la faire respecter et honorer. *Bien aimer son pays* est le devoir d'un honnête homme, d'un bon citoyen. On aime sa mère : eh bien ! la France est notre mère à tous. C'est elle qui nous instruit, qui nous nourrit, qui nous protège. Notre devoir est de travailler pour qu'elle soit grande, pour qu'elle soit heureuse. Quand elle est en péril, notre devoir est de combattre pour la défendre. Tâchons donc de lui faire honneur par nos connaissances, par nos travaux, par nos vertus, pour que, grâce à nous, l'estime qu'elle inspire aux autres nations soit encore augmentée.

CIVILISATIONS ANCIENNES.

I. La civilisation égyptienne; les pyramides, les hiéroglyphes, les papyrus, les momies.

A l'est de l'Afrique se trouve un pays célèbre dans l'histoire ancienne : l'Égypte. Un écrivain grec, Hérodote, a dit avec raison : « L'Égypte est un don du Nil. » En effet, si ce grand fleuve n'arrosait pas le pays, il serait absolument désert; le sol ne serait plus qu'un sable brûlant impropre à la culture et incapable de fournir des aliments aux hommes. Tous les ans, le Nil, grossi par les pluies qui tombent dans l'intérieur de l'Afrique, déborde et recouvre le sol, au-dessus duquel les villages apparaissent comme autant d'îles. Quand l'eau se retire, elle laisse derrière elle un limon fécond; on n'a plus qu'à jeter le grain, que les pieds des bestiaux entassent en terre, et que le soleil fait germer et pousser.

Les anciens Égyptiens étaient partagés en castes, c'est-à-dire en différentes classes dont chacune avait ses privilèges particuliers et son emploi spécial; on ne pouvait pas passer de l'une dans l'autre, car les Égyptiens n'avaient pas le bonheur de posséder comme nous l'égalité devant la loi. Ces castes étaient composées des prêtres, des guerriers, des marchands, des laboureurs et pasteurs.

Les Égyptiens sont surtout célèbres par les monuments gigantesques qu'ils ont construits. Les plus anciens de tous sont les *Pyramides*. On appelle ainsi d'énormes monuments de pierre qui vont en se rétrécissant depuis la base jusqu'au sommet. Elles existent depuis six mille ans. Elles sont à l'ouest du Nil, en face de la grande ville du Caire, située de l'autre côté du fleuve; elles ont été bâties par des rois pour leur

servir de tombeaux. La plus grande des pyramides,
aujourd'hui mutilée, s'élevait à 146 mètres, c'est-à-
dire qu'elle était deux fois haute comme le Panthéon
de Paris. Elle renfermait à l'intérieur une immense
chambre. « On commence à voir ces montagnes fac-
tices, dit Volney en parlant des Pyramides, dix lieues
avant d'y arriver ; elles semblent s'éloigner à mesure
qu'on s'en rapproche ; on en est encore à une lieue,
et déjà elles dominent tellement sur la tête qu'on
croit être à leur pied.... La hauteur de leur sommet,

Le sphinx et la grande pyramide d'Égypte.

la rapidité de leur pente, l'ampleur de leur surface,
le poids de leur assiette, la mémoire des temps
qu'elles rappellent, le calcul du travail qu'elles ont
coûté, l'idée que ces immenses roches sont l'ouvrage
de l'homme si petit et si faible qui rampe à leurs
pieds, tout saisit à la fois le cœur et l'esprit d'étonne-
ment, de terreur, d'humiliation, d'admiration, de respect. »

Les anciens Égyptiens avaient encore élevé dans
toutes leurs villes, à Thèbes aux cent portes, à Mem-

phis, à Héliopolis, à Saïs, à Coptos, des temples avec des colonnes gigantesques, et des obélisques, c'est-à-dire des aiguilles de pierre dressées debout, comme l'obélisque de granit rouge qui se trouve à Paris sur la place de la Concorde, et qui provient de la ville égyptienne nommée *Louqsor*. Ces obélisques portaient des inscriptions *hiéroglyphiques*, c'est-à-dire en caractères religieux ou sacrés. Au lieu d'écrire, comme nous, à l'aide de *lettres* ou de *mots*, les auteurs des hiéroglyphes dessinaient des figures, un lion, par exemple, pour signifier *courage*, un œil ouvert pour signifier *justice*, etc.

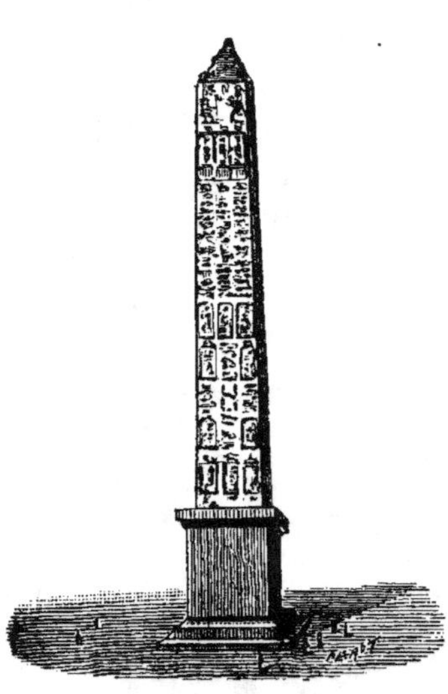

L'obélisque de Louqsor.

On cultivait surtout en Égypte le blé, le lin et le papyrus.

Le papyrus est une plante qui pousse à deux ou trois mètres de hauteur, et dont les larges feuilles servaient à fabriquer du papier.

Les Égyptiens avaient trouvé l'art d'embaumer les cadavres, à l'aide de substances qui en desséchaient les chairs; ces corps ainsi conservés s'appellent des *momies*; on peut voir au musée du Louvre beaucoup de momies, c'est-à-dire de corps humains conservés depuis trois et quatre mille ans. Les anciens Péruviens, en Amérique, savaient eux aussi conserver les corps en les embaumant. Au contraire, les Indiens. les Grecs et les Romains brûlaient les corps, dont ils conservaient les cendres dans des urnes.

II. La civilisation phénicienne ; les premiers navigateurs ; la teinture ; l'alphabet.

Quand aujourd'hui on veut faire un voyage sur mer, aller de France en Angleterre par exemple, ou même en Amérique, on s'embarque à bord d'un bon paquebot, vaste et commode, dont la marche est rapide et sûre, puisqu'il est mû par la vapeur et dirigé par la boussole, c'est-à-dire par une aiguille aimantée tournée toujours du même côté, à peu près vers le nord. Mais autrefois, il y a cent ans par exemple, on allait moins vite, parce que les vaisseaux ne marchaient qu'à la voile et que la rapidité de leurs mouvements dépendait des vents qui soufflaient ; il y a mille ans encore, on naviguait avec moins de certitude, puisqu'on ne possédait pas la boussole ; on ne pouvait se guider que par l'observation des étoiles ; aussi on n'osait point s'écarter beaucoup ni s'exposer à perdre la terre de vue. Plus anciennement encore, avant d'employer les voiles, les embarcations n'étaient mises en mouve-

Galère antique.

ment que par des rames, ce qui était très pénible, très fatigant pour ceux qui les montaient; on voguait lentement et on courait de grands périls.

Réfléchissez au courage dont eurent besoin les premiers hommes qui osèrent s'aventurer sur la mer, portés par une frêle barque formée de morceaux de bois cloués, au risque d'être engloutis ou brisés par le vent contre les rochers. Ces braves marins, les plus anciens du monde, ce sont les Phéniciens.

La Phénicie est un petit pays, une langue de terre étroite resserrée entre la mer Méditerranée et les hautes

Cèdres du Liban.

montagnes appelées le Liban. Sur ces montagnes croissaient de grands arbres, au bois très dur, les cèdres, semblables à celui qui se trouve au labyrinthe du Jardin des Plantes à Paris et qui fut apporté d'Angleterre par Bernard de Jussieu, il y a cent quarante-sept ans (en 1735). Les Phéniciens coupèrent ces cèdres pour faire des navires. Ils bâtirent au bord de la mer la ville de Sidon, celle de Tyr qui fut plus tard détruite et reconstruite dans une île. Ils entreprirent de lointains voyages, et fondèrent en Afrique la ville de Carthage. Située près de l'endroit où se trouve aujourd'hui Tunis, Carthage devint célèbre par son commerce, par sa marine, et fut la rivale de Rome.

Les historiens racontent, mais le fait n'est pas certain, que des Phéniciens au service du roi d'Égypte Néchao firent le tour de l'Afrique, il y a deux mille cinq cents ans. Les Carthaginois découvrirent les îles Fortunées, nommées aujourd'hui Canaries, dans l'Océan Atlantique.

Inventeurs de la navigation, les Phéniciens ont encore rendu à la civilisation d'autres services. C'est, dit-on, l'un d'eux, Cadmus, qui vint fonder la ville de Thèbes dans la Béotie, et qui apporta aux Grecs l'alphabet dont ils se sont servis dans la suite, autrement dit l'art de l'écriture.

Nous devons aussi aux habitants de la Phénicie une autre découverte : celle de la teinture. Un jour un Phénicien se promenant au bord de la mer aperçut un chien qui mangeait un coquillage ; il remarqua que sa gueule était toute rouge. Fort étonné, l'homme ramassa les débris de la coquille, y vit une matière liquide et s'en frotta les mains, qui devinrent rouges également. On recueillit avec soin les coquillages semblables pour frotter des étoffes, auxquelles on donna par ce procédé la magnifique couleur de la pourpre.

III. La civilisation Assyrienne. Les monuments de Babylone.

Nous avons vu que les Égyptiens avaient bâti de grands monuments : les Pyramides. Il y avait en Asie un autre peuple, aussi ancien qu'eux, les Assyriens, qui avaient également construit deux grandes villes, dont il ne reste aujourd'hui que les ruines : Babylone et Ninive. Le pays des Assyriens était arrosé par deux fleuves, l'Euphrate et le Tigre, qui, après avoir longtemps coulé séparément en laissant entre eux la contrée appelée Mésopotamie ou *pays au milieu des rivières*, se réunissaient pour se jeter ensemble dans le golfe Persique, sur l'Océan Indien. Les régions arrosées par le Tigre et l'Euphrate étaient très fertiles, et produisaient du blé en abondance. Les prêtres de l'Assyrie, les Chaldéens, passent pour les premiers astronomes. Dans leur pays, le ciel étant très pur et les nuages très rares, il était plus facile qu'ailleurs de bien observer les astres; ils avaient donné des noms aux étoiles, aux planètes, et ils prédisaient les *éclipses*, c'est-à-dire les disparitions momentanées du soleil et de la lune. Ils écrivaient sur leurs monuments des inscriptions en caractères *cunéiformes*, c'est-à-dire semblables à des clous.

Monument de Korsabad.

« Babylone, disait un ancien écrivain, est située dans une grande plaine, et de forme carrée; chacun de ses côtés a 120 stades (c'est-à-dire 22 200 mètres ou 5 lieues et demie) de long ; ce qui fait pour l'enceinte 480 stades (88 800 mètres ou 22 lieues). C'est une ville si magnifique, qu'il n'en est pas qu'on puisse lui comparer : un fossé large, profond, plein d'eau, l'entoure d'abord ; on trouve ensuite un mur de 150 coudées d'épaisseur sur 200 de hauteur. Au haut, et sur le bord de la muraille il y a des tours d'un seul étage les unes vis-à-vis des autres, entre lesquelles on a laissé autant d'espace qu'il en faut pour faire tourner un char à quatre chevaux. Il y a dans cette ville cent portes d'airain massif. L'Euphrate la partage en deux parties: il y coule au milieu d'un mur de briques cuites. Les maisons sont à trois et à quatre étages, les rues droites et coupées par d'autres qui aboutissent au fleuve. Au centre, d'un côté du fleuve, est le palais du roi, de l'autre, le temple de Jupiter Bélus, carré régulier qui a deux stades en tous sens : au milieu s'élève une tour massive qui a un stade (185 mètres) tant en longueur qu'en largeur, et qui supporte sept autres tours consécutives ; on y monte par des escaliers tournants pratiqués en dehors. »

Il existe à Paris, au palais du Louvre, un musée assyrien, qui renferme des tombeaux et une foule d'objets curieux rapportés des ruines de Babylone, par exemple des statues d'animaux ailés, et des bas-reliefs qui représentent des combats, des chars et des scènes de toute nature. La visite de ce musée procure à ceux qui la font une distraction aussi agréable qu'instructive.

IV. La civilisation chinoise ; le thé, la porcelaine, la soie. Les Mandarins. La Grande Muraille.

A une immense distance de la France et de Paris, *au bout du monde*, comme on dit quelquefois, c'est-à-dire dans l'Asie Orientale, que le Grand Océan ou

Océan Pacifique arrose, se trouve l'empire le plus peuplé et le plus ancien probablement de la terre : c'est la *Chine*, que ses habitants appellent le *Céleste empire* ou *l'Empire du milieu* ou *la Fleur du milieu*; son existence et son histoire remontent à cinq mille ans.

Elle est aussi grande que l'Europe, et elle renferme 500 millions d'habitants, c'est-à-dire plus de treize fois autant que la France. Les Chinois appartiennent à la race jaune; ils ont le nez aplati, les yeux un peu obliques; au lieu de couper leurs cheveux comme nous, ils les rasent par devant et les laissent pousser par derrière de manière à former une longue queue. En Chine, les femmes ne sortent pas dans les rues; elles restent renfermées à l'intérieur des maisons. La plus grande ville de la Chine s'appelle Pékin; le pays des Chinois est arrosé par le Fleuve Jaune, le Fleuve Bleu, le Fleuve Blanc (Hoang-ho, Yang-tsé-Kiang, Peï-ho).

Les Chinois sont très laborieux, très commerçants; ils s'entendent très bien à l'agriculture et à l'industrie. Leur pays produit le meilleur thé, et c'est là surtout qu'on cultive cette plante si utile; on trouve chez eux le maïs, le riz, le bambou, le palmier, l'oranger, le mûrier. Ils élèvent des vers à soie. C'est de la Chine que nous vient l'art de travailler les soieries. Les Chinois excellent dans la fabrication de la porcelaine, des laques, des vases de luxe; ils sculptent de jolis petits objets, des

Une branche de thé.

boîtes, des vaisseaux en miniature, des groupes de personnages, avec une patience et un talent véritablement admirables. Ils connaissaient longtemps avant nous les ballons, l'imprimerie, la poudre à canon. Depuis des siècles aussi, chez eux, les fonctionnaires publics, les *mandarins*, sont désignés au concours, après des examens. Mais la population de la Chine est si nombreuse, que beaucoup de Chinois, ne trouvant pas à vivre, meurent de faim ou se jettent à l'eau pour échapper à la misère. Beaucoup aussi vont chercher des moyens d'existence dans les pays étrangers.

Une des curiosités de la Chine est la *Grande Muraille*. Elle fut élevée il y a 2 200 ans par l'empereur Hoang-ti, pour arrêter les invasions des barbares du nord de l'Asie, des Mandchoux, des Mongols, des Tartares, qui venaient piller la Chine. La grande muraille était longue de cinq cents lieues. Elle avait de 20 à 25 pieds (huit mètres environ) de hauteur. Elle était précédée de fossés, percée de portes de distance en distance et protégée par des forts que gardaient des colonies de soldats laboureurs.

V. Lao-tseu et Confucius.

Les deux hommes que les Chinois considèrent comme leurs législateurs, comme les sages par excellence, sont Lao-tseu et Khoung-fou-tseu, que nous appelons Confucius. Lao-tseu est né en l'an 604 avant l'ère chrétienne. Son principe est celui de la liberté. Suivant lui, il faut que l'État n'intervienne en rien dans les affaires des particuliers, que tout soit laissé à l'initiative de chacun, en un mot que « la prospérité générale soit confiée à la liberté du peuple et aux intérêts des individus. »

Confucius est né en 550 et mort en 479 avant Jésus-

Christ. Il donna pendant toute sa vie l'exemple de toutes les vertus, invitant les hommes à respecter leurs parents, à célébrer la mémoire de leurs ancêtres, à être bons les uns envers les autres, patients dans les épreuves, doux et modérés dans la prospérité, persévérants et calmes dans l'infortune. La doctrine de Confucius représente le principe de l'autorité, de la tradition. Il veut que tout soit réglé d'avance, que rien ne change, que lois et institutions, tout soit immuable : il veut réserver à l'État dans la nation le rôle du père dans la famille ; il veut que les fonctions publiques soient confiées à des savants, à des

Un Chinois.

lettrés, à des philosophes, sous la direction suprême de l'empereur.

Confucius n'a fait du reste que reproduire un système déjà existant dès le début de l'histoire chinoise. Le gouvernement, dans ce pays, est toujours intervenu en toute chose. « Le peuple a-t-il froid, c'est moi qui en suis cause ; a-t-il faim, c'est ma faute ; tombe-t-il dans quelque crime, je dois m'en regarder l'auteur. » Telles sont les paroles que le livre sacré nommé *Chou-king*, œuvre de Confucius, met dans la bouche de Yao, l'un des premiers empereurs, qui vivait il y a 40 siècles. On ne connait en Chine ni castes, ni distinction de naissances, ni privilèges héréditaires.

Autrefois la terre y était divisée par portions égales
entre toutes les familles, avec l'obligation de la cultiver, la moitié individuellement pour leur compte,
l'autre moitié en commun pour le compte de l'État.

Il ne faudrait pas croire que les Chinois soient un
peuple heureux. En créant le plus grand de tous les
empires, ils ont été obligés, pour réunir tant de peuples ennemis en un seul, de sacrifier toutes leurs
libertés. L'empereur de la Chine est absolument le
maître de faire tout ce qu'il veut, et ses subordonnés
abusent du pouvoir qu'ils exercent en son nom, pour
opprimer les Chinois, qui sont soumis à toutes leurs
fantaisies, souvent injustes et déraisonnables. Les
lois de la Chine sont cruelles ; on fait subir dans le
Céleste Empire des supplices atroces à tous les accu-
sés qui ont été déclarés coupables par les tribunaux.

VI. La civilisation aryenne. L'Inde. Les lois de Manou. Bouddha.

Les Aryas, dont le nom signifie *laboureurs* en
langue sanscrite, c'est-à-dire dans la langue que parlaient autrefois les habitants de l'Inde, sont un des
peuples les plus anciens de la terre. Ils habitaient les
plateaux de l'Asie centrale, où se trouve encore une
ville nommée Hérat. Toutes les nations indo-euro-
péennes, c'est-à-dire qui ont peuplé les régions qui
s'étendent depuis l'Inde jusqu'à l'Europe, y compris
notre pays, sont les descendants des Aryas. On en
trouve la preuve dans la ressemblance qui existe
entre les langues qu'ils parlent.

La première contrée où ils ont fondé une civilisation remarquable est l'Inde ou Hindoustan. C'est un
grand pays dont le climat est très chaud. Il est enveloppé de gigantesques montagnes, les plus élevées de
la terre, les monts Himalaya, dont le nom signifie

montagnes neigeuses. De magnifiques fleuves l'arrosent : le Gange, l'Indus, le Brahmapoutre. Il y a dans

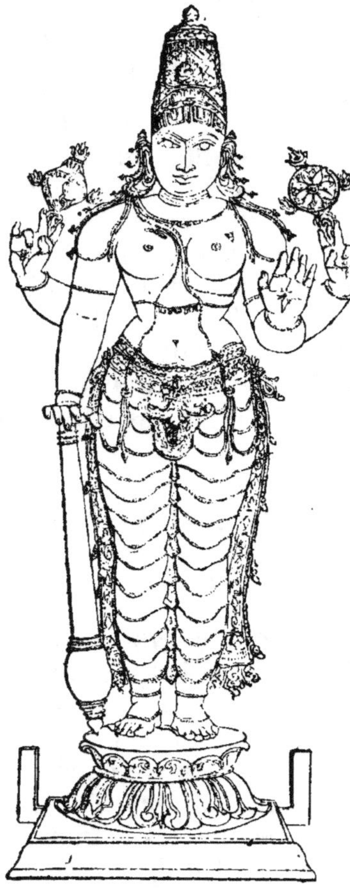

Statue de Vichnou.

l'Inde d'immenses forêts, des arbres, des plantes, des fleurs de toute espèce. On y trouve des éléphants, des tigres, des singes, des oiseaux aux plumages les plus variés. C'est un pays riche et fertile.

Les Indiens adorent un dieu suprême, *Indra* ou le Soleil, ayant au-dessous de lui une trinité composée de *Brahma*, *Çiva*, *Vichnou*, et une multitude d'autres divinités.

La population de l'Inde, d'après les lois de Manou, est partagée en 4 classes : les *Brahmanes* ou prêtres, les *Tchâtryas*, nobles ou guerriers, les *Vaisyas* ou marchands, les *Soudras* ou laboureurs. En dehors de cette organisation sociale se trouvent les *Parias*, ou les maudits, malheureux que tous les autres repoussent et fuient comme des êtres impurs.

Un homme essaya de combattre cette législation injuste. Çakiamouni, que les Indiens appellent *Bouddha*, c'est-à-dire l'Être parfait et savant, et que les Chinois nomment *Fô*, vivait il y a 2 500 ans. Il était fils du roi de Magadha, dans le Bérar, appartenant à la famille d'Ikchwakou. Attristé « par la vue des misères humaines et par une immense commisération pour les souffrances des peuples », Bouddha ne voulut pas régner ; il se retira dans le désert ; il y vécut 40 ans avec ses disciples, dans la pauvreté et l'étude. Ensuite il alla prêcher dans les grandes villes de l'Inde, surtout à Bénarès. Il attaquait la division des hommes en castes, il disait que tous les êtres humains sont égaux, qu'il ne faut faire de mal à personne, et qu'il ne faut verser le sang d'aucune créature vivante.

Bouddha.

Aussi ses disciples, encore aujourd'hui, ne mangent-ils pas de viande et ne vivent-ils que de légumes. Les dernières paroles de Bouddha furent celles-ci : « Tout m'attriste, et je désire entrer dans le Nirvâna, c'est-à-dire dans l'existence dépouillée de tout attribut corporel, et considérée comme la suprême et éternelle béatitude. » La doctrine de Bouddha est suivie en Chine, au Japon, dans l'Indo-Chine et dans une partie de l'Inde. Son chef suprême est le Dalaï-Lama, qui habite au Thibet.

VII. Civilisation médique et persique. Zoroastre.

Deux autres des plus anciens, parmi les peuples issus des Aryas, sont les Mèdes et les Perses, qui se réunirent en un seul royaume, six siècles avant l'ère chrétienne. Ils avaient eu Zoroastre pour législateur. Les villes principales de leur pays étaient Ecbatane dans la Médie, Suze et Persépolis en Perse. Zoroastre

Ruine persane.

enseignait que le monde avait été créé par un être infini et tout-puissant, Zervané-Akéréné, au-dessous duquel il y avait deux divinités : Ormuzd et Ahriman. Ormuzd était le dieu du bien, le jour, le feu, la lumière, le soleil ; Ahriman était le dieu du mal, la nuit, les ténèbres. Il y avait encore un troisième être supérieur aux hommes, Mithra, le protecteur et le défenseur de l'espèce humaine.

Tous les hommes, d'après le *Zend-Avesta*, livre sacré des Persans, descendent d'un seul homme et d'une seule femme. Il ne doit pas y avoir d'inégalité ni de castes. La mission du chef suprême est de protéger et de soulager le pauvre. La vie est un combat

2.

entre le bien et le mal. Le bien doit finir par l'emporter. A la fin des siècles, tous les hommes doivent être bons et heureux.

Après avoir été longtemps soumis aux Mèdes, et à peu près inconnus, les Perses devinrent célèbres six siècles avant l'ère chrétienne. Leur roi ou chef Cyrus (560-529) renversa le roi des Mèdes Astyage, défit dans deux batailles, au bord du fleuve Halys et à Thymbrée, Crésus, roi de Lydie, le fit prisonnier, s'empara de l'Asie Mineure et conquit Babylone. A en croire l'historien grec Hérodote, il périt en combattant contre Thomyris, reine des Massagètes. Son fils Cambyse (529-523) conquit l'Égypte. L'empire des Perses sous Darius, fils d'Hystaspe (523-485), s'étendait du Nil à l'Indus, et du Pont-Euxin ou mer Noire jusqu'à l'Océan indien. Cette vaste domination fut plus tard détruite par Alexandre, roi de Macédoine (336-323).

LÉGISLATEURS, FONDATEURS, HOMMES D'ÉTAT.

I. Des différentes espèces de gouvernement.

Avant de vous parler des législateurs, il est nécessaire de vous dire un mot des différentes formes de
gouvernement.

La *Démocratie* ou la *République* est le gouvernement sous lequel les citoyens ont tous part aux affaires
publiques, en nommant des députés, c'est-à-dire des
hommes qu'ils choisissent librement, qui ont leur
confiance, et qui sont chargés de faire les lois ; dans une république, tous les citoyens, pourvu qu'ils se soient fait remarquer
par leur travail, par leurs ser-
vices, par leurs aptitudes, peuvent parvenir à tous les emplois.
La France, notre pays, est une
République.

On appelle *Aristocratie* un gouvernement dans lequel le
pouvoir appar-

Statue de la Loi.
(Place du Palais-Bourbon, à Paris.)

tient à un petit nombre d'hommes privilégiés, c'est-
à-dire plus favorisés que les autres, parce qu'ils sont

plus riches, ayant plus d'argent ou de terres, ou parce qu'ils sont nobles, descendant de familles connues depuis longtemps.

On appelle *Monarchie* le gouvernement dans lequel **tous** les hommes obéissent à un seul, qui possède le pouvoir héréditairement, parce que son père le possédait avant lui, et ses ancêtres avant son père. La monarchie s'appelle *Royauté* quand le monarque a le nom de *Roi*; *Empire*, quand il a le nom d'*Empereur*. La monarchie est *absolue*, quand le monarque fait **tout** ce qu'il veut sans consulter personne; elle est *constitutionnelle*, quand son autorité est restreinte par une *constitution*, c'est-à-dire par des lois, que la nation lui a prescrites, et qu'il s'est engagé à respecter.

On nomme *Théocratie*, ou gouvernement de Dieu, un État dans lequel la religion et l'administration **sont** confondues; dans lequel les prêtres exercent le pouvoir au nom du *Droit divin*, c'est-à-dire comme les représentants de la Divinité.

II. Moïse, législateur des Hébreux.

Moïse vivait il y a environ 3 600 ans. Il a été le législateur des *Hébreux*, qu'on nomme aussi *Israélites* et *Juifs*. Ce peuple était alors esclave des Pharaons ou rois d'Égypte. Moïse, avec son frère Aaron, les délivra, les emmena hors d'Égypte, franchit à leur tête la Mer Rouge, et vécut quarante ans dans les déserts de l'Arabie voisins du Mont Sinaï. C'est là qu'il donna aux Hébreux une législation théocratique, c'est-à-dire dans laquelle tout repose sur la religion.

Moïse enseigna d'abord aux Hébreux le *Monothéisme*, c'est-à-dire la croyance en un seul Dieu, qu'il appelait *Jéhovah*, c'est-à-dire *le Fort* ou le *Tout-Puissant*, par opposition au *Polythéisme*, ou croyance en plusieurs dieux. Il institua trois grandes fêtes : la

Pâque, en souvenir de la sortie d'Égypte ; la *Pente-côte*, en souvenir de la loi reçue sur le Mont Sinaï

Moïse.

cinquante jours plus tard (d'un mot grec qui veut dire *cinquante*) ; la *Fête des Tabernacles*, en souvenir du séjour de quarante ans sous la tente, dans le désert. Les prêtres et lévites étaient comblés de privilèges : après la conquête de la Palestine, que les Hébreux entreprirent, et qu'ils nommaient la *Terre promise*, on donna aux prêtres 48 villes disséminées sur le territoire des douze tribus d'Israël ; ils devaient servir de trait d'union entre toutes les tribus. Les prêtres et les lévites n'avaient pas de terres à cultiver ; ils devaient recevoir, pour leur subsistance, la *dîme* ou dixième partie des moissons.

Le législateur des Hébreux disait dans ses lois : « Que chaque famille conserve de père en fils ce qu'elle possède ; qu'elle vive sur son champ, sans s'appauvrir ni s'enrichir ; que chacun reste à la place où il est né. » Il fait dire à Jéhovah : « La terre ne sera pas vendue absolument, car la terre est à moi, et vous êtes des étrangers chez moi. » En conséquence, tous les cinquante ans, il y aura *jubilé*. Toutes les ventes et tous les achats de terre faits depuis le dernier jubilé sont annulés de droit : ainsi donc, quand on achète un champ, on achète, non pas la propriété du sol, mais l'usufruit à partir du moment où l'on achète jusqu'au prochain jubilé. Si cet achat se fait trente ans après le dernier jubilé, et par conséquent vingt ans avant le prochain, c'est la récolte du sol pendant vingt ans qu'on achète. C'est ce que la loi dit en propres termes : « Selon qu'il y aura plus d'années, tu augmenteras le prix de ce que tu achètes ; et, selon qu'il y aura moins d'années, tu le diminueras, car on te vend le nombre des récoltes. » Ainsi, toute vente est temporaire, et en l'année du jubilé, chacun retourne en possession du bien qui lui avait appartenu.

Ce n'est pas tout : comme on suppose que le vendeur ne se dessaisit de son bien qu'à regret, il conserve le droit de *rachat*, aussitôt qu'il aura assez d'argent pour payer à l'acheteur le prix des années de jouissance qui restent à courir jusqu'au jubilé.

Ces lois immobilisaient le sol dans les mêmes mains : Israël sera donc un peuple sédentaire, organisé pour durer longtemps, pour être vivace, mais aussi immobile, inactif, isolé. A ce même désir de fixité se rapporte la loi ordonnant que les mariages auront lieu toujours entre hommes et femmes d'une même tribu ; celle encore qui prescrit le mariage du frère avec sa belle-sœur devenue veuve.

Les lois pénales de Moïse sont d'une sévérité inflexible : tout voleur pris sur le fait peut être tué impunément ; pour un agneau ou un chevreau dérobé, il en rendra quatre ; pour un bœuf, cinq ; et, s'il n'a pas de quoi, il sera vendu pour son larcin : « Vie pour vie, œil pour œil, dent pour dent, main pour main, pied pour pied, brûlure pour brûlure, plaie pour plaie, meurtrissure pour meurtrissure... »

Toutefois, si la peine de mort est prodiguée, des *villes de refuge* sont ménagées au meurtrier involontaire. La loi prend sous sa protection tous les faibles : la femme, l'enfant, l'étranger, le pauvre. « Si tu achètes un esclave hébreu, il te servira six ans, et, au septième, il sortira pour être libre, sans rien payer. »

Moïse connaissait la haine que ses compatriotes portaient à l'étranger. Aussi revient-il à deux reprises, et dans des termes pressants, sur les égards qui lui sont dus : « N'opprimez point l'étranger, dit-il, car vous savez ce que c'est que d'être étranger, parce que vous avez été étrangers au pays d'Egypte. » Il savait aussi à quel point les Hébreux étaient avides ; il les exhorte donc à avoir pitié du pauvre : « Si tu prêtes de l'argent à mon peuple, au pauvre qui est avec moi, tu ne te comporteras pas envers lui en usurier ; tu ne mettras point sur lùi d'usure... Si tu prends en gage le vêtement de ton prochain, tu le lui rendras avant que le soleil soit couché : car c'est sa seule couverture, c'est son vêtement pour couvrir son corps : où coucherait-il ?... »

Il ajoute : « Si tu rencontres le bœuf de ton ennemi, ou son âne égaré, tu ne manqueras point de le lui ramener.... Si tu vois l'âne de celui qui te hait abattu sous sa charge, tu t'arrêteras pour le secourir, et tu ne manqueras pas de l'aider.... Quand vous ferez la moisson de votre terre, tu n'achèveras point de moissonner le bout de ton champ, et tu ne glaneras point les épis qui resteront de ta moisson, mais tu les laisseras pour le pauvre et pour l'étranger... » A la guerre, tout jeune homme qui a bâti une maison neuve sans la dédier, ou planté une vigne sans en cueillir le fruit, doit sortir des rangs avant le combat, et retourner dans ses foyers.

Telles sont les lois de Moïse. Quand ce législateur fut mort, un autre chef nommé Josué, passa le fleuve Jourdain, et s'empara de la Palestine, dont il mit à mort ou chassa les anciens habitants, les Chananéens. Les Hébreux furent gouvernés par des juges, et ensuite par des rois, dont les premiers furent Saül, David et Salomon. David fit bâtir la ville de Jérusalem, et Salomon y construisit un temple célèbre.

III. Lycurgue, législateur de Sparte.

La grande presqu'ile du Péloponèse termine la Grèce au midi; le Péloponèse, à son angle sud-est, renferme la Laconie, dont la ville principale était Sparte ou Lacédémone, au bord du fleuve Eurotas. Le mont Taygète limitait la Laconie à l'ouest; elle se terminait au midi, sur la Mer Méditerranée, par les deux caps Malée et Ténare.

Les Doriens, venus de la Grèce continentale sous la conduite des Héraclides ou descendants d'Hercule, s'emparèrent de la Laconie. Dès lors, il y eut à Sparte deux rois, qui étaient pris dans les familles des Eurysthénides et des Proclides, c'est-à-dire des descendants d'Eurysthène et de Proclès. Le législateur de Sparte fut Lycurgue, qui vivait au neuvième siècle avant l'ère chrétienne. Il était frère du roi Polydectès. Celui-ci étant mort, sa veuve, qui allait devenir mère, proposa à Lycurgue de faire périr l'enfant, s'il voulait l'épouser et régner avec elle. Lycurgue dissimula, et, lorsque le fils de Polydectès, Charilaos, fut né, il le présenta au peuple comme roi, et gouverna pendant sa minorité. Il alla ensuite voyager en Crète, en Asie, en Egypte; il étudia les lois de Minos et des autres législateurs. A son retour, la discorde régnait à Sparte. Proclamé le plus sage des hommes par l'oracle d'Apollon Delphien, Lycurgue fut chargé de donner des lois à sa patrie. Il rétablit le calme à Sparte. Il était, assure-t-on, si maître de lui, que, dans une sédition, ayant eu un œil crevé d'un coup de bâton, il ne perdit rien de son sang-froid et se contenta de réprimander pour sa maladresse l'homme par lequel il avait été frappé. Lycurgue, quand il eut achevé ses lois, qui n'ont pas été écrites, annonça qu'il allait partir en voyage, et fit jurer à ses concitoyens de ne rien changer avant son retour. Il ne revint jamais.

La population de la Laconie était divisée en trois classes : les *Spartiates*, les *Laconiens*, les *Hilotes*. Les *Spartiates* ou *Lacédémoniens* étaient les hommes de race dorienne, habitant la ville même de Sparte. Les terres réservées aux Spartiates étaient partagées en 9 000 lots d'égale étendue, appartenant aux 9 000 familles primitives des conquérants. Ces lots étaient inaliénables. La terre ne pouvait être engagée, achetée, ni vendue. Le but de cette législation avait été d'établir l'égalité entre tous les Spartiates, de façon que personne ne pût jamais s'enrichir ni s'appauvrir.

Les *Laconiens* ou *Périèques* ou habitants des campagnes de la Laconie n'avaient pas de droits politiques. Les terres qui leur appartenaient étaient divisées en 30 000 lots. Les *Hilotes*, qui devaient leur nom à la ville d'Hélos, étaient les descendants des habitants primitifs, qui, à la suite d'une insurrection, avaient été réduits au plus dur esclavage. Ils labouraient la terre, à laquelle ils étaient attachés, et payaient une redevance fixe.

Le gouvernement était partagé entre les *deux Rois*, les *Éphores*, le *Sénat*, l'*Assemblée générale des Spartiates*. Les *deux rois* commandaient les armées et offraient les sacrifices aux dieux au nom de l'État. Quand ils se trouvaient à Sparte, ils devaient vivre ensemble. Ils mangeaient en public et avaient une double portion. En temps de guerre, l'un des rois demeurait à Sparte, l'autre commandait l'armée. Les généraux couchaient sous la même tente que lui, pour le conseiller et le surveiller. Les rois juraient aux éphores, représentant la cité, de régner conformément aux lois établies ; les éphores juraient aux rois, au nom de la cité, de leur conserver la royauté, tant qu'ils seraient fidèles à leurs promesses.

Les *Éphores* ou surveillants étaient au nombre de cinq ; ils étaient nommés pour un an par l'assemblée générale des Spartiates ; l'un d'eux donnait son nom à l'année; on l'inscrivait en tête des actes publics. Les éphores étaient irresponsables et tout-puissants. Ils avaient partout des espions; ils savaient tout, voyaient tout, décidaient de tout. Ils faisaient la paix, la guerre, les alliances, cassaient les arrêts du peuple, condamnaient les rois à l'amende, à l'exil, à la prison, à mort. Les éphores furent institués longtemps après Lycurgue.

Le *Sénat* était composé de vingt-huit *gérontes* ou vieillards, âgés d'au moins soixante ans; les deux rois siégeaient avec eux, ce qui portait leur nombre à trente. Les gérontes étaient élus à vie.

L'*Assemblée générale* du peuple était formée par la réunion des *Spartiates*, qu'on appelait quelquefois les *égaux*. Quand une question avait été suffisamment débattue, et que le moment d'aller aux voix était venu, l'éphore qui présidait invitait ceux des assistants qui étaient d'avis de l'affirmative à pousser un cri. Puis il adressait la même invitation à ceux qui étaient pour la négative. Suivant que le premier ou le second cri était le plus fort, l'éphore déclarait que l'assemblée avait voté *oui* ou *non*.

On procédait de la même manière aux élections. Les candidats au Sénat se présentaient tour à tour devant le peuple, qui poussait des cris plus ou moins forts, selon qu'il approuvait ou rejetait la candidature. Des magistrats placés dans une maisonnette de bois, d'où ils pouvaient entendre les acclamations sans voir les candidats, déclaraient pour qui, selon l'ordre des candidatures, les acclamations avaient été les plus fortes; et leurs déclarations déterminaient le choix.

Tout reposait à Sparte sur l'éducation, qui avait pour but unique de faire de vigoureux soldats. Les enfants chétifs ou contrefaits étaient mis à mort dès leur naissance. On considérait les enfants comme appartenant non à leurs parents, mais à l'État. Ils étaient élevés en commun, pieds nus. Ils s'exerçaient à gravir ou à descendre des hauteurs en courant, à sauter des fossés, à grimper aux arbres. Ils couchaient dans des salles jonchées de roseaux secs. Hiver comme été, ils avaient toujours le même vêtement. Les filles recevaient la même éducation que les garçons.

Soldat Spartiate terrassant un ennemi.

On permettait aux jeunes Spartiates de voler, à condition de n'être pas pris, parce que le vol développait chez eux la ruse et l'adresse : celui qui était pris était châtié comme maladroit. On raconte qu'un jeune Spartiate, ayant dérobé un renard et l'ayant caché sous son vêtement, se laissa déchirer la poitrine par cet animal plutôt que de découvrir son larcin.

Pour inspirer aux enfants l'horreur de l'ivrognerie, on forçait des Hilotes à boire avec excès, et on les menait ensuite dans les salles des repas communs, trébuchant, faisant et disant toutes sortes de choses inconvenantes. Ceux des Hilotes qui s'enfuyaient dans les montagnes pour vivre par bandes au milieu des forêts, en pillant la nuit les terres des Spartiates, étaient traqués par les jeunes gens et les enfants en armes. C'était une véritable chasse à l'homme.

Les jeunes gens devaient avoir le plus grand respect pour les vieillards, se lever à leur approche, ne pas parler en leur présence. Ils devaient marcher dans les rues en silence, sans tourner la tête, les yeux baissés. « On n'entend pas plus la voix des jeunes gens, dit Xénophon, que s'ils étaient de pierre; ils ne détournent pas plus les yeux que des statues d'airain. » Ils parlaient si peu, qu'on disait proverbialement un langage *laconique*, pour un langage court.

On raconte qu'un Sybarite, c'est-à-dire un habitant de la ville de Sybaris, en Italie, dont la population était connue par sa mollesse, s'écriait : « Il n'est pas étonnant que les Spartiates méprisent la mort : car le plus lâche des Sybarites aimerait mieux mourir trois fois que d'endurer une vie pareille! »

« L'éducation, à Sparte, dit Plutarque, soumettait à ses prescriptions les hommes faits eux-mêmes. On ne laissait à personne la liberté de vivre à son gré. La ville était comme un camp. On y menait le genre de vie déterminé par la loi. » Cette éducation faisait des Spartiates des hommes de fer, qui passaient pour invincibles. Dans toute la Grèce, leur réputation était prodigieuse. Ils ne devaient connaître, aimer, respecter que *la Patrie* et *la Loi*. A Sparte, la vie était impossible pour le lâche, que tout le monde méprisait, et dont on s'écartait, comme d'un être atteint d'une maladie contagieuse.

Dans les fêtes publiques, il y avait trois chœurs, selon les différents âges. Le chœur des vieillards entonnait ainsi le chant :

> Nous avons été jadis
> Jeunes, vaillants et hardis.

Le chœur des jeunes répondait :

> Nous le sommes maintenant
> A l'épreuve, à tout venant.

Le troisième chœur. celui des enfants, disait à son tour :

> Et nous un jour le serons.
> Qui tous vous surpasserons.

Les lois, à Lacédémone, privaient les célibataires de tout honneur. Un jour, Dercyllidas, général d'une grande réputation. entrant dans une assemblée, un jeune homme ne se leva pas de son siège à son approche. Dercyllidas lui reprochant ce manque d'égards : « C'est, repartit le jeune homme, que tu n'as point de fils qui puisse se lever plus tard à mon entrée. » Le père de trois fils était exempt de monter la garde : le père de quatre enfants était affranchi de tout impôt.

Les repas des Spartiates étaient communs et publics ; on les nommait *phidities.* Chaque table était de quinze convives. et, pour y être admis, il fallait l'assentiment de tous les autres. Les mets étaient fixés par la loi ; mais chacun, en dehors de sa ration, pouvait apporter le produit de sa chasse, et le partager avec les autres. Le principal mets des Spartiates était une sorte de brouet noir peu appétissant. Un roi de Pont voulut y goûter un jour, et fit la grimace : « O roi ! lui dit un Spartiate, il faut. pour savourer ce mets. s'être baigné dans l'Eurotas ! »

Il était interdit aux Spartiates de voyager, et les étrangers n'étaient pas reçus en Laconie. On ne permettait pas non plus aux citoyens d'exercer des professions lucratives ; ils ne pouvaient employer pour bâtir leurs maisons d'autres instruments que la cognée et la scie. Il n'y avait à Sparte ni or ni argent monnayé ; la monnaie était en fer, et très lourde.

Telles étaient les lois de Sparte, attribuées à Lycurgue : elles formaient des soldats intrépides et redoutables, mais elles ne laissaient à l'homme aucune liberté. On pourrait les admirer si les hommes étaient nés pour se faire la guerre continuellement, pour se voler et se tuer les uns les autres; mais si l'on pense, ce qui est bien plus raisonnable, que les hommes ont pour principale mission de travailler, afin d'être libres, honnêtes et heureux, on se gardera bien d'approuver la législation des Lacédémoniens.

IV. Solon, législateur des Athéniens.

La Grèce est un des pays les plus petits de l'Europe et de la terre; les Grecs ont formé, dans les temps anciens, une des nations les moins nombreuses et pourtant la plus célèbre de toutes. C'est qu'ils étaient intelligents; ils aimaient leur liberté et savaient la défendre avec courage; au lieu d'être soumis à des rois, ils discutaient eux-mêmes leurs affaires et nommaient leurs magistrats. Les Grecs étaient gais, intelligents, aimables. Les orateurs, les poètes, les philosophes, les historiens, les artistes, les hommes d'État, les généraux, étaient nombreux dans leur pays. Ajoutez que les Grecs étaient des marins audacieux et des marchands adroits. Peuple de voyageurs et de curieux, dispersés dans une multitude d'îles, sur un sol peu productif, hérissé de montagnes, découpé capricieusement par la mer, creusé de golfes et de ports sans nombre, ils s'en allaient volontiers au loin fonder des villes nouvelles. C'est ainsi que les Phocéens vinrent bâtir en Gaule Marseille, la plus ancienne ville de notre pays.

De toutes les villes de la Grèce, la plus célèbre par ses grands hommes, par ses monuments, par les services qu'elle a rendus à l'humanité, c'est Athènes. Située à quelque distance de la Mer Égée (aujourd'hui l'Archipel), dans la partie centrale de la Grèce, Athènes renfermait une colline nommée l'*Acropole*, sur laquelle était l'admirable temple consacré à Minerve ou Athéné, déesse et protectrice du pays, et nommé le *Parthénon*. Ce temple avait été bâti par les architectes Ictinus et Callicratès, et décoré par le sculpteur Phidias. Le port d'Athènes, le Pirée, était situé à quelque distance de la ville. On allait d'Athènes au Pirée par une route bordée de chaque côté de Longs Murs. Près du Pirée se trouvaient les îles de Salamine et d'Égine. La plante la plus estimée en Attique était l'olivier; la chouette était l'oiseau consacré à Minerve.

Athènes, fondée, dit-on, par l'Égyptien Cécrops, fut d'abord gouvernée par des rois. Le dernier d'entre eux, Codrus, se fit tuer pour sauver l'indépendance de son pays. Les Athéniens établirent après sa mort le gouvernement républicain. Ils furent dès lors gouvernés par des magistrats nommés *archontes*. Le sort en désignait neuf tous les ans;

Statue de Minerve.

le premier donnait son nom à l'année et s'appelait *archonte éponyme*.

Six cents ans avant l'ère chrétienne, Athènes était troublée par les dissensions entre les riches et les pauvres. Les seconds devaient beaucoup d'argent aux premiers et ne pouvaient les payer. Solon, né en 640 et mort en 559 avant Jésus-Christ, rétablit la concorde. Les Mégariens, peuple voisin, avaient enlevé à Athènes le port de Nisée et l'île de Salamine. Après des efforts infructueux pour reprendre cette île, les Athéniens avaient décrété la peine de mort contre tout citoyen qui proposerait de renouveler cette entreprise désespérée. Solon parut un jour sur la place publique, contrefaisant l'insensé, et lut un poème qu'il avait composé sur la perte de Salamine : il y pleurait la honte d'Athènes. Le peuple comprit le stratagème : l'édit fut rapporté, et Salamine reprise par Solon lui-même, qui commanda l'expédition.

Chargé de donner des lois à sa patrie, Solon adoucit la condition des débiteurs pauvres, en diminuant les intérêts qu'ils avaient à payer à leurs créanciers. Il partagea les Athéniens, d'après leur fortune, en quatre classes : la première était celle des *pentacosiomédimnes*, c'est-à-dire des citoyens ayant 500 médimnes ou mesures de grain de revenu annuel ; la seconde était formée par les *chevaliers*, c'est-à-dire par les citoyens assez riches pour posséder et nourrir un cheval, et qui, en temps de guerre, formaient la cavalerie de l'armée ; la troisième était celle des *zeugites*, c'est-à-dire des citoyens possédant une paire de bœufs ; la quatrième contenait les *thètes* ou pauvres. Tous avaient le droit de voter pour la nomination des magistrats ; mais les thètes ne pouvaient être élus à aucune charge. Le peuple se rassemblait tous les trente-cinq jours sur la place nommée le *Pnyx*, pour discuter les affaires publiques. Solon établit un sénat composé de 400 membres, 40 par tribus, car le territoire athénien comprenait 10 tribus. Les sénateurs étaient désignés par le sort pour une année. Ceux de chaque tribu gouvernaient tour à tour pendant trente-cinq jours. Ils portaient alors le nom de *Prytanes* et étaient entretenus aux frais de l'État dans un édifice nommé le *Prytanée :* on dirait chez nous l'*Hôtel de Ville*. Solon institua encore l'*Aréopage*, tribunal suprême, célèbre par la sagesse de ses jugements, et composé des archontes sortis de charge.

On demandait un jour à ce grand homme quelle était la ville la mieux policée : « C'est, répondit-il, celle où tous les citoyens sentent l'injure qui a été faite à l'un d'eux, et en poursuivent la réparation

aussi vivement que celui qui l'a reçue. » Une loi de
Solon note d'infamie tout citoyen, qui, dans une sédition, ne se déclare pour aucun parti. Il ne voulait pas,
en effet, que les particuliers fussent indifférents et
insensibles aux calamités publiques, et que, contents
d'avoir mis en sûreté leurs personnes et leurs biens,
ils se fissent un mérite de n'avoir pris aucune part
aux maux de la patrie. Il voulait que, dès le commencement de la sédition, ils s'attachassent à la cause la
plus juste, et que, au lieu d'attendre de quel côté la
victoire se déclarerait, ils secourussent les honnêtes
gens et partageassent avec eux le danger.

Solon fit aux parents une obligation d'instruire
leurs enfants, et dispensa le fils de l'obligation de
nourrir son père, quand celui-ci ne lui avait pas fait
apprendre un métier. Quand il eut achevé de composer
ses lois, il demanda aux Athéniens un congé de dix ans,
afin de voyager et de s'instruire. Il alla visiter l'Égypte,
puis l'Asie. Il alla voir, dans la ville de Sardes, le
roi de Lydie, Crésus, le souverain le plus riche de
ce temps-là. Crésus lui fit montrer tous les trésors
que contenait son palais, et lui demanda ensuite s'il
avait connu quelqu'un de plus heureux que lui : « Oui,
lui répondit Solon, c'était un simple citoyen d'Athènes,
nommé Tellus, qui, ayant vécu en homme de bien,
laissa des enfants estimés, et, après avoir été toute sa
vie au-dessus du besoin, mourut en combattant pour son
pays. » Crésus, étonné, lui demanda encore si, après
ce Tellus, il avait vu un autre homme plus heureux que
lui : « J'ai connu encore, répliqua Solon, Biton et Cléo-
bis, deux frères qui s'aimaient tendrement, et qui
avaient pour leur mère une telle vénération, qu'un jour
de fête, où elle devait aller au temple de Junon, comme
ses bœufs tardaient à venir, ils se mirent eux-mêmes
au joug, et traînèrent le char de leur mère, qui était
ravie de joie, et que tout le monde félicitait d'avoir
de tels enfants. Après le sacrifice et le banquet, ils
allèrent se coucher ; mais le lendemain ils ne se rele-

3.

vèrent pas, et ils eurent le bonheur de couronner une si grande gloire par une mort douce et tranquille. — Eh quoi! reprit Crésus, vous ne me comptez donc pas au nombre des hommes heureux? » Solon répondit: « O roi des Lydiens! la sagesse nous montre que la vie humaine est agitée par des vicissitudes perpétuelles; elle ne nous permet pas de nous enorgueillir des biens que nous possédons nous-mêmes, ni d'admirer chez les autres une félicité que le temps peut détruire. L'avenir amène pour chacun de nous des événements imprévus. Celui donc à qui les dieux ont accordé jusqu'à sa mort une prospérité constante est le seul que nous estimons heureux. » Crésus s'aperçut plus tard que Solon avait raison : car il fut vaincu, fait prisonnier et détrôné par Cyrus, fondateur de l'empire des Perses.

En l'absence de Solon, Pisistrate détruisit la liberté d'Athènes, en s'emparant par la ruse et la violence d'un pouvoir tyrannique. Mais Hipparque, l'un des deux fils de Pisistrate, fut tué par Harmodius et Aristogiton; Hippias, frère d'Hipparque, fut chassé par une révolution (510 av. J. C.). Les Athéniens, redevenus libres et gouvernés par les lois de Solon, repoussèrent les Mèdes et les Perses, qui étaient venus envahir leur pays. Conduits par Miltiade, ils gagnèrent sur terre la bataille de Marathon (490); avec Thémistocle et le vertueux Aristide pour chefs, ils furent victorieux sur mer à Salamine (480).

V. Périclès et son siècle. La grandeur d'Athènes.

Après Solon, l'homme qui fit le plus pour la grandeur d'Athènes fut Périclès. Né vers l'an 494 avant l'ère chrétienne, Périclès était fils de Xantippe, qui avait vaincu les Perses à Mycale, et d'Agariste; il eut pour maîtres les philosophes Zénon d'Elée et

Anaxagore. Quand il devint homme, Aristide était mort, Thémistocle exilé; seul, le fils de Miltiade, Cimon, pouvait lui disputer la première place. Celui-ci, tout dévoué à l'aristocratie, était l'idole des riches : Périclès se jeta dans les bras du peuple, pour s'en faire un appui contre Cimon.

Dès ce moment, il embrassa un genre de vie tout nouveau. On ne le voyait plus passer dans les rues de la ville que pour se rendre aux assemblées du peuple ou au sénat; il renonça aux banquets, aux sociétés, aux causeries. Tant qu'il fut à la tête des affaires, il n'alla souper chez aucun de ses amis : un jour seulement il assista au festin de noces d'Euryptolème, son cousin; et encore se leva-t-il de table aussitôt après les libations.

Son éloquence était si majestueuse, qu'on l'avait surnommé l'*Olympien*, le comparant ainsi à Jupiter, le roi des dieux, qui habitait, disait-on, l'Olympe, la montagne la plus élevée de la Grèce, et dont le temple le plus célèbre se trouvait dans la ville d'Olympie. Dans un de ses discours, prononcé en l'honneur des guerriers athéniens morts en combattant pour la patrie, il a tracé ce magnifique éloge d'Athènes : « Des hommes d'une même origine ont toujours occupé cette contrée, et l'ont transmise, toujours libre, par leur valeur, de génération en génération.... La constitution qui nous régit n'a rien emprunté à aucun peuple, et sert à tous de modèle. Elle a reçu le nom de *démocratie*, parce que son but est l'utilité du plus grand nombre, et non l'avantage exclusif de quelques privilégiés. Chez nous, tous sont égaux devant la loi; ce n'est point la naissance, c'est le mérite qui conduit aux honneurs.... nulle honte parmi nous à être pauvre; ce qui est honteux, c'est de ne rien faire pour cesser de l'être. On voit ici les mêmes hommes soigner à la fois leurs propres intérêts et ceux de l'État, de simples artisans entendre suffisamment les questions politiques. C'est que nous regardons le citoyen étranger aux affaires publiques comme un être inutile....

« Nous savons à la fois parler et agir, joindre l'audace à la réflexion ; chez nous, la hardiesse n'est pas l'effet de l'ignorance, et le calcul n'amène point l'irrésolution. Pour ce qui tient aux bons offices, nous différons de tous les autres peuples. Ce n'est pas en recevant, c'est en accordant des bienfaits que nous acquérons des amis. Nous obligeons par générosité, non par calcul...

« Nous ne portons pas un œil soupçonneux sur les actions des autres. Nous ne les blâmons pas de rechercher quelque plaisir.... Pourtant nous respectons les magistrats et les lois, surtout celles qui protègent les opprimés.... Nous avons ménagé à l'esprit des délassements sans nombre. La grandeur de notre ville fait affluer dans son sein les trésors de toute la terre, et nous jouissons aussi complètement des produits étrangers que de ceux de notre sol... En résumé, *Athènes est l'école de la Grèce* ; et, si l'on considère les individus, on reconnaîtra que, chez nous, le même homme se prête avec une extrême souplesse aux situations les plus diverses...

« C'est ainsi que ces guerriers se sont montrés les dignes enfants de la patrie. Vous qui leur survivez, déployez le même héroïsme. Contemplez chaque jour, dans toute sa splendeur, la puissance de notre République ; nourrissez-en votre enthousiasme, et, quand vous en serez bien pénétrés, songez que c'est à force d'intrépidité, de prudence et de dévouement, que ces héros l'ont élevée si haut... En s'immolant pour la patrie, ils ont acquis une gloire immortelle, et trouvé un superbe mausolée, moins dans la tombe où ils reposent que dans le souvenir toujours vivant de leurs exploits. Les hommes illustres ont pour tombeau la terre entière. Non seulement leur pays consacre leurs noms gravés sur des colonnes, mais jusque dans les régions les plus lointaines, à défaut d'épitaphes, la renommée élève à leur mémoire un monument immatériel. »

C'est par l'éloquence que Périclès gouvernait les Athéniens, les calmant lorsqu'ils se livraient à une fougue irréfléchie, les excitant et relevant leur courage, quand ils se laissaient abattre par quelque revers. Il montra ainsi que l'éloquence est bien, suivant l'expression de Platon, « l'art de maîtriser les esprits. »

Jamais homme ne fut plus maître de lui que Périclès. Un jour, un jeune homme le poursuivit d'outrages toute la journée sur la place publique, sans obtenir de lui une réponse, ni un regard. Le soir venu, le même individu le poursuivant de ses cris et de ses insultes jusqu'à la porte de sa maison, Périclès fit prendre un flambeau à l'un de ses esclaves, pour éclairer le jeune homme et le reconduire jusqu'à sa demeure.

On pourrait dire que, alors, Athènes, c'était Périclès. Gouvernement, finances, armée, trirèmes, empire des îles et de la mer, puissance absolue sur les Grecs, puissance absolue sur les nations barbares, il attira tout à lui, il tenait tout dans ses mains.

Cette grande autorité, Périclès la dut non seulement à son éloquence, mais encore et surtout, à la confiance qu'il inspirait : on le savait inaccessible à la corruption. Périclès trouva sa patrie grande et opulente ; il l'éleva au comble de la puissance et de la grandeur. Plus puissant toute sa vie que bien des rois et des tyrans en possession d'un pouvoir héréditaire, il n'augmenta pas d'une drachme la fortune que son père lui avait léguée, et il put se féliciter, en mourant, de n'avoir fait prendre des vêtements de deuil à aucun citoyen.

Jamais Athènes ne fut plus prospère. L'Attique, l'Ionie, Byzance, la Chersonèse et la côte de Thrace, la ville de Naupacte, les îles Salamine, Égine, Eubée, Délos. Scyros, Samos, Chios, Lesbos,

Thasos, Naxos, Andros, appartenaient à la République ou lui payaient tribut. Les flottes athéniennes couvraient la mer Égée; les mines du Pangée et du Laurium grossissaient le Trésor public.

Jamais non plus la ville n'avait vu tant de grands hommes réunis. Dans le théâtre, on allait applaudir aux tragédies du sublime Eschyle, de l'harmonieux Sophocle, du pathétique Euripide; on allait rire aux comédies du jeune Aristophane, de Cratinus ou d'Eupolis.... Dans les rues, les places publiques, les boutiques de barbier, on eût pu voir dès le matin Socrate entamer de longs et amusants dialogues, qui mettaient l'auditoire en bonne humeur et ses interlocuteurs dans un plaisant embarras. Aussi le philosophe, malgré sa laideur, était-il suivi partout d'une troupe de jeunes gens : parmi eux, on distinguait le plus souvent un jeune étourdi, neveu de Périclès, et un autre auditeur aux larges épaules, Alcibiade et Platon.

En même temps, sous l'impulsion de Périclès, la ville de Minerve se couvrait d'une parure de marbre, qui sortait des carrières du Pentélique, pour venir, en traversant l'atelier de Phidias, couronner les places publiques et les lieux hauts. Cinq cents ans après, Plutarque écrivait: « On éprouve, en présence des monuments de Périclès, une admiration plus vive encore, quand on songe aux siècles qu'ils ont vus déjà, eux qui ont été faits en si peu de temps. A peine achevé, chacun d'eux, par sa beauté, sentait déjà son antique; et leur fraîcheur, leur solidité, feraient croire qu'ils viennent d'être achevés : tant y brille comme une fleur de jeunesse qui flatte l'œil et que la main du temps ne peut ternir! On dirait que ces ouvrages sont animés d'un esprit toujours plein de vie, d'une âme qui ne vieillit jamais. »

Phidias eut la direction suprême des travaux. Le *Parthénon* ou temple de Minerve-Athéné, fut bâti par les architectes Callicratès et Ictinos. Placé dans l'Acropole ou ville haute, il dominait le reste d'Athènes. Il avait cent pieds (33 mètres) de largeur en façade, et était construit entièrement en marbre blanc.

Le Parthénon d'Athènes.

Phidias sculpta pour le Parthénon la *statue de Minerve*. Elle avait 37 pieds ou 12 mètres de hauteur ; le buste, les bras et les pieds étaient d'ivoire ; le vêtement et les armes étaient d'or. La déesse était figurée debout et casque en tête ; une tunique lui descendait jusqu'aux pieds ; sur sa poitrine était une tête de Méduse en ivoire ; elle tenait d'une main une Victoire et de l'autre une pique. Son bouclier était posé à ses pieds ; Phidias avait gravé son nom sur le socle. Il avait représenté le combat des Amazones sur le bouclier de la déesse, et il s'y était sculpté lui-même sous la figure d'un vieillard chauve qui soulève une pierre des deux mains. Périclès y était aussi figuré, combattant une amazone. « Sa main, levée pour lancer le javelot, dit Plutarque, lui couvre en partie le visage ; mais cette main est disposée avec un art si merveilleux, qu'elle semble vouloir dissimuler la ressemblance, et que cette ressemblance éclate des deux côtés. »

Les *Propylées* étaient un portique, une avenue couverte par où l'on montait à l'Acropole ; l'architecte *Mnésiclès* les acheva en cinq ans. L'*Odéon*, dans l'intérieur duquel il y avait plusieurs rangs de sièges et de colonnes, avait un toit qui se recourbait sur lui-même, et qui allait se rétrécissant et se terminant en pointe. Il avait été construit, dit-on, sur le modèle de la tente du roi de Perse. C'est là que se tenaient les concours de musique. Le *Temple d'Eleusis* fut commencé par Corœbos, continué par Métagénès, terminé par Xénoclès. Phidias sculpta aussi, pour le temple d'Olympie, une statue colossale de *Jupiter Olympien* assis, qui faisait dire à un poète : « O Phidias! Jupiter est descendu du ciel pour se montrer à toi, ou tu es monté au ciel pour le contempler! »

Les frais nécessités par ces entreprises étaient considérables ; les orateurs du parti oligarchique accusant Périclès de dissiper follement les revenus de l'Etat, il demanda au peuple assemblé s'il croyait qu'il eût trop dépensé : « Beaucoup trop ! s'écria-t-on de toutes parts. — Eh bien ! repartit Périclès, je supporterai seul la dépense ; mais aussi j'inscrirai mon nom seul sur les monuments ! » Tous s'écrièrent aussitôt qu'il pouvait puiser à son gré dans le Trésor, dépenser comme il l'entendrait, et sans compter.

La postérité a confirmé la décision des Athéniens, en nommant cette époque de l'histoire le *Siècle de Périclès*.

Les dernières années de la vie de ce grand homme ne furent pas heureuses. La Guerre du Péloponèse avait commencé entre Athènes et Lacédémone. L'Attique fut envahie et dévastée ; la peste fit périr une multitude d'habitants. Aigris par l'infortune, les Athéniens accusèrent Périclès d'être le principal auteur de la guerre, et le condamnèrent à une amende. Néanmoins, ses services étaient tellement indispensables, qu'on lui conserva le pouvoir. Il mourut en l'an 429 avant J. C.

VI. Romulus, fondateur de Rome.

Après la prise de Troie, disent les traditions, Énée vint aborder dans le Latium avec son fils Ascagne, ses compagnons et les pénates errants d'Ilion. Auparavant il avait touché aux rivages d'Afrique; il avait failli s'établir auprès de Didon, touchante légende qui rapproche Rome et Carthage à leur berceau. Sur les bords du Tibre, il trouva les traces d'Hercule, vainqueur de Cacus. Accueilli dans la chaumière d'Évandre, il triompha de Turnus, le roi des Rutules, et épousa Lavinie, fille du vieux Lavinus, roi des Latins.

Le fils d'Énée, Ascagne ou Iule, fut le fondateur d'Albe-la-Longue. Douze de ses descendants y régnèrent : l'un d'eux, Proca, eut deux fils, Numitor et Amulius. L'aîné, Numitor, fut détrôné par son frère : Romulus et Rémus, les deux enfants de la fille de Numitor, Rhéa Sylvia, furent exposés sur les eaux du Tibre par l'ordre d'Amulius. Mais le fleuve déposa leur berceau dans les roseaux. Une louve les nourrit.

La louve de Mars, de la ville Borghèse (Musée du Louvre).

Le berger Faustulus les recueillit et les éleva. Plus tard, Romulus et Rémus se firent les chefs des bergers errants autour des sept collines, où dans la suite Rome devait s'élever. Arrêté dans une altercation avec les serviteurs de Numitor, Rémus fut conduit à son aïeul, qui reconnut les deux frères.

Pourtant ils ne s'établirent pas dans Albe-la-Longue. Ils résolurent de fonder une ville nouvelle sur le Mont Palatin. Pour la peupler, ils ouvrirent un asile aux bannis, aux fugitifs des pays voisins. Lequel des deux frères donnerait son nom à la cité nouvelle? Le sort favorisa Romulus : son frère avait vu six vautours; il en vit douze. La ville s'appela Rome. Rémus, désappointé, franchit d'un saut, par dérision, le fossé tracé autour des murailles; Romulus le tua : « Qu'ainsi périsse à l'avenir, s'écria-t-il, quiconque franchira ces murs! » (754).

Aucun des Romains n'était marié : dès lors pas de perpétuité, pas d'avenir. Ils demandent des compagnes aux nations voisines; on leur répond par un refus. Romulus dissimule et invite tous les peuples du Latium à une fête religieuse; les étrangers viennent en grand nombre et sans armes : les Romains enlèvent de force leurs jeunes filles. La vengeance suivit de près l'outrage. Descendus en armes de leurs montagnes, les Sabins s'emparèrent du Capitole par la trahison de Tarpéia. Cette jeune fille sortait du Capitole pour aller puiser de l'eau à une source, quand les Sabins arrivèrent. Ils lui promirent de lui donner ce qu'elle leur demanderait, à condition de leur indiquer l'entrée de la forteresse. Elle y consentit, et leur demanda ce qu'ils portaient au bras gauche. C'étaient des bracelets en or; mais ils portaient au même bras leurs lourds boucliers de fer. Quand elle demanda l'exécution de la promesse, ils les jetèrent sur elle, et elle fut étouffée. En vain Romulus voua un temple à Jupiter Stator. Rome était perdue, quand les femmes enlevées, se jetant entre Romains et Sabins, désarmèrent par leurs larmes leurs pères et leurs époux. Les deux peuples n'en firent plus qu'un seul. Les deux rois régnèrent conjointement, jusqu'au jour où le Sabin Tatius périt assassiné.

Vainqueur des Crustumériens et des Antemnates, Romulus avait tué dans un combat le roi des Céniniens, Acron, et remporté les premières dépouilles opimes. Il avait aussi partagé l'année en dix mois, commençant par le mois de mars. En 715, le premier roi de Rome disparut : il avait été enlevé au ciel, lorsqu'il passait en revue son armée, près du *Marais de la Chèvre*, dirent les sénateurs qui l'avaient assassiné. On le déifia sous le nom de *Quirinus*.

Après un an d'interrègne et d'anarchie, il fut convenu que les Romains choisiraient le nouveau roi, et qu'ils le prendraient parmi les Sabins. Leur élu, Numa Pompilius, fut un roi pacifique et religieux, un législateur. Inspiré par la nymphe Égérie, il adoucit les mœurs de son peuple. Il éleva un temple à Janus, le dieu aux deux visages, qui présidait au passé et à l'avenir : ouvertes pendant la guerre, les portes de ce temple devaient être fermées pendant la paix. Numa ajouta deux mois nouveaux à l'année, *janvier* et *février* ; il confia aux vestales la garde du feu sacré, qu'elles ne devaient jamais laisser éteindre. Il créa les prêtres saliens, chargés de la garde des anciles, ou boucliers sacrés tombés du ciel et consacrés au dieu Mars. Enfin, après un long règne de quarante-quatre ans, il mourut paisiblement en 670.

Le troisième roi de Rome, Tullus Hostilius, fut un guerrier comme Romulus : sous son règne, dans une guerre entre les Romains et les Albains, les chefs des deux peuples, pour épargner le sang, convinrent que trois champions combattraient de chaque côté, et que le peuple dont les champions seraient vainqueurs commanderait désormais à l'autre. Du côté des Romains, le sort désigna trois frères, les Horaces ; du côté des Albains, trois frères aussi, les Curiaces. Au

premier choc, deux des Romains furent tués, et les
trois Albains blessés. Trop faible contre les trois
Curiaces réunis, mais plus fort que chacun d'eux
séparément, Horace prend la fuite pour les diviser.
Ensuite il se retourne et voit que, en le poursuivant, ils
sont à une certaine distance les uns des autres. Il
revient sur eux et les tue successivement tous les
trois. Sa sœur Camille, fiancée de l'un des Curiaces,
pleurait son amant : son frère la tua aussi. On lui
pardonna ce meurtre à cause de sa victoire qui assurait le triomphe des Romains.

Ancus Martius quatrième roi de Rome, bâtit le
premier pont sur le Tibre; le cinquième roi, Tarquin
l'Ancien, introduisit dans la ville les usages de l'É-
trurie; le sixième, Servius Tullius, se rendit célèbre
par ses bonnes lois; le septième et dernier, Tarquin
le Superbe, fut un tyran et se fit chasser en l'an 510
avant J. C.

Sous les rois, le peuple romain était divisé en *patriciens* et *plébéiens* : les patriciens ou nobles étaient
sans doute les plus anciens habitants ; seuls ils étaient
citoyens, et se réunissaient pour voter sur les affaires
publiques, dans des assemblées nommées *comices*, et
qui se tenaient sur la place appelée *Forum*. Les plébéiens n'avaient aucun droit politique; ils étaient les
clients ou protégés des patriciens ou *patrons*. Le
peuple romain ou les *Quirites* était partagé d'abord
en 3 tribus, 30 curies, 300 décuries. Servius Tullius
établit une division nouvelle : il partagea la nation,
d'après le cens, c'est-à-dire d'après la fortune de chacun, en 6 classes et 193 centuries.

Dès le début, les Romains furent un peuple belli-
queux, sans cesse en guerre avec ses voisins. L'armée
romaine était divisée en *légions*. Chaque légion
comptait 5 ou 6 000 hommes ; les chevaliers formaient
la cavalerie.

VII. Junius Brutus, fondateur de la République romaine.

L. Junius, le fondateur de la République romaine,
était, dit la tradition, neveu ou petit-neveu de Tarquin
le Superbe, le dernier roi de Rome. Son père et ses
frères furent assassinés par Tarquin, qui voulait
s'emparer de leurs biens. Il n'échappa lui-même à la
mort qu'en contrefaisant l'insensé, en se faisant passer
pour idiot : de là vint son surnom de *Brutus* ou le
simple. On raconte qu'il accompagna à Delphes les
fils du roi, chargés d'une mission par leur père. Ceux-
ci interrogèrent l'oracle d'Apollon, pour savoir lequel
d'entre eux posséderait un jour le souverain pouvoir
dans sa patrie. Une voix sortie du sanctuaire leur
répondit : « Celui d'entre vous, ô jeunes gens, qui
embrassera le premier sa mère, sera un jour le maître
de Rome. » Brutus feignit alors de faire un faux pas,
et se laissa tomber, pour embrasser sur-le-champ la
terre, la mère commune de tous les hommes.

L'un des fils de Tarquin, Sextus, s'étant rendu
coupable d'un attentat sur la personne de Lucrèce,
femme de Tarquin Collatin, Lucrèce ne voulut pas
survivre à son malheur et se poignarda. Le peuple
romain indigné se souleva et chassa le roi avec ses
fils. La royauté fut abolie, et la République créée.
Elle devait durer cinq cents ans. Au lieu d'un roi, il
y eut deux magistrats annuels, nommés *consuls*,
chargés d'exécuter les lois et de commander les
armées ; le sénat, dont les membres furent portés au
nombre de 300, et le peuple, assemblé dans les comices par centuries, firent les lois. Les deux premiers
consuls furent Junius Brutus et Tarquin Collatin.
Brutus fit jurer à tous les citoyens qu'ils ne permet-
traient jamais le rétablissement de la royauté. Tarquin Collatin avait été le mari de Lucrèce, et l'un des
libérateurs de Rome. Cependant son nom seul de

Tarquin suffit pour le rendre suspect au peuple.
Les Romains pensèrent qu'on ne pouvait donner
pour fondateur au gouvernement républicain un
membre de la famille royale, c'est-à-dire un homme
qui deviendrait peut-être un jour un prétendant. *Tarquin et liberté*, ces deux noms paraissaient contra-
dictoires. Infailliblement, ou par lui-même, ou sous
l'impulsion des subalternes ambitieux qui intrigue-
raient auprès de lui, Collatin devait être entraîné
dans une voie funeste. On ne lui en laissa pas courir
la tentation. Il dut résigner sa charge, sortir de la
ville et mourir en exil. Valérius Publicola fut nommé
consul à sa place.

A peine fondée, la jeune République fut en danger
de périr. Tarquin le Superbe s'était retiré à Cære, en

Le rocher du Capitole.

Étrurie. Mais le roi déchu n'avait point perdu courage :
il comptait dans Rome de nombreux partisans parmi
les jeunes patriciens. Amis des fils de Tarquin, ceux-ci
s'effrayaient de l'avenir sévère qui s'ouvrait devant
eux : un prince est homme ; on a mille moyens d'action sur son esprit ; avec lui, il ne s'agit point d'avoir
raison ou tort, il suffit de savoir plaire, pour que la
main royale s'ouvre, pleine de faveurs et de bien-

faits ; la loi, au contraire, est sourde et aveugle ; inflexible, elle ne fait point acception de personnes et ne connaît point de favoris. Un complot s'organisa. Des députés venus à Rome au nom du roi, sous prétexte de réclamer ses biens, en furent les instigateurs. Découverts et dénoncés par un esclave, les conjurés furent chargés de chaînes, attachés à des poteaux, battus de verges et décapités. Parmi eux se trouvaient les deux fils du consul Brutus. L'austère magistrat, assis sur son tribunal, ordonna leur supplice et en fut témoin. Cette fois la monarchie était bien morte : nulle chance pour elle de ressusciter, tant que Rome comptera de pareils citoyens. Les biens du roi furent abandonnés au peuple ; ses blés, voués à la malédiction, furent coupés et jetés dans le Tibre ; ses terres furent consacrées au dieu Mars. Elles étaient situées entre la ville et le fleuve : ce fut depuis le Champ de Mars.

N'attendant plus rien des complots, les Tarquins eurent recours à la force ouverte. Ils invoquèrent le secours des rois voisins. L'exemple de la liberté, disaient-ils, était contagieux : il fallait étouffer la République romaine à sa naissance, ou se résigner à la chute de tous les trônes étrusques et latins. Cet appel fut entendu.

Entrés en lice les premiers, les Véiens furent aussi les premiers battus. Dans la lutte, Brutus et Aruns, l'un des fils de Tarquin, s'entre-tuèrent. Les Romains regrettèrent Brutus comme un père, et le pleurèrent pendant un an.

Après sa mort, la lutte s'engagea entre les patriciens et les plébéiens. Les patriciens étaient riches ; seuls ils pouvaient devenir consuls et obtenir les autres magistratures. Les plébéiens étaient pauvres, accablés de dettes ; ils ne pouvaient être élus à aucune charge ; ils n'étaient pas même électeurs, ou du moins, s'ils avaient le droit de voter, leur vote était inutile et sans résultat, par suite de la manière dont on comptait les suffrages. Les plébéiens obtinrent d'abord des magistrats appelés tribuns, qu'ils élisaient eux-mêmes, et qui étaient leurs protecteurs ; puis ils obligèrent les patriciens à consentir à la création des comices par tribus, dans lesquels on comptait les votes par tête, ce qui assurait l'avantage au plus grand nombre. Le peuple fit dès lors des lois nommées *plébiscites* égales en valeur aux *sénatus-consultes* ou décisions du sénat. Par d'autres lois, nommées *agraires*, les terres des ennemis que Rome avait vaincus furent, à plusieurs reprises, distribuées aux citoyens pauvres. Enfin, les plébéiens obtinrent, en l'an 366, le droit de parvenir au consulat.

VIII. Auguste, fondateur de l'Empire romain.

Junius Brutus avait affranchi Rome et fondé la République. Cinq siècles plus tard, Auguste, ou plutôt Octave, détruisit la liberté de sa patrie et fonda l'Empire. Il était neveu et fils adoptif du célèbre Jules César, le conquérant de la Gaule, qui avait, avant lui, asservi les Romains, mais qui était tombé, poignardé dans le sénat par Brutus et Cassius. Octave, intelligent, dissimulé, sans scrupule et sans pitié, s'associa avec Antoine et Lépide, anciens lieutenants de César, pour former avec eux un *triumvirat* (réunion de trois hommes). Ils proscrivirent ensemble tous les hommes les plus honorables de Rome par leurs talents, leurs vertus, leur amour de la liberté : la plus illustre de leurs victimes fut le grand orateur Cicéron, qui avait été le premier protecteur d'Octave. Ensuite, quand Octave n'eut plus besoin de Lépide et d'Antoine, après la bataille de Philippes, où les républicains avaient été accablés ; après la mort de leurs chefs, Brutus et Cassius, qui se poignardèrent pour ne pas survivre à leur défaite, Octave se tourna contre ses deux complices les triumvirs : il dépouilla Lépide, vainquit Antoine à la bataille navale d'Actium, et le poursuivit en Égypte, où Antoine se donna la mort. Octave, surnommé dès lors *Auguste*, resta le seul maître de l'empire romain.

Afin de s'en assurer la possession, il créa ce qu'on appellerait aujourd'hui la *candidature officielle*, en recommandant lui-même aux suffrages des électeurs les candidats qu'il voulait voir élus aux différentes magistratures, et en assurant leur élection par tous les moyens possibles. Il supprima toutes les associations et ferma la tribune aux harangues ; il augmenta le nombre, la puissance et la richesse des prêtres ; il ferma les portes du temple de Janus, qui étaient ouvertes en temps de guerre, et promit de rendre la paix durable. Il occupait cependant l'attention des Romains par des expéditions lointaines, et s'assurait l'appui aveugle de l'armée, en confisquant les biens de ses ennemis, et en les distribuant aux soldats. Il flattait la vanité des Romains en construisant à Rome de grands édifices : on disait plus tard qu'il avait trouvé une ville de brique, et qu'il laissait une ville de marbre.

L'empereur Auguste.
(Musée du Louvre.)

Il obtint même la réputation de clémence, en faisant grâce à Cinna, petit-fils de Pompée, qui avait conspiré contre lui. Il est vrai qu'au début sa conduite avait été toute différente.

Après la bataille de Philippes, l'un des prisonniers demandant avec instance à Octave la sépulture,

4.

il lui répondit que les vautours en prendraient soin.
Un père et un fils le suppliant de leur accorder la vie,
il ordonna qu'ils tirassent au sort ou qu'ils combattis-
sent ensemble, promettant sa grâce au vainqueur; puis il vit de sang-froid le père tomber sous l'épée du
fils, et le fils se donner volontairement la mort. Quand
il eut défait Antoine, il ordonna la mort de son fils
aîné, que les soldats arrachèrent des pieds de la statue
de César, à laquelle il s'était cramponné, pour le traî-
ner au supplice. Il proscrivit Toranius, son tuteur,
qui avait été le collègue de son père dans l'édilité.
Un jour qu'il haranguait ses soldats, il aperçut Pina-
rius, chevalier romain, écrivant sur ses tablettes. Cela
lui parut louche : il le fit égorger séance tenante. Un
autre citoyen, le préteur Quintus Gallius, venant lui
faire sa cour, tenait des tablettes doubles cachées
sous sa robe. Il n'osa s'en assurer sur-le-champ, de
peur que ce ne fût autre chose. Mais un moment après,
il le fit arracher de son tribunal par des centurions et
des soldats, et appliquer à la question, comme un
esclave. Ne pouvant obtenir de lui aucun aveu, il le
condamna à mort, après lui avoir crevé les yeux de
sa propre main.

Du reste, s'il était inflexible à l'égard de ses victimes, une fois qu'elles étaient supprimées, et qu'elles
ne le gênaient plus, il ne leur gardait pas rancune.
Ayant surpris entre les mains d'un de ses petits-fils
l'un des ouvrages de Cicéron : « C'était un homme qui
aimait bien son pays! » s'écria-t-il, et il ajouta : « Il
faut toujours respecter le gouvernement établi. »

Après tout, cette sévérité d'Auguste à l'égard des
opposants, des *incorrigibles*, qui ne pouvaient se
consoler de l'établissement de l'autorité absolue, était
peut-être nécessaire. Elle lui permit de gouverner
sans obstacle pendant quarante-trois ans au milieu
de la paix dont parle Tacite, c'est-à-dire d'un silence
parfait, et de dire, avant d'expirer, à ses amis grou-
pés autour de son lit de mort : « Allons! applau-

dissez l'acteur qui sort du théâtre ! N'ai-je pas bien joué la farce de ma vie ? »

Pour comprendre complètement cette politique de mensonge, il faut ajouter quelques détails. César avait voulu être roi, et les Romains l'avaient poignardé. Instruit par cet exemple, Octave, qui depuis son retour d'Égypte s'appelait *Auguste*, ne toucha pas aux magistratures établies ; il laissa subsister les anciens noms, les formes et les usages antérieurs, mais en changeant complètement leur sens. Il y eut, comme par le passé, des consuls, des tribuns, des édiles, des préteurs. Mais toutes les charges un peu importantes furent réunies sur la tête du maître : *Prince du Sénat*, il en dirigea les délibérations ; *Tribun*, il fut inviolable ; *Imperator*, il commanda les armées ; *Consul* ou nommant les consuls, il eut le pouvoir exécutif ; *Préfet des mœurs*, c'est-à-dire censeur unique, il put à son gré ouvrir ou fermer les portes du sénat ; *Grand Pontife* (quand Lépide fut mort), il fut le chef de la religion et l'interprète des dieux. Il est vrai qu'il poussa la dissimulation plus loin encore : ces titres, il ne voulut jamais les accepter pour toute la durée de sa vie ; il ne consentait à les prendre que pour cinq ans, pour dix ans ; et à l'expiration de chaque période, il se faisait prier de nouveau de les accepter, et ne consentait à les reprendre qu'après de longues instances, comme s'il eût fait violence à ses goûts et sacrifié au bien public son impérieux désir de repos [1].

Auguste avait deux aides qui servaient d'intermédiaires entre lui et le peuple, Agrippa et Mécène. Le premier faisait peur à ses ennemis ; le second gagnait les tièdes et les indifférents : l'un, rude soldat, sur lequel Auguste pouvait compter entièrement, prêt à tout faire et capable de tout obtenir des légions, également redouté des grands et du petit peuple ; l'autre,

---

1. Voir l'admirable scène Ire de l'acte II de *Cinna*, où Corneille, en même temps que grand poète, est si grand comme historien.

aimable, gracieux, enjoué, protecteur des artistes, des
gens de lettres, qui accueillait bien les solliciteurs,
qui souriait à tout le monde, ne refusait rien à personne ; se chargeant d'intercéder pour les condamnés,
laissant parfois échapper un mot de blâme sur la trop
grande sévérité du prince, ce qui contribuait encore à
ouvrir les cœurs et à délier les langues en sa présence ;
amusant les grands de Rome d'espérances illusoires ;
partageant leurs plaisirs, et, par la même occasion,
leurs secrets. Suivant qu'il fallait prendre une voix
caressante ou rude, endormir ou menacer, inspirer la
peur ou la confiance, Auguste mettait en avant Mécène
ou Agrippa.

Toutes ces circonstances expliquent déjà en partie
le succès d'Auguste ; la lassitude générale des esprits,
au moment où il parvint au pouvoir, et la longueur
de sa vie furent encore pour lui deux utiles auxiliaires.
« Le monde était fatigué des discordes... les soldats
gagnés par ses largesses, la multitude par l'abondance
des vivres, tous par la douceur du repos... Nul ne lui
résistait : les plus fiers républicains avaient péri par
la guerre ou par la proscription ; ce qui restait de
nobles trouvaient, dans leur empressement à servir,
honneur et opulence, et, comme ils avaient gagné au
changement des affaires, ils aimaient mieux le présent
avec sa sécurité que le passé avec ses périls. Le nouvel ordre de choses ne déplaisait pas non plus aux provinces, qui avaient en défiance le gouvernement du
sénat et du peuple, à cause des querelles des grands
et de l'avarice des magistrats... Au dedans tout était
calme ; rien de changé dans le nom des magistratures ;
tout ce qu'il y avait de jeune était né depuis la bataille
d'Actium, la plupart des vieillards au milieu des
guerres civiles : combien restait-il de Romains qui
eussent vu la République ? » (TACITE.)

C'est en l'an 43 avant l'ère chrétienne qu'Auguste
avait fondé le triumvirat, en l'an 31 qu'il avait gagné
la bataille d'Actium, en l'an 30 que la mort d'Antoine

le laissa seul maître. Il mourut en l'an 14 après J. C. Il eut l'honneur de donner son nom à l'un des quatre grands siècles littéraires : le premier avait été celui de Périclès.

Parmi les grands hommes du siècle d'Auguste, les plus célèbres ont été les poètes Lucrèce, antérieur au fondateur de l'empire, Virgile et Horace, qui furent ses protégés, Ovide, qu'il exila, Catulle, Properce et Tibulle; le grand orateur Cicéron, qu'il fit ou du moins qu'il laissa tuer; les historiens Jules César, Salluste et Tite-Live; l'érudit Varron; les jurisconsultes Labéon et Capiton.

L'Empire Romain comprenait alors tous les pays situés autour de la Mer Méditerranée ou Mer Intérieure, que les Romains appelaient *Notre Mer*, en Europe, en Afrique et en Asie. Il était limité au Nord par le Rhin et le Danube, à l'Ouest par l'Océan Atlantique, au Midi par le Grand Désert, à l'Est par l'Euphrate. L'Italie, l'Espagne, la Gaule, l'Illyrie, la Grèce, l'Asie Mineure, la Syrie, l'Egypte, la Cyrénaïque, l'Afrique, la Numidie, s'y trouvaient comprises. Rome, Syracuse, Marseille, Lyon, Carthagène, Séville, Cadix, Corinthe, Athènes, Delphes, Smyrne, Ephèse, Antioche, Damas, Alexandrie, Cyrène, étaient les plus grandes villes du Monde romain.

IX. Constantin, fondateur de Constantinople.

Parmi les empereurs romains, un des plus célèbres fut Constantin, qui fonda Constantinople, et remplaça le Paganisme par le Christianisme comme religion de l'Empire Romain. Constantin était fils de Constance Chlore et d'Hélène. A l'époque où il parvint à l'adolescence, le monde romain était partagé entre plusieurs empereurs. Son père gouvernait la Bretagne, la Gaule, l'Hispanie, c'est-à-dire l'Angleterre, la France, l'Espagne. Constance Chlore étant mort en 306, Constantin prit la pourpre impériale à York; il avait épousé la fille de l'empereur Maximien. Il assassina son beau-père, qui lui disputait la Gaule. Ensuite il envahit l'Italie, alors au pouvoir de Maxence, fils de Maximien. Constantin, trois fois victorieux à Turin, à Vérone, au Pont Milvius sur le Tibre, s'empara de Rome : Maxence s'était noyé en voulant fuir. Il n'y avait plus que deux empereurs dans le monde romain : Constantin en Occident et Licinius en Orient. Le premier attaqua le second, et le vainquit à la bataille d'Andrinople. Battu de nouveau à Chrysopolis, en Asie, Licinius se rendit : plus tard le vainqueur le fit assassiner.

Seul maître de l'empire, Constantin permit aux chrétiens, qui l'avaient soutenu contre les païens, le libre exercice de leur culte. Le concile de Nicée se tint sous sa direction en l'an 325 et rédigea le *symbole de Nicée*, renfermant l'exposé des croyances chrétiennes.

Depuis un siècle et demi, les Barbares avaient pris l'offensive sur tous les points contre l'empire romain, qui vivait sous le coup perpétuel d'une invasion. De l'Arménie jusqu'à la Mer du Nord, le long de l'Euphrate, du Pont-Euxin, du Danube, du Rhin, les Perses, les Goths, les Marcomans, les Alamans, les Francs, ne laissaient pas aux provinces un instant de relâche. Jusque-là, aux deux extrémités, en Asie et en Gaule, la défense avait réussi. Il y avait si loin de Rome à Édesse ou Cologne! Les Barbares fussent-ils parvenus à franchir le Rhin ou l'Euphrate, l'existence de l'empire n'eût pas été directement menacée. Mais au centre la résistance avait faibli. Pour couvrir les deux péninsules, qui étaient comme les organes essentiels, le cerveau et le cœur de l'empire, c'est-à-dire la Grèce et l'Italie, il n'y avait qu'un fleuve et deux montagnes, le Danube en première ligne, les Alpes et les Balkans en seconde. D'abord, les

Romains avaient perdu la rive gauché du fleuve. Ils eurent beau couper le pont de Trajan : les Barbares passèrent à leur suite. Sous Marc-Aurèle, ils vinrent jusqu'aux portes d'Aquilée; sous Gallien, ils arrivèrent à Corinthe.

La Grèce avait été percée de part en part, l'Italie seulement entamée. C'est que là étaient la tête de l'empire, le chef de l'État, les meilleures légions. Mais qu'arriverait-il si les Barbares prenaient Rome ? Maître de cette capitale, le roi barbare qui s'en serait emparé se donnerait comme le successeur des empereurs, et, de là, dicterait des lois aux provinces. Constantin résolut d'établir une seconde capitale, de créer une seconde Rome. Dès lors, l'empire aurait deux têtes : l'une prise, l'autre subsisterait, et la première pourrait servir de point de départ pour reconquérir la seconde.

C'est la ville de Byzance que l'empereur avait choisie. Elle s'appela de son nom *Constantinople*. Elle forma un vaste triangle baigné de deux côtés par le Bos-

Vue de Constantinople.

phore de Thrace et la Propontide, et dont la base était tournée vers le continent. Sa position en amphithéâtre sur sept collines qui s'étageaient les unes au-dessus des autres, en s'élevant graduellement depuis le bord de la mer, en faisait le plus beau spectacle qui fût au monde. Le Bosphore et l'Hellespont la protégeaient du côté du Pont-Euxin et de la Méditerranée, et lui ouvraient en même temps l'entrée de ces deux mers. Au nord, elle était couverte d'abord par les Balkans, en seconde ligne, par le Danube. A portée de l'Arménie et de la Dacie, la nouvelle capitale pouvait défendre à la fois les deux frontières ; mêmes avantages au point de vue commercial : le Danube, le Dniester, le Dniéper, le Don, le Phase, viennent aboutir à la Mer Noire, et la Mer Noire à Constantinople. La ville se trouve entre l'Europe et l'Asie, possédant la route continentale des Indes par le Caucase, la Caspienne, Hérat, la route maritime par le Golfe Persique, auquel conduit l'Euphrate.

Pendant les dernières années de sa vie, Constantin fit périr le fils de Licinius. Pour complaire à sa seconde femme Fausta, il fit aussi tuer Crispus, le fils qu'il avait eu de la première, Minervina. Plus tard il s'en repentit, et, pour venger Crispus, il fit étouffer Fausta dans un bain. Il mourut lui-même en 336.

A la mort de Théodose, l'un des successeurs de Constantin, le monde romain fut définitivement, en 395, partagé en deux empires : l'empire d'Occident à Rome, et l'empire d'Orient à Constantinople. L'empire d'Occident fut détruit en 476 par Odoacre, roi des Hérules, et l'empire d'Orient en 1453 par Mahomet II, sultan des Turcs.

X. Mahomet, fondateur de la religion musulmane et de la puissance arabe.

L'Arabie est un grand pays situé dans l'Asie occidentale. Elle forme une presqu'île baignée à l'Orient par le Golfe Persique, au midi par la Mer d'Oman, et séparée de l'Afrique à l'ouest par le détroit de Bab-el-Mandeb et la Mer Rouge. L'isthme de Suez la rattache pourtant au continent africain ; au nord elle s'étend jusqu'à la Mer Morte et au Jourdain, d'un côté, jusqu'à l'Euphrate, de l'autre. A l'exception de quelques parties favorisées, dans l'Yémen ou Arabie Heureuse, le pays des Arabes est un immense désert de rochers et de sable, à peu près sans végétation et sans eau, desséché par un soleil brûlant. De loin en loin, autour des sources, on trouve des *oasis*, îles de verdure qui interrompent la monotonie de ces solitudes désolées.

Aussi les Arabes ou Sarrasins ont-ils toujours formé de petites tribus, accoutumées à la vie nomade et pastorale. Ils errent d'oasis en oasis, avec leurs femmes et leurs enfants, leurs esclaves et leurs troupeaux. Ils vivent sous la tente. Ce qui constitue leur seule richesse, ce sont leurs moutons, leurs chameaux et leurs chevaux. Patient, sobre, le chameau leur rend de grands services : car, par la conformation de son estomac, qui renferme une sorte de poche ou de réservoir intérieur, il peut rester plusieurs jours sans boire. Le cheval arabe, intelligent et agile, est pour son maître un compagnon et un ami. De tout temps les Arabes ont été renommés pour leur hospitalité : quiconque a pénétré sous leur tente est sacré pour eux ; de tout temps aussi ils ont été redoutés pour leurs brigandages, et ils ont attaqué les caravanes qui allaient de l'Yémen porter la gomme, le baume, la myrrhe et l'encens à Bostra, à Jérusalem et à Damas.

Une pareille nation, ne récoltant pas elle-même, est obligée de prendre à ses voisins : de là la nécessité de la guerre, les habitudes guerrières. Ce même ciel, ce même désert, qui leur fait de la guerre une nécessité, leur fournit les moyens de l'entreprendre sans rien craindre. Qui est-ce qui ira les chercher dans ces déserts stériles et sans fin ? Ni Cyrus, ni Alexandre, ni les Romains. Mais, s'ils n'ont pas à craindre d'être subjugués, ils ne peuvent guère non plus faire de conquêtes. Les sources tarissant une partie de l'année, ils sont obligés d'aller d'oasis en oasis par petites réunions d'hommes. Ils ne peuvent devenir un grand peuple qu'en sortant de chez eux.

Les Arabes rapportent leur origine à Ismaël, fils d'Abraham et d'Agar, et voici comment ils l'expliquent : Sara, jalouse d'Agar, avait obtenu d'Abraham qu'il chasserait la mère et le fils ; Agar s'enfuit donc dans le désert, et au moment où Ismaël allait mourir de soif, une source lui fut révélée par un ange. Les Arabes montrent encore cette source à la Mecque, dans l'enceinte du célèbre temple nommé la *Caaba*. Ce temple contient encore une pierre tombée du ciel, ou aérolithe ;

La Caaba.

elle était blanche primitivement, à en croire la tradition ; elle a été noircie par l'attouchement des pêcheurs. Bien longtemps avant Mahomet, la Mecque était déjà pour les Arabes une ville sainte : comme Delphes pour les Grecs, ou Jérusalem pour les Hébreux ; la Caaba était un lieu de pèlerinage. Pourtant les Arabes n'avaient point alors de religion uniforme : les uns adoraient les étoiles ; d'autres avaient le culte du feu, qui avait été apporté de l'est par les Persans ; le christianisme avait été introduit au midi par les Abyssins. Au nord, après la prise de Jérusalem par Titus, les Juifs, réfugiés dans l'Arabie Pétrée et dans l'Hedjaz, y propagèrent la croyance à la venue prochaine d'un *messie*, c'est-à-dire d'un être puissant, d'un libérateur, d'un prophète. Cette croyance facilita le succès de Mahomet.

Mohammed-ben-Abdallah naquit à la Mecque en 570 ; il était de la famille d'Haschem et de la tribu des Coraychites, gardiens de la Caaba. Orphelin de bonne heure, il fut élevé par son aïeul Abd-el-Mottaleb. Son oncle Abou-Taleb le conduisit en Syrie, où il fut en relations avec un moine chrétien. A vingt-cinq ans, Mahomet entra au service d'une riche veuve nommée Khadidjah, dont il dirigeait les troupeaux, et qui ensuite lui donna sa main. A quarante ans, il se déclara prophète, plus grand que Moïse et que Jésus-Christ. L'ange Gabriel, disent les Arabes, était descendu du ciel pour lui apporter l'*Islam* ou parole divine. Mahomet rassembla dans un repas ses parents et ses amis : « Qui de vous, s'écria-t-il, veut être mon frère, mon lieutenant, mon vizir ? — Prophète, lui répondit le jeune Ali, c'est moi qui serai cet homme, et si quelqu'un te résiste, je lui casserai les dents, je lui arracherai les yeux, je lui fendrai le ventre, je lui briserai les jambes. » Abou-Taleb, moins enthousiaste, fit voir à son neveu quels dangers il allait courir : « Quand on viendrait à moi, répondit le prophète, avec le soleil dans une main et la lune dans l'autre, je ne reculerais pas ! » Mahomet eut pour premiers sectateurs sa femme Khadidjah, son cousin Ali, son esclave Zeïd et son ami Abou-Bekre.

Gardiens de la Caaba, les Coraychites craignirent d'être ruinés par la suppression de l'idolâtrie, dont ils étaient les ministres. Menacé de mort, Mahomet dut s'enfuir dans une caverne; mais Omar, un de ses persécuteurs, embrassa sa croyance. Le fondateur de la nouvelle religion se retira à Yatreb, qui prit dès lors le nom de *Médine* (*Medinet-al-Nabi, ville du prophète*). Cette fuite ou *hégire*, qui eut lieu le 16 juillet 622, marque l'*ère* des musulmans. L'an 622 de l'ère chrétienne est donc l'an 1er de l'ère musulmane; par conséquent en 1882, on est en l'an 1260 de l'hégire.

A la tête de ses amis, Mahomet attaqua les Coraychites de la Mecque et les vainquit à Béder. Pendant le combat, il avait lancé dans les airs une poignée de sable en s'écriant : « Qu'ainsi la face de nos ennemis soit couverte de confusion! » Vaincu au mont Ohud, le prophète fut assiégé dans Médine : il fit creuser un fossé dans le roc pour défendre la ville, et y travailla de ses mains; les étincelles jaillirent de la pierre sous sa pioche : « La première de ces étincelles, dit-il, m'annonce la soumission de l'Yémen ; la seconde, la conquête de l'Occident ; la troisième, la conquête de l'Orient.» Les Coraychites, repoussés, signèrent avec lui une trève, et l'autorisèrent à entreprendre le pèlerinage de la Mecque, où il entra d'abord avec 2 000 des siens. Les Coraychites ayant voulu recommencer la lutte, il accourut avec 10 000 hommes : « La vérité est venue, s'écria-t-il; que le mensonge disparaisse! » Les idoles furent chassées de la Caaba. Toute l'Arabie embrassa la foi nouvelle. Invité à en faire autant, le roi de Perse déchira dédaigneusement la lettre du prophète : « Qu'ainsi son royaume soit déchiré! » s'écria Mahomet à cette nouvelle.

Mahomet mourut en 632 à Médine. La dernière fois qu'il entra dans la mosquée ou temple, il dit du haut de la chaire : « Si j'ai frappé un de mes frères, je me soumets au fouet des représailles ; si je dois quelque chose à un fidèle, voilà ma bourse. » Un des assistants lui réclama trois drachmes : il les donna aussitôt, en remerciant son créancier de les avoir réclamées en ce monde plutôt que dans l'autre.

La religion de Mahomet est contenue dans le *Coran* ou livre sacré, composé de *sourates* ou chapitres, qui renferment l'*Islam* ou parole divine. Mahomet prescrit l'adoration d'un seul Dieu, qu'il appelle *Allah*, incréé, incorporel, tout-puissant, dont il est interdit de reproduire l'image ; c'est même pour cela qu'il n'y a chez les musulmans ni statuaire ni peinture. « Dieu est Dieu, et Mahomet est le prophète de Dieu, » tel est le résumé des croyances musulmanes. Mahomet recommande la prière, l'aumône, le jeûne, les ablutions. En priant, les musulmans doivent se tourner du côté de la Mecque ; ils doivent entreprendre au moins une fois, le pèlerinage de la Mecque avant de mourir. Les musulmans sont fatalistes : « *Ce qui est écrit, est écrit,* » disent-ils ; on ne peut rien changer à la destinée, à la volonté de Dieu ; ce qui doit arriver arrivera.

Le Coran prescrit aux musulmans de combattre courageusement pour convertir les infidèles. Après leur mort, dit-il, les lâches, les méchants, les infidèles, seront brûlés dans les enfers ; les fidèles seront transportés dans l'un des sept cieux, où ils trouveront tous les plaisirs les plus appropriés à leurs goûts ; mais le plus favorisé sera celui qui contemplera Allah.

Le Coran ne reconnaît point d'inégalité ni d'ordre de noblesse ; il interdit aux Arabes l'usage du vin, des liqueurs fermentées et de la chair du porc. Il permet la polygamie, c'est-à-dire le mariage d'un homme avec plusieurs femmes ; mais il prescrit de traiter doucement les femmes et les enfants ; il recommande aux enfants d'honorer leurs parents. « O Musulmans !

respectez les entrailles qui vous ont portés !... Un fils gagne le paradis aux pieds de sa mère ! »

Les successeurs de Mahomet se sont appelés *khalifes* ou *vicaires*; les quatre premiers khalifes, de 632 à 660, furent électifs et habitèrent Médine : c'étaient Abou-Bekre, Omar, Othman, Ali. A cette époque, les Arabes, sous la conduite de Khaled, conquirent la Syrie par les victoires d'Aïznadin, de l'Yermouk et la prise de Jérusalem; sous la conduite de Saïd, ils conquirent la Perse par les victoires de Cadésiah, de Djalulah et de Néhavend ; sous la conduite d'Amrou, ils conquirent l'Égypte par la prise de Memphis et d'Alexandrie. Mais ils ne purent s'emparer de Constantinople, capitale de l'empire romain d'Orient, repoussés qu'ils étaient par le *feu grégeois*, qui brûlait dans l'eau comme dans l'air.

En 660, le khalife Ali, qui avait épousé Fathime, fille de Mahomet, fut assassiné. Son fils aîné, Hassan, se retira dans une cellule, près du tombeau de son père; Hosein, son frère cadet, fut massacré. Il y eut dès lors chez les musulmans deux sectes : les *schiites* ou partisans d'Ali, qui prétendent que, seuls, Ali et ses descendants furent les successeurs légitimes de Mahomet, et que les trois premiers khalifes n'étaient que des usurpateurs; les *sonnites*, partisans de la *sounna* ou tradition, qui considèrent, au contraire, Abou-Bekre, Omar et Othman comme légitimes.

Les Ommiades, qui avaient fait périr Ali, fondèrent le khalifat héréditaire de Damas, qui dura quatre-vingt-dix ans, de 660 à 750; ils furent, à leur tour, renversés par les Abbassides, qui construisirent Bagdad, en 762, et gardèrent le khalifat jusqu'en 1258. Une branche de la famille des Ommiades créa, en 756, le khalifat de Cordoue ou d'Espagne, qui dura jusqu'en 1031.

XI. Clovis, fondateur du royaume des Francs.

La Gaule est l'ancien nom du pays que nous habitons, avec cette différence que la Gaule était plus grande que la France actuelle. Elle était comprise entre l'Océan Atlantique, le Rhin, les Alpes, la Mer Méditerranée et les Pyrénées. La Gaule fut conquise il y a plus de dix-neuf cents ans par les Romains, comme vous le verrez lorsque nous étudierons l'histoire de Vercingétorix. Cinq siècles plus tard, les Romains furent dépossédés par l'invasion des Barbares, c'est-à-dire d'hommes grossiers et sauvages venus de la Germanie, située au nord et à l'est, et alors couverte de grandes forêts. Ces Barbares, c'étaient les Wisigoths, qui s'établirent entre la Loire et les Pyrénées, à Toulouse ; les Burgondes, qui ont donné leur nom à la *Bourgogne*, et qui habitèrent les rives du Rhône et de la Saône ; enfin les Francs, qui se fixèrent dans le nord, du côté de la Hollande, de la Belgique et du Rhin. Les Francs étaient partagés en plusieurs tribus, dont la plus célèbre fut celle des *Francs Saliens*. Ceux-ci eurent pour premiers rois les Mérovingiens Clodion, Mérovée, Childéric. C'est du temps de Mérovée, en 451, que la Gaule fut envahie par les Huns, les plus féroces de tous les Barbares. Leur chef, Attila, fut surnommé le *Fléau de Dieu*. Tous les peuples établis en Gaule se réunirent contre lui, le vainquirent à la bataille de Châlons-sur-Marne, et l'obligèrent à retourner en Germanie. Il avait un instant menacé Lutèce ou Paris ; mais il n'avait point attaqué cette ville. Une jeune fille, une bergère de Nanterre, nommée Genovefa, avait engagé les Parisiens à conserver leur courage et à ne point abandonner leur ville. Elle devint, sous le nom de *sainte Geneviève*, la patronne de Paris.

Le plus célèbre des rois mérovingiens fut Clovis.

Il succéda en 481 à Childéric. Il habitait Tournay et gouvernait les Francs Saliens. Il vainquit d'abord. en 486, le Romain Syagrius à la bataille de Soissons. Il vint habiter cette ville, qu'il quitta plus tard pour Paris. Quoique païen. il avait épousé une catholique. la princesse burgonde Clotilde, en sorte que les évêques gallo-romains le soutenaient, dans l'espérance qu'il embrasserait un jour leur croyance. En 496, dans une bataille contre les Alamans, à Tolbiac, il promit au Dieu de Clotilde de se faire chrétien s'il remportait la victoire. Il eut l'avantage et fut baptisé par Remigius ou saint Remy, évêque de Reims.

Le baptême de Clovis.

« Courbe la tête. fier Sicambre, c'était le nom des Francs, lui dit Remigius ; brûle ce que tu as adoré, adore ce que tu as brûlé. »

Du reste, Clovis était, depuis plusieurs années déjà, en relations avec saint Remy. Après la bataille de Soissons, l'évêque de Reims avait prié le roi des Francs de lui rendre un vase qui avait été enlevé par eux à une église de son diocèse. Mais Clovis ne pouvait disposer du butin sans le consentement de ses guerriers. « Je vous prie, mes fidèles. leur dit-il, de me donner ce vase en dehors de ma part. » Tous y consentirent, un seul excepté. qui frappa le vase de sa hache ou francisque. en s'écriant :

« Tu n'auras, comme les autres, que ce que le sort t'assignera. » Clovis prit le vase ainsi mutilé, sans se plaindre, et le rendit à l'évêque. Quelque temps après, passant en revue les Francs, il s'arrêta devant le même homme : « Personne n'a des armes en plus mauvais état que toi, » lui dit-il, et en même temps il les lui arracha et les jeta à terre. Comme le Franc se baissait pour les ramasser, il lui fendit la tête d'un coup de hache, en s'écriant : « C'est ainsi que tu as frappé le vase de Soissons ! »

Clovis vainquit encore les Wisigoths à la bataille de Vouillé, près de Poitiers, en 507, et les contraignit à se retirer en Espagne. Il tua les rois francs de Cologne, de Cambrai, du Mans, ses compatriotes et ses parents, et il s'empara de leurs États ; il devint ainsi maître de toute la Gaule. L'historien des Mérovingiens, Grégoire de Tours, ajoute : « On rapporte qu'un jour Clovis assembla ses sujets et parla ainsi de ses proches qu'il avait fait périr : « Malheur à moi, « qui suis resté sur la terre comme un voyageur au « milieu d'étrangers, sans parents qui puissent me sou- « tenir, si l'adversité venait ! » Mais s'il tenait ce langage, ce n'était pas qu'il regrettât leur mort ; il parlait ainsi par ruse, et pour découvrir s'il avait encore quelque autre parent, afin de le tuer. »

Clovis mourut à Paris en 511. Il laissa quatre fils, qui se partagèrent ses États : Childebert fut roi de Paris ; Thierry, roi de Metz ou d'Austrasie ; Clotaire, roi de Soissons ou de Neustrie ; Clodomir, roi d'Orléans. Clodomir ayant péri dans une bataille contre les Burgondes, ses frères Clotaire et Childebert tuèrent ses enfants pour s'emparer de leur royaume. Un seul échappa, dit-on, à la mort. Il s'appelait *Clodoald* ou *Cloud*. Il coupa ses longs cheveux (c'était chez les Francs le signe distinctif d'une naissance royale), se fit ermite et habita une cabane au bord de la Seine, dans une forêt, près de Lutèce. Ce fut l'origine du village de Saint-Cloud.

5.

Les fils de Clovis étaient de véritables barbares, perfides et cruels, comme le prouve l'anecdote suivante, que rapporte l'historien Grégoire de Tours :

« Pendant que les rois Francs étaient encore en Thuringe, Thierry voulut tuer son frère Clotaire. Ayant aposté des hommes armés, il le manda comme pour conférer en particulier. Puis, ayant fait étendre dans sa maison une toile d'un mur à l'autre, il ordonna à ses affidés de se tenir derrière ; mais la toile était trop courte et laissait voir leurs pieds. Clotaire, averti, entra tout armé et accompagné d'un grand nombre des siens. Thierry comprit alors que son projet était découvert ; il inventa une fable et parla de choses et d'autres. Enfin, ne sachant comment faire oublier sa trahison, il donna à Clotaire un grand plat d'argent. Mais lorsque celui-ci, après avoir remercié et dit adieu, fut sorti, Thierry se plaignit d'avoir sacrifié son plat sans utilité, et dit à son fils Théodebert : « Va trouver ton oncle, et prie-le de vouloir te céder le présent que je lui ai fait. » Celui-ci y alla et obtint ce qu'il demandait. Thierry était fort habile en ces sortes de ruses. »

Clotaire survécut à tous ses frères et devint seul roi des Francs.

XII. Charlemagne, fondateur de l'empire carlovingien.

Les rois mérovingiens, descendants de Clovis, et qui habitaient surtout la Neustrie (France occidentale), s'affaiblirent bientôt dans la mollesse et les plaisirs ; ils devinrent si inactifs qu'on les appela les *rois fainéants*. Les maires du palais, leurs ministres, soutenus par les habitants de l'Austrasie (France orientale), s'emparèrent du pouvoir. L'un deux, Pépin d'Héristal, gagna, en 687, la bataille de Testry sur les Neustriens. Son fils Charles Martel eut à combattre les Arabes ou Sarrasins mahométans, qui.

après avoir conquis l'Asie occidentale et le nord de l'Afrique, avaient franchi le détroit de Gadès(Cadix), qui prit le nom de leur chef Tarik (*Djebel-al-Tarik*, en arabe, *montagne de Tarik*, qui est devenu *Gibraltar*). Les Arabes vainquirent Rodrigue, roi des Goths, à la bataille de Xérez en 711, le tuèrent et conquirent l'Espagne. Puis ils franchirent les Pyrénées; mais ils furent écrasés en 732 par Charles Martel à la bataille de Poitiers. Le fils de Charles Martel, Pépin le Bref, détrôna en 752 Childéric III, le dernier roi mérovingien, l'enferma dans un monastère, prit le titre de roi, et fonda la seconde dynastie, celle des *Carlovingiens*[1], qui régna sur la France de 752 à 987.

Charlemagne, c'est-à-dire *Charles le Grand*, succéda

Charlemagne.

à son père Pépin le Bref, en 752. D'abord, il partagea le pouvoir avec son frère Carloman, puis il régna seul, quand Carloman fut mort. Charlemagne fut un conquérant et un législateur. Il envahit l'Italie, fit prisonnier le roi des Lombards Didier, et s'empara de son royaume. Il entreprit ensuite la conquête de la Germanie. Il lutta pendant 33 ans contre les Saxons, mit à feu et à sang leur pays et finit par les soumettre, malgré la courageuse résistance de leur chef

1. Ou plus exactement *Carolingiens*.

Wittikind. Charlemagne détrôna aussi le duc des
Bavarois Tassillon. Il conquit sur les Arabes le nord
de l'Espagne jusqu'à l'Èbre. Mais, comme il revenait
de ce pays, l'arrière-garde de son armée, commandée
par son neveu Roland, fut détruite par les Basques
au passage des Pyrénées, dans le défilé de Roncevaux.
Les Slaves, qui habitaient entre l'Elbe et l'Oder, les
Avars, qui occupaient les bords du Danube, furent
également vaincus par les Francs. Le principal résultat des conquêtes de Charlemagne fut de rendre
chrétienne et latine la Germanie, qui jusque-là avait
été le point de départ des invasions, et qui dès lors fut
au contraire l'avant-garde du monde occidental contre
les Barbares de l'est et du nord.

Charlemagne avait fondé le plus grand empire qui
eût existé depuis les Romains. Je vous ai dit que, en 395,
l'Empire Romain avait été partagé en deux États :
l'Empire d'Occident à Rome, et l'Empire d'Orient à
Constantinople. Les Barbares ayant détruit, en 476,
l'Empire d'Occident, depuis cette époque l'Empire d'O-
rient subsistait seul. Le jour de Noël de l'an 800,
Charlemagne se trouvant à Rome dans la basilique
consacrée aux Apôtres, le pape Léon III lui mit sur
la tête une couronne d'or et le proclama *Empereur
d'Occident*.

Charlemagne habitait ordinairement Aix-la-Chapelle. Il y recevait les ambassadeurs de l'impératrice
d'Orient, Irène, d'Haroun-al-Raschid, calife musul-
man de Bagdad, et de tous les souverains du temps.
Chaque année, il réunissait les Francs, du moins les
principaux d'entre eux, dans deux assemblées géné-
rales ou *plaids*, l'une au printemps, nommée *Champ
de mai*, l'autre à l'automne. Ces assemblées étaient
surtout des revues des hommes armés. C'est là qu'on
proclamait les lois faites par Charlemagne avec les
ducs, les comtes, les évêques, et qui étaient appelées *capitulaires*. Des représentants du souverain,
nommés *missi dominici*, allaient dans toutes les

parties de l'empire s'assurer que les lois étaient bien exécutées.

Charlemagne, de concert avec des savants, nommés Alcuin, Pierre de Pise, Paul Warnefried, Théodulfe, Leidrade, Clément, Eginhard, s'efforça d'instruire ses sujets, qui étaient très ignorants. Il fonda de nombreuses écoles. Il les visitait lui-même souvent, pour voir si les élèves faisaient des progrès. Le récit suivant, rapporté par le Moine de Saint-Gall, en est la preuve :

« Après une longue absence, le très victorieux Charles, de retour dans la Gaule, se fit amener les enfants remis aux soins de Clément, et voulut qu'ils lui montrassent leurs lettres et leurs vers ; les élèves sortis des classes moyenne et inférieure présentèrent des ouvrages qui passaient toute espérance, et où se faisaient sentir les plus douces saveurs de la science ; les nobles, au contraire, n'eurent à produire que de misérables pauvretés. Le très sage Charles, imitant alors la justice du souverain Juge, sépara ceux qui avaient bien fait, les mit à sa droite, et leur dit : « Je « vous loue beaucoup, mes enfants, de votre zèle à « remplir mes intentions et à rechercher votre propre « bien de tous vos moyens. Maintenant efforcez-vous « d'atteindre à la perfection ; alors je vous donnerai « de riches évêchés, de magnifiques abbayes, et vous « tiendrai toujours pour gens considérables à mes « yeux. » Tournant ensuite un front irrité vers les élèves demeurés à sa gauche, portant la terreur dans leurs consciences par son regard enflammé, tonnant plutôt qu'il ne parlait, il lança sur eux ces paroles pleines de la plus amère ironie : « Quant à vous, no- « bles, vous, fils des principaux de la nation, vous, « enfants délicats et tout gentils, vous reposant sur « votre naissance et votre fortune, vous avez négligé « mes ordres et le soin de votre propre gloire dans « vos études et préféré vous abandonner à la mol- « lesse, au jeu, à la paresse, ou à de futiles occupa-

« tions. » Ajoutant à ces premiers mots son serment
accoutumé, et levant vers le ciel sa tête auguste et
son bras invincible, il s'écria d'une voix foudroyante :
« Par le Roi des cieux, permis à d'autres de vous
« admirer ; je ne fais, moi, nul cas de votre naissance
« et de votre beauté ; sachez et retenez bien que, si
« vous ne vous hâtez de réparer, par une constante
« application, votre négligence passée, vous n'obtien-
« drez jamais rien de Charles. »

Charlemagne était craint dans tout le monde alors
connu. Ses soldats passaient pour invincibles. Pourtant Charlemagne prévit que son empire ne dure-
rait pas bien longtemps. « Un jour, les pirates
normands pénétrèrent dans le port d'une ville de la
Gaule Narbonnaise où l'empereur se trouvait ; on les
chassa ; mais Charles, s'étant levé de table, se mit à
la fenêtre qui regardait l'orient, et resta longtemps
le visage baigné de larmes. Personne n'osant l'inter-
roger, il dit à ceux qui étaient autour de lui : « Savez-
« vous, mes fidèles, pourquoi je pleure si amère-
« ment ? Certes, je ne crains pas que ces misérables
« me nuisent par leurs pirateries ; mais je m'afflige
« de ce que, moi vivant, ils ont touché ce rivage, et
« je suis tourmenté d'une vive douleur, quand je pré-
« vois les maux qu'ils causeront à mes descendants et
« à leurs peuples. » Charlemagne mourut en 814.

XIII. Les Normands en France. Hastings le pirate.

La riche province de France appelée aujourd'hui
la *Normandie*, qui est baignée par la Mer de la Manche
et arrosée par la Seine, qui contient de si vastes pâ-
turages, qui nourrit de si beaux bœufs et de si bons
chevaux, enfin, qui renferme Rouen, Caen, Cherbourg,
Dieppe, le Havre et tant d'autres villes, a reçu il y a
960 ans le nom qu'elle porte. Auparavant c'était une
partie de la Neustrie. Elle fut occupée à cette époque
par les *Normands* ou *hommes du Nord*.

C'étaient des marins, ou plutôt des pirates, venus des pays baignés par la Mer du Nord et par la Mer Baltique, de la Norwège, du Danemark et de la Suède. Comme leur pays était froid, pauvre et insuffisant pour les nourrir, ils montaient sur des barques et allaient chercher fortune dans les régions du midi. Ils pillaient les côtes, entraient dans les fleuves, enlevaient les troupeaux, dévastaient les villages et même

L'invasion des Normands. (Fresque de l'Hôtel des Invalides.)

les villes. Enhardis par le succès, ils furent de plus en plus nombreux. En 866, Robert le Fort, le premier ancêtre connu des Capétiens, duc de France, fut tué à Brissarthe en combattant les Normands. En 885, les chefs normands Sigfried et Rollon vinrent assiéger Paris. La ville était alors entièrement contenue dans *la Cité*, c'est-à-dire dans l'île où se trouvent Notre-Dame et le Palais de Justice. Elle fut défendue pendant onze mois par Eudes, comte de Paris, fils de Robert le Fort, et par l'évêque Gozlin. A la fin, Charles le Gros, empereur et roi de France, arriva avec une armée près de Paris ; mais, au lieu de combattre les Normands, il acheta leur retraite à prix d'argent. Les Français, indigués, déposèrent Charles le Gros, qui se fit moine à Reichenau, et donnèrent la couronne à Eudes.

Les deux chefs normands les plus célèbres ont été Hastings et Rollon. Hastings avec sa bande pilla les côtes d'Espagne et s'avança sur la Mer Méditerranée en Italie jusqu'à la ville de Luna. Il aurait bien voulu s'emparer de cette ville; mais elle était fortifiée, et les habitants faisaient bonne garde. Alors Hastings leur fit demander le baptême: païen jusque-là, il voulait devenir chrétien, disait-il. On lui envoya un prêtre; il fut baptisé et retourna à sa flotte. « Ensuite, dit le chroniqueur Guillaume de Jumièges, au milieu du silence de la nuit, s'étant cuirassé, Hastings se fait déposer dans un cercueil et ordonne à ses compagnons de revêtir leurs cuirasses sous leurs tuniques. Aussitôt on entend de grands gémissements dans toute l'armée, sur le bruit qu'Hastings le néophyte vient de mourir. Le rivage de la mer retentit des cris de douleur que provoque la mort d'un tel chef. On le transporte alors hors de son navire et on le conduit à l'église. L'évêque se couvre de ses vêtements sacerdotaux, et se dispose à dire la messe en l'honneur du défunt. On chante les prières pour son âme, afin que son corps, chargé de crimes, voué à la perdition et déjà enfermé dans le cercueil, puisse recevoir la sépulture. Mais tout à coup Hastings s'élance de son cercueil, et tue de son glaive l'évêque et le comte. Ensuite lui et les siens assouvissent à l'improviste leur fureur de loups dévorants. »

Hastings avait pris Luna pour Rome. Quand il fut détrompé, il demanda si Rome était encore bien éloignée; alors un vieillard tout courbé et tout ridé, appuyé sur un bâton, avec la barbe et les cheveux blancs, lui dit : « Quand je suis parti de Rome pour venir ici, j'étais un jeune homme, si jeune que je n'avais pas encore un poil au menton. J'ai toujours marché sans m'arrêter, et il n'y a pas bien longtemps que je suis arrivé. Mon voyage a duré bien des années, et tu vois dans quel état je suis. » Effrayé de la longueur de la route, Hastings revint en France, où il reçut, en 882, le comté de Chartres, qu'il céda ensuite à un certain Thibault, pour aller mourir en Danemark.

XIV. Rollon, fondateur du Duché de Normandie.

Rolf ou Rollon, le plus célèbre des chefs normands, après avoir pillé la Flandre et la Bourgogne, prit Rouen et assista au siège de Paris. En 911, par le traité de Saint-Clair-sur-Epte, il obtint du roi de France Charles le Simple la main de sa fille Gisèle et la possession du duché de Normandie, c'est-à-dire de tout le pays qui se trouve sur les deux rives de la Seine et le long de la mer depuis la Picardie jusqu'à la Bretagne. « Ce territoire maritime, depuis longtemps en proie aux incursions des païens, était alors tout couvert de grands bois et languissait inculte, sans que la serpe ni la charrue le fissent valoir. » Rollon se fit chrétien et jura fidélité au roi. « Rollon. n'ayant pas voulu baiser le pied du roi, au moment où il reçut de celui-ci le duché de Normandie, les évêques lui dirent : « Celui qui reçoit un tel don doit s'empresser de baiser le pied du roi. » Mais Rollon leur répondit : « Jamais je ne fléchirai mes genoux devant les genoux de quelqu'un, ni ne baiserai le pied de quelqu'un. » Cependant, se rendant aux prières des Francs, il ordonna à un de ses chevaliers de baiser le pied du roi ; et le chevalier, saisissant aussitôt le pied du roi, le porta à sa bouche, et, se tenant debout, il le baisa, et fit tomber le roi à la renverse. Alors il s'éleva de grands éclats de rire et un grand tumulte dans le petit peuple. »

Devenu duc de Normandie, Rollon distribua le pays à ses fidèles en faisant des divisions au cordeau. Après cela, il publia une loi pour que nul, dans les limites

du pays de Normandie, n'eût à prêter assistance à un
voleur, ordonnant que, s'ils venaient à être pris, tous

Rollon devant Charles le Simple.

les deux seraient pendus à la potence. Il veilla à
l'exécution rigoureuse de cette prescription et parvint
à faire régner en Normandie un ordre complet.
« Après avoir chassé dans la forêt qui s'élève sur les
bords de la Seine tout près de Rouen, le duc, entouré
de la foule de ses serviteurs, mangeait et était assis
au-dessus du lac que nous nommons en langage fami-
lier *la mare*, lorsqu'il suspendit à un chêne des bracelets d'or. Ces bracelets demeurèrent pendant trois
ans à la même place et intacts : tant on avait une
grande frayeur du duc; et comme ce fait mémorable
se passa auprès de la mare, aujourd'hui encore cet endroit est appelé « la Mare de Rollon.

XV. La Féodalité.

Après la mort de Charlemagne, son empire, qui était trop grand, fut partagé en plusieurs royaumes, par exemple, la France, la Germanie ou Allemagne, l'Italie, etc. Les rois de France à cette époque-là n'étaient pas très puissants. Car c'est le temps où s'établit la Féodalité. On appelle *Féodalité* une association de seigneurs qui s'emparèrent de toutes les terres de la France, et *Régime féodal* un régime politique et social pendant lequel chaque seigneur était souverain sur sa terre. On disait alors : « *Nulle terre sans seigneur, nul seigneur sans terre.* » Les laboureurs étaient *serfs*, c'est-à-dire qu'ils appartenaient au seigneur; ils n'avaient pas le droit d'aller et de venir, ni de faire ce qu'ils voulaient. Ils étaient « *taillables et corvéables à merci*, » c'est-à-dire que le seigneur pouvait les faire travailler autant qu'il le voulait, pour son avantage à lui, et qu'il pouvait leur faire donner autant d'argent qu'ils en avaient. Les serfs étaient une dépendance de la terre, comme les troupeaux, les charrues, les arbres et les buissons. On les vendait avec elle. Le seigneur avait le droit de vie et de mort, le droit de battre monnaie, le droit de guerre privée. A une certaine époque, le roi de France fût même réduit à un tel abaissement par les seigneurs, qu'il ne possédait plus qu'une seule ville, celle de Laon. Il y avait un seigneur à peu près dans chaque village; quand il mourait, c'était son fils aîné qui lui succédait, car les puinés n'avaient presque rien de l'héritage paternel. Les seigneurs bâtissaient des châteaux forts, avec des fossés larges et profonds, des murailles épaisses, des tours ou donjons très élevés, généralement au sommet des collines, comme à Montmorency, à Montlhéry, à Coucy-le-Château. De là, avec une troupe d'hommes revêtus d'armures de fer, ils partaient pour

attaquer leurs voisins, pour piller les marchands, pour
saccager les villages. Le roi voulait-il intervenir, on

Le Château de Coucy.

le renvoyait à ses affaires, et il avait pour lui l'affront.
« Qui t'a fait comte? » disait Hugues Capet au comte
d'Auvergne. L'autre lui répondit : « Qui t'a fait roi? »
— « O mon fils, disait à Louis VI Philippe Ier, en lui
montrant Montlhéry, garde bien cette tour. dont les
vexations m'ont empêché de dormir et rendu vieux
avant l'âge! »

Vous voyez combien le régime féodal était injuste
et malheureux. Pourtant il a duré pendant bien des
siècles. Le premier roi qui consentit à son établissement fut Charles le Chauve. Ce monarque, en 847,
par l'édit de Mersen, dut autoriser tout homme libre à
se choisir un seigneur, et par l'édit de Kiersy-sur-
Oise, en 877, il dut proclamer l'hérédité des *Bénéfices*.
c'est-à-dire des terres, et des *Offices*. c'est-à-dire des
fonctions publiques.

Les plus puissants, parmi les seigneurs, étaient ceux qu'on appelait les douze *pairs*, ou les douze *égaux*, ainsi nommés parce qu'ils étaient égaux entre eux, et qu'ils formaient le conseil du roi. C'étaient l'archevêque duc de Reims, les évêques ducs de Laon, de Langres, les évêques comtes de Noyon, de Châlonssur-Marne et de Beauvais ; ensuite les ducs de Normandie, de Bourgogne, de Guyenne, les comtes de Flandre, de Toulouse et de Champagne.

XVI. Louis le Gros et l'affranchissement des communes.

En 996, les paysans de Normandie voulurent pour la première fois s'affranchir. Pendant l'été, ils se rassemblaient la nuit dans les bois, à l'endroit le plus éloigné des lieux habités ; ils venaient là par vingt, par trente, par cent. Ils jurèrent que jamais, par leur volonté, ils n'auraient plus de seigneurs. « Il n'y a pas de mal, disaient-ils, que les seigneurs ne nous fassent ; on ne peut avoir raison d'eux ; ils ne nous laissent ni gain, ni fruit de notre labeur ; chaque jour qui vient nous apporte une douleur nouvelle. Nous sommes hommes comme ils sont, nous pouvons souffrir autant qu'eux, nous avons des corps aussi robustes que leurs corps ; et si nous voulons nous battre, nous sommes bien trente ou quarante paysans contre chaque chevalier. » Les seigneurs découvrirent ces réunions que les serfs tenaient pendant la nuit. Que pouvaient faire contre les chevaux, les cuirasses, les casques et les lances ou les épées, des hommes à pied, surpris et armés de simples bâtons ? Les serfs furent massacrés. Il y en eut quelques-uns que les seigneurs laissèrent vivre. Ils leur crevèrent les yeux, leur coupèrent les pieds et les mains ; ensuite ces malheureux furent reportés dans leurs villages, pour faire peur aux autres.

Enfin les serfs perdirent patience et obtinrent l'af-

franchissement des *Communes*. Soit après un combat
où ils avaient été victorieux, soit à prix d'argent, les

Le serf, attaché à la glèbe.

habitants d'une ville où d'une bourgade obtenaient de
leur seigneur, avec l'autorisation du roi, une *Charte
de Commune*, c'est-à-dire un parchemin sur lequel
étaient inscrits les droits qui leur étaient reconnus.
Une *Commune*, c'était une association d'hommes se
gouvernant librement, ayant les mêmes droits et les
mêmes devoirs. La Commune ne payait plus au seigneur qu'une somme d'argent invariable chaque
année; elle avait le droit d'élire ses magistrats, de
rendre la justice, de lever des impôts, de sonner les
cloches, de s'armer, afin de se défendre si elle était
attaquée. Les premières Communes ont été celles du
Mans, fondée en 1066, celles de Cambrai, de Laon, de
Soissons, de Noyon, d'Amiens, de Reims, de Véze-
lay, etc.

Vers cette époque, de 1108 à 1137, la France avait pour roi Louis le Gros, fils de Philippe Ier. Ayant été vaincu à Brenneville par le roi d'Angleterre Henri Beauclerc, qui était en même temps duc de Normandie, Louis le Gros suivit le conseil de l'abbé Suger : il appela à son secours les hommes des communes, qui suivirent le roi, et combattirent, ayant en tête l'oriflamme, c'est-à-dire la bannière de l'abbaye de Saint-Denis. Grâce aux milices des communes, les Anglais furent arrêtés. Plus tard, le petit-fils de Louis le Gros, Philippe Auguste, put également, avec l'appui des communes, gagner la bataille de Bouvines en 1214 contre les Allemands.

XVII. Godefroy de Bouillon, fondateur du royaume chrétien de Jérusalem.

On appelle *Croisades* huit expéditions entreprises de 1095 à 1270 par les chrétiens, d'abord pour enlever aux Musulmans Jérusalem et le tombeau du Christ, et ensuite pour conserver leur conquête. Au moyen âge, on entreprenait des pèlerinages fréquents, par exemple, à St-Jacques de Compostelle en Espagne, à St-Martin de Tours, à la basilique des Apôtres à Rome, au mont Cassin en Italie, et surtout à Jérusalem. Les pèlerins qui revenaient de Palestine se plaignaient d'avoir été maltraités par les Musulmans.

En 1095, l'empereur d'Orient Alexis Comnène, menacé dans Constantinople par les Turcs, implora le secours des chrétiens occidentaux. Pierre l'Ermite, né dans le diocèse d'Amiens, ayant visité la *Terre Sainte*, revint à Rome, et décida le pape Urbain II à convoquer un concile à Plaisance, et ensuite un autre à Clermont en Auvergne. 14 archevêques, 225 évêques, 90 abbés, une multitude de princes, de barons, de chevaliers, de manants et de serfs se réunirent autour de Pierre l'Ermite et d'Urbain II. Aux exhortations du pape, les assistants répondirent par le cri de : *Dieu le veut!* et ils attachèrent à leurs vêtements des croix de drap rouge, en signe de l'engagement qu'ils prenaient de participer à la croisade.

L'élan fut immense : des hommes qui ne parlaient aucune langue connue, venus des îles les plus reculées du Nord, et débarqués dans les ports de France, faisaient le signe de la croix, et indiquaient par leurs gestes, dit le chroniqueur Guibert de Nogent, « qu'eux aussi ils voulaient prendre part à ce saint voyage. » Les femmes, les enfants, les vieillards même voulaient partir avec les hommes valides. Les pauvres entassaient le peu qu'ils possédaient sur de petites charrettes, auxquelles ils attelaient des ânes ou même des chiens; à chaque ville, à chaque village dans lequel on arrivait, les petits enfants s'écriaient en les montrant de loin du doigt : « N'est-ce pas là cette Jérusalem où nous allons? »

Les plus pressés partirent à peu près sans armes et sans ressources par les bords du Rhin et du Danube, sous la conduite de Pierre l'Ermite et d'un pauvre chevalier nommé Gauthier Sans Avoir. Mais comme ils massacraient les Juifs et qu'ils pillaient pour se procurer des vivres, partout où ils passaient, en Allemagne, en Hongrie, en Grèce, on les reçut en ennemis, et on ferma les portes des villes à leur approche. Quand ils furent à Constantinople, l'empereur d'Orient s'empressa de les faire transporter en Asie, où la plupart périrent.

L'armée des barons était mieux organisée et plus puissante. Elle avait pour chef suprême Godefroy de Bouillon, duc de Basse-Lorraine; après lui venaient: Beaudoin, son frère; Adhémar, évêque du Puy et légat du pape; Raymond de Saint-Gilles, comte de Toulouse; Robert Courte-Heuse, duc de Normandie; Hugues de Vermandois, frère du roi de France; Hir-

pin, comte de Bourges; Étienne, comte de Blois;
Robert, comte de Flandre; Allan Fergant, duc de
Bretagne ; Bohémond ,
prince de Tarente, et son
neveu Tancrède. Le ren-
dez - vous général était
à Constantinople. Cent
mille cavaliers et six cent
mille hommes de pied s'y
rassemblèrent.

Quand ils furent en
Asie, ils entrèrent d'a-
bord dans les Etats de
Kilidje - Arslan , sultan
turc d'Iconium ou de
Roum. Ils prirent Nicée,
gagnèrent la bataille de
Dorylée, et arrivèrent en
Syrie, où ils s'emparèrent
d'Antioche après un long
siège. Sous les murs de
cette ville, les enfants

Un chevalier et son armure.

turcs et chrétiens se battaient entre les deux camps
à coups de pierre, et ils avaient choisi des chefs de
leur âge, auxquels ils avaient donné les noms des
chefs de l'armée. Il y avait ainsi un petit Godefroy
de Bouillon, un petit Raymond, etc. Assiégés à leur
tour dans Antioche par l'émir Kerboga, lieutenant
du calife de Bagdad, les chrétiens le mirent en
fuite. Enfin ils arrivèrent, après mille souffrances,
en vue des murs de Jérusalem. Cette ville était
alors au pouvoir des Égyptiens. Quand les croisés
en commencèrent le siège, ils n'étaient plus que
cinquante mille; mais c'étaient les plus forts et les
plus braves. Après un long siège sous un soleil brûlant, on donna un assaut général le 15 juillet 1099.
Deux jours de lutte assurèrent la victoire des assaillants qui massacrèrent tous les habitants musulmans.

G.

Il s'agissait de donner un roi au nouvel État chrétien de Jérusalem. Les chefs des croisés firent une enquête pour connaître les qualités et les défauts de tous ceux qui pouvaient prétendre à cet honneur : Godefroy de Bouillon leur parut le plus sage et le plus brave. Ses serviteurs interrogés déclarèrent seulement qu'il passait trop de temps dans les églises. Il ne voulut prendre d'autre titre que celui d'*Avoué* ou *Défenseur du Saint-Sépulcre*. Beaudoin fut comte d'Edesse ; Bohémond, prince d'Antioche ; Raymond, comte de Tripoli. Pour défendre le nouveau royaume et secourir les pèlerins, on créa des ordres de chevaliers qui faisaient vœu de célibat : c'étaient les *Templiers* et les *Hospitaliers* ou *Chevaliers de Saint-Jean*, qui plus tard devinrent successivement les *Chevaliers de Rhodes* et les *Chevaliers de Malte*.

Godefroy de Bouillon vainquit encore les Égyptiens à la bataille d'Ascalon, et mourut en 1100. Il fut remplacé par son frère Beaudouin. Le royaume chrétien de Jérusalem devait durer moins de deux siècles.

XVIII. Guillaume le Conquérant, fondateur du royaume normand d'Angleterre.

Une des nations les plus célèbres et les plus puissantes de la terre, c'est le peuple anglais, notre voisin et aujourd'hui notre ami, après avoir été pendant des siècles notre ennemi le plus acharné. Deux îles considérables composent son territoire en Europe : la première est la Grande-Bretagne, qui contient l'Angleterre au midi et l'Écosse au nord ; la seconde est l'Irlande. L'Angleterre possède des mines de fer et de houille ou charbon de terre inépuisables. Sa capitale, Londres, sur le fleuve Tamise, est la plus grande ville du monde ; elle renferme 3 814 571 habitants, presque le double de Paris. Il y a encore d'immenses villes : Manchester, Liverpool, Birmingham, Leeds, Sheffield, en Angleterre; Glascow et Édimbourg en Écosse, Dublin en Irlande. Aucune nation n'a des colonies aussi vastes et aussi belles que celles des Anglais : l'Hindoustan, le Cap de Bonne-Espérance, l'Australie, la Nouvelle-Zélande, le Canada, leur appartiennent, ainsi que Gibraltar, Malte et Chypre.

Dans les temps anciens, l'Angleterre était nommée *Albion*, à cause de la blancheur de ses rivages sur lesquels la mer venait se briser. Elle s'appela ensuite *Bretagne*. Les Bretons, ses habitants, étaient de la même race que les Celtes ou Gaulois. Ils furent soumis par les Romains. Quand l'empire romain tomba, les *Angles* et les *Saxons*, venus de la Germanie, conquirent l'île de Bretagne, et y fondèrent sept royaumes, qui en 827 furent réunis en un seul par Egbert le Grand. L'un des successeurs d'Egbert, Édouard, surnommé *le Confesseur*, mourut sans enfant en 1066. Son plus proche parent était le duc de Normandie Guillaume, surnommé *le Bâtard*. Mais les Anglais ne voulurent pas se soumettre à un souverain étranger. Ils proclamèrent roi Harold, leur compatriote, fils du comte Godwin.

Guillaume fit appel aux aventuriers de tous les pays, leur promettant à tous des terres, des titres et la dépouille des Anglais. Il réunit soixante mille hommes et quatorze cents navires; le pape, reprochant à Harold de n'avoir pas payé le denier de Saint-Pierre, l'excommunia et promit la victoire à Guillaume. Les Normands partirent de Saint-Valery-sur-Somme et débarquèrent à Pevensey. En mettant le pied sur le rivage, Guillaume glissa et tomba. Les siens étaient effrayés. Il les rassura en leur disant que c'était au contraire bon signe : cette terre qu'il avait touchée devait lui appartenir.

Les Anglo-Saxons s'étaient retranchés à Hastings dans un camp protégé par de hautes palissades. Le 14 octobre 1066 Guillaume vint les attaquer : le trou-

vère Taillefer macrhait en tête des Normands ; il jon-
glait avec son épée, la lançait en l'air et la saisissait
avant qu'elle fût tombée sur le sol, tout en chantant
les exploits de Charlemagne et de Roland. D'abord
les Saxons eurent l'avantage. Ils abattaient à coups de
hache tous ceux qui s'approchaient des retranchements, encouragés par Harold, qui restait à leur tête,
bien qu'il eût un œil crevé par une flèche. Alors Guillaume ordonna aux Normands de faire semblant de
fuir. Les Saxons sortirent de leurs retranchements

Bataille d'Hastings.

pour les poursuivre. Aussitôt les envahisseurs firent
volte-face et culbutèrent l'ennemi, qui ne put résister
à leurs longues lances. Harold resta parmi les morts.
Son cadavre ne fut reconnu que par la belle Édith
au cou de cygne. Plein de joie, Guillaume prescrivit
la fondation d'un monastère à Hastings, sous le nom
d'*Abbaye de la Bataille*. On lui fit observer que l'emplacement était mal choisi, parce que l'eau douce était
trop éloignée. « Il y aura toujours tant de vin au Mo-

nastère de la bataille, répondit-il, qu'on n'y aura jamais besoin d'eau. »

Maître de Londres, le vainqueur se fit couronner roi d'Angleterre et construisit *la Tour de Londres* pour tenir la population en respect. Il prit Oxford, Exeter, franchit l'Humber et s'empara d'York. Edgar Athéling, que les Saxons avaient proclamé roi après la mort d'Harold, les comtes Edwin, Morkar et l'héroïque Hereward, soutenus par les Danois et les Norwégiens, se défendirent longtemps dans l'île d'Ely, au *Camp du refuge.* Mais enfin ils furent accablés. Hereward, qui s'était soumis, fut assassiné par les Normands.

Pour assurer sa domination, Guillaume traita les vaincus avec une rigueur impitoyable. Il construisit partout des forteresses, des châteaux. Il distribua à ses compagnons les évêchés, les abbayes, les villes, les terres des vaincus. Tel qui, en Normandie, était tisserand ou laboureur, devint comte ou baron en Angleterre, et reçut la main d'une veuve saxonne, dont le mari avait été tué en défendant son pays. Dans la liste des premiers seigneurs normands d'Angleterre, on trouve Troussebout, Front de bœuf, Hugues le tailleur, Guillaume le charretier, etc. L'énumération de tous les fiefs ou domaines accordés aux conquérants fut dressée, par l'ordre du roi, dans un livre appelé *le Grand Terrier de l'Angleterre.* Les vaincus, dont ce livre consacrait la spoliation, le nommèrent le *Doomsday-Book* ou *Livre du Jour du Jugement dernier.*

Guillaume détruisit trente villages, sur l'emplacement desquels on planta la *Forêt Neuve,* pour qu'il pût y chasser à son gré. Il interdit à tout Anglais de posséder un arc, sous peine d'avoir les yeux crevés. Tout Anglais qui n'avait pas éteint son feu et sa lumière à huit heures du soir était condamné à mort. Trouvait-on le cadavre d'un Français assassiné, les habitants du district devaient arrêter eux-mêmes le meurtrier dans le délai de huit jours, ou payer à frais communs l'amende énorme de quarante-sept marcs d'argent. Or tout homme assassiné était tenu par les juges normands pour Français, à moins qu'on ne pût prouver son *anglaiserie*. La justice fut rendue en français, et la langue française fut seule employée dans les actes publics pendant trois cents ans. Néanmoins beaucoup d'Anglo-Saxons, quoique mis *hors la loi* (outlaw) continuèrent à résister dans les bois, où ils vivaient de braconnage. *Robin-Hood* a été le type populaire de ces proscrits.

Guillaume le Conquérant avait trois fils : Robert, surnommé *Courte-Heuse*, ou *Courte-Cuisse*, ou *Courte-Botte* ; Guillaume, surnommé *le Roux*, et Henri, surnommé *Beauclerc*. Le roi de France, Philippe Ier, jaloux du duc de Normandie, son vassal, qui par l'acquisition de l'Angleterre était devenu plus puissant que lui, soutint Robert révolté contre son père. Assiégé au château de Gerberoy en Beauvaisis, Robert combattit contre Guillaume qu'il n'avait pas reconnu, le renversa de cheval et le blessa. Philippe s'était moqué de l'embonpoint du roi d'Angleterre : « Quand donc, s'était-il écrié, ce gros homme accouchera-t-il ? » — « Bientôt, répondit Guillaume, auquel le propos avait été rapporté, et j'irai faire les relevailles à Notre-Dame de Paris avec soixante mille lances au lieu de cierges. » Il entra dans le Vexin, prit, pilla et brûla Mantes. Mais il fit une chute au milieu des décombres de cette ville et fut atteint d'une maladie mortelle.

On le transporta à Rouen. Comme le bruit de la ville l'incommodait, il se fit porter dans une habitation située hors des murs près de l'église de Saint-Gervais. Sentant sa fin approcher, il dit à ceux qui entouraient son lit : « Avant de combattre contre « Harold sur la bruyère de Senlac, j'ai donné le duché « de Normandie à mon fils Robert, parce qu'il est « mon premier-né. Il a déjà reçu l'hommage de pres-« que tous les barons. Le titre qu'il a reçu ne peut lui

« être retiré. Mais je sais à n'en point douter qu'il
« sera bien malheureux, le pays soumis à sa domina-
« tion.... Quant au royaume d'Angleterre, je n'en
« proclame personne héritier, mais je le recommande
« au Créateur, dans la main duquel je suis et toutes
« choses sont. Car ce n'est pas par droit héréditaire
« que j'ai possédé ce glorieux trône, mais c'est après
« une rude lutte et une grande effusion de sang hu-
« main que je l'ai conquis sur le parjure Harold....
« Mon fils Guillaume est toujours resté à mes côtés
« depuis ses premières années, et m'a obéi volontai-
« rement en tout selon son pouvoir. Je souhaite qu'il
« vive longtemps, animé de l'esprit divin, et qu'il
« reste en possession du trône royal, si Dieu le veut. »
   « Les assistants, pendant ce discours du roi, restaient muets, stupéfaits, et calculaient en eux-mêmes
les choses à venir. Henri, le plus jeune fils de Guillaume, ne s'entendant rien donner du trésor royal, se
mit à gémir, et dit tout en larmes : « Et moi, mon
« père, que m'accordes-tu ? » Le roi lui répondit :
« Je te donne cinq mille livres d'argent de mon tré-
« sor. » Henri lui répliqua : « Que ferai-je d'un trésor,
« si je n'ai pas où habiter ? » — « Sois patient, mon
« fils, reprit le père, et aie bonne confiance dans le
« Seigneur. Souffre tranquillement que tes frères
« plus âgés te précèdent. Robert aura la Normandie,
« et Guillaume l'Angleterre. Pour toi, à ton tour, tu
« posséderas tout ce que j'ai possédé; tu seras plus
« riche et plus puissant que tes frères. » Ensuite le
roi, craignant que dans un État si vaste il ne s'élevât
quelque trouble soudain, dicta une lettre à l'archevêque Lanfranc sur l'administration du royaume, et
la remit à son fils Guillaume le Roux, scellée de son
sceau, en lui enjoignant de s'embarquer sur-le-champ
pour l'Angleterre. Puis il l'embrassa, le bénit, et lui
fit passer la mer pour prendre possession du diadème.
Celui-ci, arrivé au port de Wissant, y apprit la mort
de son père. Henri se fit compter en toute hâte la

somme d'argent qui lui avait été assignée ; il la pesa
soigneusement pour être bien sûr d'avoir son compte,
appela les familiers auxquels il se fiait le plus, et se
procura un coffre-fort solide....

« Le 5 des ides de septembre (9 septembre 1087), à
la cinquième férie, au moment où Phébus répandait
déjà sur le globe ses rayons éclatants, le roi, à son
réveil, entendit sonner la grosse cloche à la basilique
métropolitaine. Comme il demandait ce que signifiait
ce son, ses serviteurs lui répondirent : « Seigneur,
« c'est la première heure qui sonne à l'église de Sainte-
« Marie. » Alors le roi éleva dévotement ses yeux
vers le ciel, et, joignant les mains, dit : « Sainte Mère
« de Dieu, ma souveraine, Marie, je me recommande à
« toi. Par tes saintes prières, apaise en ma faveur ton
« fils chéri, notre Seigneur Jésus-Christ. » Disant ces
mots, il expira. » (ORDERIC VITAL). Tous ceux qui l'entouraient quittèrent précipitamment le palais ; les
serviteurs firent main basse sur les armes, la vaisselle
et les vêtements, et se dispersèrent dans toutes les
directions, en laissant le cadavre presque nu. Les
prêtres et les moines s'occupèrent seuls de ses funérailles, et firent embarquer le corps sur la Seine, pour
le transporter par eau à l'abbaye de Saint-Étienne de
Caen, dont il était le fondateur.

Quand on fut dans l'église, « Ascelin, fils d'Arthur,
se leva de la foule, et fit entendre cette plainte à haute
voix : « Ce sol, sur lequel vous êtes, est l'emplace-
« ment de la maison de mon père ; cet homme pour
« lequel vous priez, n'étant encore que duc de Nor-
« mandie, l'a ravi à mon père par la violence, et, au
« mépris de tout droit, y a fondé cet édifice. Je rede-
« mande cette terre, je la réclame ouvertement : le
« corps du ravisseur ne doit pas être couvert du sol
« qui m'appartient, il ne doit pas être enseveli dans
« mon héritage ; j'en atteste Dieu, je m'y oppose. »
Les évêques et les grands, ayant entendu cette déclaration, comme les voisins d'Ascelin attestaient qu'il

disait vrai, le firent approcher, et, le prenant par la douceur, parvinrent à l'apaiser. Pour l'emplacement du tombeau seul, ils lui donnèrent sur-le-champ soixante sous, et lui en promirent autant pour le reste de la terre qu'il réclamait... Quand on mit le corps dans le cercueil, qui était trop étroit, en appuyant fortement pour l'y faire entrer, le ventre se rompit, et il en sortit une odeur épouvantable... Les prêtres se hâtèrent donc de terminer les funérailles... » (ORDERIC VITAL).

Les trois fils de Guillaume régnèrent après lui : Guillaume le Roux, roi d'Angleterre de 1087 à 1100, fut un cruel tyran pour ses sujets, et périt frappé d'une flèche, à la chasse. Henri Beauclerc, son frère. fut roi après lui (1100-1135). Il dépouilla de la Normandie Robert Courte-Heuse et le garda en prison jusqu'à sa mort. Les deux fils de Henri Beauclerc périrent noyés dans le naufrage de la *Blanche Nef.* Il ne lui resta qu'une fille, Mathilde. Celle-ci fut d'abord mariée avec l'empereur Henri V, ce qui lui fit donner le nom de l'*Emperesse.* Devenue veuve, elle épousa Geoffroy, comte d'Anjou et du Maine, et surnommé *Plantagenet*, à cause d'une branche de genêt qu'il portait à son chaperon. Le fils de Geoffroy et de Mathilde, Henri II Plantagenet, qui devint roi en 1154, posséda ainsi l'Angleterre, la Normandie, l'Anjou, le Maine, la Touraine, auxquels il réunit le Poitou et l'Aquitaine, quand il eut épousé Éléonore de Guyenne, fille et héritière de Guillaume X. dernier duc d'Aquitaine, et épouse divorcée du roi de France Louis VII le Jeune.

XIX. La Grande Charte et les fondateurs de la Constitution anglaise.

Plus heureux que les autres peuples, les Anglais ont possédé les premiers des institutions libres. Richard Cœur de Lion, fils de Henri II Plantagenet, et roi d'Angleterre de 1189 à 1199, après s'être rendu célèbre par ses exploits pendant la troisième croisade, avait été tué par une flèche à l'attaque du château de Chaluz en Limousin. Jean-sans-Terre, frère de Richard, s'empara du trône, qui devait revenir à son neveu, Arthur de Bretagne. On raconte qu'il le poignarda à Rouen, et qu'il jeta son cadavre dans la Seine, avec une pierre au cou. Le roi de France Philippe Auguste, suzerain de Jean-sans-Terre, le somma de comparaître à Paris, devant la cour des pairs, pour répondre de ce crime. Sur son refus, il confisqua la Normandie, l'Anjou, le Maine, la Touraine et le Poitou. Irrités de la perte de tant de provinces, et de l'indigne conduite de Jean, qui les accablait d'impôts et se rendait odieux par ses cruautés, les Anglais se soulevèrent. Jean dut accorder les satisfactions qu'on lui réclamait. Le 19 juin 1215, les barons, les évêques et les bourgeois d'Angleterre, ayant à leur tête Étienne Langton, archevêque de Cantorbéry, obligèrent le roi à signer la *Grande Charte*, dans la prairie de Runny-Mead, au bord de la Tamise.

La Grande Charte établissait l'unité des poids et mesures; elle créait dans chaque comté, pour rendre la justice, des assises régulières, composées de juges nommés par le roi et de chevaliers du comté: désormais, le serment de douze hommes du voisinage, loyaux et de bonne réputation, était nécessaire pour condamner un délinquant à l'amende; le roi ne pouvait lever aucun impôt sans convoquer le conseil commun du royaume; personne ne pouvait être dépossédé, emprisonné ou exilé, s'il n'était jugé coupable par ses pairs. Aux termes de la *Charte des forêts*, qui compléta la *Grande Charte*, les barons nommèrent vingt-cinq d'entre eux, chargés de veiller au maintien des libertés publiques, et d'organiser la résistance contre le roi, s'il venait à les violer : « Vingt fois déchirée par les princes, dit M. H. Chevallier[1], la Grande Charte sera vingt fois rétablie par la nation. Elle recevra des développements nouveaux.... Mais elle les contient en germe dans ces trois principes essentiels qu'elle a nettement consacrés : des surveillants donnés au roi et investis, au besoin, du droit redoutable de révolte ; la liberté des biens et des personnes garantie contre l'arbitraire des magistrats royaux ; l'établissement des impôts subordonné au consentement de ceux qui doivent les payer. »

La Tour de Londres.

Henri III, fils et successeur de Jean-sans-Terre (1216-1272), jura quatre fois la Grande Charte, et

---

1. Dans son excellente *Histoire de l'Europe de 395 à 1270*.

viola quatre fois son serment. Au dehors, il fut vaincu par le roi de France Louis IX aux batailles de Taillebourg et de Saintes; il essaya inutilement de faire empereur son frère Richard de Cornouailles, et roi de Naples son second fils Édouard. Le pape, auquel il avait promis de grosses sommes pour obtenir son appui dans ces entreprises, en ayant réclamé le payement, les Anglais s'y opposèrent. Le roi fut obligé de convoquer à Oxford, le 11 juin 1258, un grand conseil national, qui reçut le nom de *Parlement*. Cette assemblée nomma un comité de 24 membres, 12 désignés par le roi, et 12 par les barons, pour réformer l'État. Des travaux de ce comité sortirent les *Statuts d'Oxford*. Désormais le Parlement devait être convoqué au moins une fois tous les trois ans; le roi confirmerait la Grande Charte, et ne pourrait plus décider aucune affaire importante sans le consentement du Parlement. Le roi jura de respecter les Statuts d'Oxford, puis les viola. Il fut vaincu et fait prisonnier en 1264 à la bataille de Lewes par les barons soulevés, ayant à leur tête Simon de Montfort, comte de Leicester.

« Simon de Montfort, dit M. Chevallier, devint alors le véritable maître de l'Angleterre. L'organisation définitive du Parlement signala son passage au pouvoir : ce fut lui qui, par l'ordonnance de 1265, statua qu'il serait élu deux chevaliers par comté et deux bourgeois par cité ou *bourg* dudit comté. La petite noblesse et la bourgeoisie ainsi représentées formèrent ensemble la seconde chambre du Parlement ou *Chambre des Communes*. De plus, il fut établi dans l'intervalle des sessions un conseil de neuf membres dont les attributions avaient pour effet de maintenir l'autorité royale en tutelle. Des officiers envoyés par Montfort dans les comtés, sous le nom de *conservateurs de la paix*, pour y faire respecter les privilèges de la nation, y furent les soutiens actifs de son pouvoir. Par malheur pour lui, Édouard réussit à s'échapper de prison ; il leva une armée ; Monfort fut vaincu et tué avec son fils aîné à Evesham (1265). »

Le Parlement n'en subsista pas moins, et, sous les successeurs de Henri III, Édouard Ier (1272-1307), Édouard II (1307-1327), Édouard III (1327-1377), son importance s'accrut toujours. En sorte que, en Angleterre, dès le quatorzième siècle « on trouve les pouvoirs fortement constitués, avec leurs attributions distinctes : 1° le *Roi*, chef du pouvoir exécutif, avec des ministres responsables; 2° la *Chambre haute* ou *des lords*, où siègent les grands barons par droit héréditaire, en vertu d'une convocation individuelle du roi, les juges de ses cours, les membres de son conseil et les hauts dignitaires du clergé; 3° la *Chambre basse* ou *des communes*, qui comprend les chevaliers des provinces, au nombre de soixante-quatorze, et les représentants des villes et des bourgs, élus par leurs concitoyens.

« Aux deux Chambres, dont la réunion formait le *Parlement*, appartenait le droit de voter l'impôt, d'en régler la nature et d'en fixer la quotité, ainsi que de régler les questions de succession au trône et de régence, d'exiger le redressement des griefs. Les communes avaient le droit d'accuser les officiers et les ministres du roi pour abus de pouvoir. S'il s'agissait de changer la loi, le concours des deux Chambres était nécessaire. » (H. CHEVALLIER).

XX. Étienne Marcel et les États Généraux en France.

Il est aujourd'hui reconnu chez tous les peuples civilisés que l'impôt doit être consenti par ceux qui le payent, ou par leurs représentants librement élus, c'est-à-dire par leurs *députés*; que les lois doivent être faites par ces mêmes fondés de pouvoir de la nation dans l'intérêt général, et non dans l'intérêt particulier des magistrats chargés de les exécuter. Il a fallu bien des siècles pour que ces principes, si naturels et si justes, fussent universellement acceptés ; bien des hommes de cœur ont péri en voulant les faire triompher. Nous devons conserver à leur mémoire un souvenir reconnaissant : ils se sont sacrifiés pour que leurs descendants fussent plus libres et plus heureux qu'eux-mêmes. Un des plus remarquables parmi ces hommes a été Étienne Marcel, prévôt des marchands de Paris de 1354 à 1358.

Laissez-moi vous rappeler ici que Paris s'est d'abord nommé *Lutèce*. L'empereur romain Julien, brave soldat et savant écrivain, est le premier qui en parle dans un de ses ouvrages. Il fait l'éloge de sa chère Lutèce « la petite cité des Parisiens. » La ville était alors entièrement comprise dans l'île de la Cité. Julien habitait au dehors le Palais des Thermes. Paris s'agrandit plus tard, mais conserva toujours pour armoiries un vaisseau avec la devise : *Fluctuat nec mergitur : Les flots le secouent sans l'engloutir.* »

Le *Prévôt des marchands* était le premier magistrat de la ville de Paris. Il était élu tous les trois ans, le lendemain de l'Assomption, par trente-quatre conseillers municipaux, par les quarteniers, et par les délégués des bourgeois ; les bourgeois nés à Paris étaient seuls électeurs et éligibles. Nommé à cette fonction, Étienne Marcel sut gagner rapidement la confiance et l'estime des Parisiens par la vivacité de son intelligence, par sa volonté énergique, par son dévouement aux intérêts de ses concitoyens.

La France traversait alors une époque malheureuse. Depuis deux cents ans, les Anglais étaient maîtres de Bordeaux et de la Guyenne. En 1346, ils avaient vaincu le roi de France Philippe VI de Valois à la bataille de Crécy, et l'année suivante ils s'étaient emparés de Calais. Jean II, surnommé *le Bon* par les nobles, auxquels il permettait de faire tout ce qu'ils voulaient, avait succédé à son père Philippe VI en 1350.

Étourdi et violent, il tua le connétable d'Eu, qu'il accusait injustement de trahison ; il gaspilla l'argent du Trésor, qui fut bientôt vide. Pour s'en procurer il altérait à chaque instant les monnaies, trompant tantôt sur le poids des pièces, tantôt sur la quantité d'alliage qui se trouvait mêlée à l'or ou à l'argent. Le peuple souffrait et était irrité contre le roi. C'est alors que le prince de Galles, fils du roi d'Angleterre Édouard III, qui gouvernait au nom de son père la Guyenne, sortit de Bordeaux pour piller le territoire français. Une armée était nécessaire pour repousser l'ennemi ; mais le roi n'avait pas d'argent : afin d'en obtenir, il convoqua les *États Généraux*.

Sous l'ancienne monarchie, les *États Généraux* étaient ce qu'est aujourd'hui la Chambre des députés. Ils étaient formés par les représentants des trois ordres de la nation : le *Clergé*, la *Noblesse*, et le *Tiers État*, c'est-à-dire la bourgeoisie et le peuple. Les premiers États Généraux avaient été ceux de 1302, convoqués par le roi Philippe le Bel. Cette assemblée était en France ce que le *Parlement* était en Angleterre. Mais, tandis que les Parlements anglais devinrent très vite réguliers et permanents, les Français, moins heureux ou moins habiles, n'eurent des États Généraux que très rarement, quand il plaisait aux rois de les convoquer ; or, les rois ne s'y résignaient que quand ils ne pouvaient pas faire autrement, c'est-à-dire lorsqu'ils avaient besoin d'argent.

Étienne Marcel dirigea les États Généraux de 1355 : cette assemblée consentit à donner au roi 5 millions de livres parisis pour solder 30 000 hommes d'armes ; mais l'impôt devait être payé par tout le monde, non seulement par le tiers état, mais aussi par les nobles, le clergé, les princes, la reine et le roi. Neuf membres des États furent chargés par eux de surveiller la levée et l'emploi de cet argent, pour que Jean le Bon ne pût le détourner à un autre usage.

Avec cette somme, le roi réunit une armée et alla

combattre le prince de Galles. Mais, quoique les Français fussent beaucoup plus nombreux que les Anglais, ils furent honteusement vaincus à la bataille de Maupertuis ou de Poitiers le 19 septembre 1356, à cause de l'incapacité du roi et de la maladresse des seigneurs. Jean, fait prisonnier, fut emmené par les vainqueurs à Bordeaux, ensuite à Londres.

Le jeune dauphin Charles, qui s'était enfui du champ de bataille, prit le titre de *régent*. Étienne Marcel avait armé les bourgeois de Paris et mis la ville en état de défense. Quand le dauphin y fut rentré, il convoqua de nouveau les États Généraux pour leur demander de l'argent.

Ancien Hôtel de Ville de Paris.

Les États se réunirent à Paris au milieu de l'indignation causée par la défaite de Poitiers, bien décidés à s'emparer du gouvernement et à réformer les abus. Le Tiers État était dirigé par Étienne Marcel, le Clergé par Robert Lecoq, évêque de Laon, la Noblesse par le sire de Pecquigny. Les députés firent remettre en liberté le roi de Navarre, Charles le Mauvais, cousin du roi de France, et que celui-ci retenait prisonnier depuis un an. Aux demandes d'argent du dauphin, ils répondirent en demandant compte à leur tour de l'emploi des fonds votés l'année précédente. Le régent essaya de se passer d'eux. Il ajourna l'assemblée au mois de février 1357 et altéra de nouveau les monnaies.

Excités par le spectacle de la misère publique, les députés revinrent avec des intentions plus énergiques que jamais. La grande ordonnance de réformation du 3 mars 1357, œuvre d'Étienne Marcel et de Robert Lecoq, qui fut adoptée par les États, contient une réforme complète du gouvernement. En voici les points principaux : « Les États généraux seront convoqués tous les ans; si roi ou le régent n'appelle pas les électeurs, ils se réuniront de plein droit ; dans l'intervalle des sessions, une commission de 36 membres, 12 ecclésiastiques, 12 nobles, 12 hommes du tiers état (on en mit ensuite 24 du Tiers État, avec 6 ecclésiastiques et 6 nobles seulement), pris dans les États Généraux et nommés par eux, restera auprès du régent pour le surveiller; le chiffre des impôts sera fixé chaque année par les États; l'impôt sera réparti et levé par des taxateurs *élus* par la population, et les États contrôleront l'emploi des fonds ainsi réunis; tout le monde sans exception payera les taxes, le clergé et la noblesse comme le tiers ; les agents du roi seront responsables devant les États Généraux; la guerre privée est interdite aux seigneurs sous peine de mise hors la loi; le *droit de prise*, c'est-à-dire le droit qu'avaient le roi et sa suite. en voyage, de *prendre* partout ce qui était nécessaire à leur subsistance, est aboli ; les États fixeront le poids et la qualité des pièces de monnaie, que personne ne pourra changer sans leur autorisation ; tout Français devra être armé et servir personnellement ; les procès devront être jugés dans le plus bref délai possible; tout juge du Parlement qui ne sera point arrivé au Palais de Justice au lever du soleil perdra son traitement de la journée. » Tels sont les principaux points de cette

7.

admirable ordonnance, qui fait tant d'honneur à Étienne Marcel et à Robert Lecoq.

Pour avoir de l'argent, le dauphin consentit d'abord à tout. Puis il revint sur ses promesses, et, sous l'impulsion de ses deux conseillers, les maréchaux de Champagne et de Normandie, il altéra une fois de plus les monnaies. Les bourgeois exaspérés, portant en signe de ralliement le chaperon rouge et bleu aux couleurs de la ville de Paris, et conduits par Étienne Marcel, envahirent l'hôtel du dauphin et tuèrent sous ses yeux les maréchaux de Champagne et de Normandie. Marcel couvrit le dauphin tremblant de son chaperon (22 février 1358). Un mois après, Charles prit la fuite et déclara les États transférés à Compiègne. La plupart des nobles et des ecclésiastiques et un certain nombre de bourgeois le suivirent. Les États de Paris ne comprirent plus que les représentants du Tiers État. Le dauphin les déclara rebelles, réunit une armée pour assiéger la ville et vint camper vers Saint-Maur et Charenton pour affamer les Parisiens. Marcel fit résolument tous les préparatifs de défense nécessaires.

La situation de la France était critique : les Anglais pillaient le midi ; le dauphin occupait la haute Seine ; le roi de Navarre, Charles le Mauvais, se tenait sur le fleuve au-dessous de Paris. Les aventuriers de toute nation, les *routiers*, qui formaient les *grandes compagnies*, dévastaient toutes les provinces. Le plus malheureux, c'était encore le paysan. A cause de sa patience à supporter sans se plaindre le mal qu'on lui faisait, on se moquait de lui : on l'appelait par dérision *Jacques Bonhomme* ; on disait proverbialement : « Oignez vilain, il vous poindra ; poignez vilain, il vous oindra [1]. » Les seigneurs qui avaient i

---

1. C'est-à-dire flattez, caressez (littéralement frottez d'huile) le vilain, et il vous frappera à coups de poing ; frappez-le, et il vous flattera.

mal combattu à Poitiers, prisonniers des Anglais sur parole, revenaient dans leurs châteaux, et maltraitaient leurs serfs pour leur extorquer l'argent nécessaire au payement de leur rançon. Sur les bords de la Loire, les paysans n'osaient plus coucher dans leurs villages : ils passaient la nuit dans des bateaux amarrés au milieu du fleuve. En Picardie, ils se cachaient avec leurs femmes, leurs enfants et leurs bestiaux, dans des souterrains où ils demeuraient au milieu des ténèbres pendant que l'ennemi occupait le pays. Exaspérés par la misère, les paysans, les *Jacques*, se soulevèrent contre ces nobles « qui, disaient-ils, déshonorent et trahissent le royaume ; honni soit celui par qui il demeurera que tous les gentilshommes ne soient détruits ! » Dans l'Amiénois, le Vermandois, dans l'Ile-de-France, les Jacques se jetèrent sur les châteaux, pillant tout, brûlant tout, tuant tout. Mais ces malheureux furent vaincus à Meaux par les nobles et exterminés.

Après la défaite des Jacques, le dauphin Charles assiégea Paris de plus près. Les vivres devenaient rares dans la ville. Les bourgeois souffraient. Moins courageux qu'Étienne Marcel, beaucoup d'entre eux s'en prenaient à lui des malheurs présents. En désespoir de cause, le prévôt des marchands prit à la solde des Parisiens le roi de Navarre Charles le Mauvais, et les hommes d'armes qui lui étaient attachés. Égoïste et ambitieux, celui-ci ne songeait qu'à ses intérêts personnels, et il négociait en secret avec le dauphin, prêt à se déclarer pour celui qui lui offrirait les plus grands avantages. Étienne Marcel le comprenait bien : il crut que, puisqu'il fallait nécessairement subir un roi, il valait encore mieux donner la couronne de France à Charles le Mauvais, parce qu'on pourrait plus facilement lui imposer des conditions qu'au dauphin et à son père. Il fut donc convenu que le prévôt des marchands recevrait le roi de Navarre à Paris dans la nuit du 31 juillet 1358. Mais, cette nuit-là même, un bourgeois nommé Maillart assassina Marcel d'un coup de hache. Le régent rentra dans Paris.

XXI. Jacques Cœur, réorganisateur de l'administration financière sous Charles VII.

Après cent ans de guerre, grâce au courage et au patriotisme de Jeanne d'Arc, dont vous trouverez plus loin l'histoire, du connétable Arthur de Richemont, du comte de Dunois, de Lahire, de Xaintrailles, la France avait expulsé les Anglais, qui, en 1453, ne possédaient plus sur son territoire que Calais, où ils restèrent deux siècles encore. Mais le pays était épuisé par cette longue lutte. Des soldats sans emploi par suite de la paix, les *routiers*, dévastaient les campagnes ; les terres restaient en friche ; l'administration n'existait plus ; tout était à refaire ou à faire. Le roi Charles VII trouva heureusement d'habiles ministres : Jacques Cœur et les frères Bureau.

Jacques Cœur, né à Bourges, vers 1400, était fils d'un marchand pelletier ; il commença par exercer lui-même la profession de mercier. Ayant voyagé en Italie, en Orient, à Damas, il acquit une grande fortune par le commerce ; il prit à ferme la fabrication de la monnaie à Bourges ; il équipa sept vaisseaux, qui allaient chercher les marchandises de l'Égypte, de l'Asie, de la Syrie, de la Grèce, et les rapportaient dans les ports de France. Il avait trois cents facteurs. Son principal comptoir était à Montpellier, et il possédait de nombreuses succursales. Il avait pris pour devise, en faisant un jeu de mots sur son propre nom : *A vaillant cœur rien d'impossible.* Laborieux, intelligent et plein d'énergie, il rendit les plus grands services au roi Charles VII, qu'il avait connu lorsque, au début de son règne, il habitait le Berry, et que les Anglais le surnommaient par dérision le *roi de Bourges.* Ce fut lui qui prêta l'argent nécessaire pour chasser les étrangers de la Normandie, 200 000 écus. Sa richesse était proverbiale : on disait communément : « *Riche comme Jacques Cœur.* »

Successivement *maître des monnaies* à Bourges et à Paris, il fut anobli et nommé *argentier du roi*; on dirait aujourd'hui *ministre des finances.* Son pouvoir était alors sans bornes : son frère fut nommé évêque de Luçon, et son fils, archevêque de Bourges. Jacques Cœur s'était fait bâtir à Bourges un magnifique hôtel, qui subsiste encore. Après la mort de sa protectrice, Agnès Sorel, ses ennemis, jaloux de son crédit et voulant s'emparer de ses richesses, l'ac-

La maison de Jacques Cœur, à Bourges.

cusèrent de dilapidations, d'altération des monnaies, et même d'empoisonnement. Charles VII, débiteur de Jacques Cœur, n'eut pas honte de le faire arrêter et de le traduire en jugement. Son innocence était manifeste : il fut déclaré coupable. Ses biens furent confisqués, et lui-même condamné au bannissement. Au lieu de le bannir, on le retint prisonnier dans un couvent de Beaucaire. Son neveu Jean de Vilage, à la tête de ses commis, le délivra (1455). Jacques Cœur se retira à Rome, où le pape Nicolas V lui rendit de grands honneurs et le nomma *capitaine général de l'Église contre les infidèles.* Blessé grièvement en combattant les Turcs, il mourut le 25 novembre 1456 dans l'ile de Chio.

La réforme financière dont il était l'auteur date de 1443. En voici les points essentiels : désormais l'*argentier du roi*, son *écuyer*, le *trésorier des guerres* et le *grand maître de l'artillerie* devaient rendre leurs comptes chaque mois au roi lui-même ; tous les agents qui avaient le maniement des finances devaient rendre compte de leur gestion, chacun à son supérieur, et les plus élevés à la *Cour des comptes.* Enfin la *Cour des aides* devint le tribunal suprême de justice financière : c'est à elle qu'il appartint d'interpréter toutes les ordonnances relatives aux impôts, et de juger souverainement les procès provenant du *fait des finances.*

D'autres mesures administratives importantes furent prises à la même époque. Il n'y avait eu jusqu'ici pour rendre la justice qu'un seul *Parlement*, siégeant à Paris. Afin d'abréger la durée des procès et de surveiller ce qui se passait dans les parties les plus éloignées du royaume, Charles VII créa en 1443 le Parlement de Toulouse, et, en 1453, le Parlement de Bordeaux. A cette époque, on rendait la justice, et on continua à la rendre dans le midi d'après le *droit romain* ou *droit écrit*, dans le nord, d'après le *droit coutumier*, qui variait de province à province, et quelquefois de ville à ville. Le droit coutumier n'étant pas écrit, et se transmettant par la tradition orale, il en résultait mille abus. Pour les faire cesser, on commença à cette époque la *rédaction des coutumes.*

Enfin, la *Pragmatique sanction de Bourges* fut publiée en 1438. C'était une ordonnance concernant les affaires ecclésiastiques. Elle déclarait l'autorité du concile général supérieure à celle du pape, reconnaissait au clergé de chaque diocèse le droit d'élire son évêque, aux moines de chaque couvent le droit d'élire leur abbé, subordonnait au consentement du roi la publication des bulles du pape en France, enfin, supprimait les *annates*, les *réserves*, les *expectatives*. On appelait *annate* la première année du revenu de tout bénéfice ecclésiastique, que chaque titulaire nouveau payait au pape en entrant en charge ; *réserves*, les bénéfices dont le pape se réservait la disposition ; *expectatives*, les bénéfices dont il nommait le titulaire *à venir* avant la mort du titulaire vivant.

XXII. Les frères Bureau, réorganisateurs de l'armée sous Charles VII.

Ce que Jacques Cœur avait fait pour les finances, les deux frères Jean et Gaspard Bureau, successivement grands maîtres de l'artillerie, le firent pour l'armée.

La découverte de la poudre à canon avait opéré une révolution dans l'art militaire. Désormais l'importance de la cavalerie diminue ; celle de l'infanterie augmente ; au lieu de combattre de près corps à corps, on combattra de loin : les lourdes armures de fer, dont les hommes et les chevaux étaient couverts, deviendront moins utiles et disparaîtront peu à peu. On attribue la découverte de la poudre au moine franciscain anglais Roger Bacon, qui, à cause de son savoir, fut surnommé *le Docteur admirable*. Né en 1214, il était à la fois astronome, physicien, chimiste. Il expliqua comment les miroirs ardents pouvaient brûler à distance, comment les marées de l'Océan devaient être attribuées à l'attraction de la lune, enfin ce que c'était que l'arc-en-ciel. Accusé de sorcellerie, de magie, de pacte avec le diable, Roger Bacon fut victime de la grossière ignorance de ses contemporains. Il fut jeté en prison, et ne recouvra la liberté qu'un an avant sa mort, qui survint en 1294.

Après Roger Bacon, un autre moine, l'Allemand

Berthold Schwartz, qui vivait au quatorzième siècle, passe pour avoir perfectionné les procédés de fabrication de la poudre et des canons. Les *bombardes* ou canons furent d'abord en pierre ; on les employa, dit-on, pour la première fois en France le 26 août 1346 à la bataille de Crécy, où elles contribuèrent à la victoire des Anglais. À leur tour, les Français perfectionnèrent le nouvel engin, dont l'emploi leur avait d'abord été si fatal.

Le premier canon.

Jean Bureau de la Rivière, chambellan des rois Charles V et Charles VI, eut deux fils, Jean Bureau, seigneur de Montglat (mort en 1463), et Gaspard Bureau (mort en 1470). Ce furent ces deux hommes qui eurent la part principale à la réorganisation militaire. Les défaites éprouvées par les Français pendant la désastreuse guerre de Cent ans avaient montré l'insuffisance des *grandes compagnies*, composées de *routiers* indisciplinés et pillards, plus à craindre pour les populations paisibles que pour l'ennemi. En 1439, les États Généraux d'Orléans votèrent une taille de 1 200 000 livres, qui devint la *taille perpétuelle*, pour l'entretien de l'armée. L'*ordonnance d'Orléans* établit qu'à l'avenir les capitaines seraient nommés par le roi et par lui seul ; qu'ils choisiraient leurs soldats, au nombre réglé par le roi ; qu'ils seraient responsables de la conduite de leurs hommes ; que les troupes seraient tenues dans des garnisons fixes, soumises à une discipline sévère ; obligées, sous les peines les plus rigoureuses, de respecter la vie et les biens des habitants.

En 1445, on créa 15 *compagnies d'ordonnance* pour former la cavalerie. Chaque compagnie comptait 100 *lances*, c'est-à-dire 600 cavaliers ; car une lance comprenait 6 hommes : le *gendarme* ou *homme d'armes*, armé de la lance ; son *page* ; trois *archers*, armés chacun d'un arc et de flèches, et un *coutillier*, armé de la longue épée nommée *coutille*. Pour l'infanterie, on établit en 1448 les *francs-archers*. Il dut y avoir dans chaque paroisse un archer, *franc*, c'est-à-dire exempt de la taille ou impôt direct, qui s'exercerait à tirer de l'arc, et ne serait appelé à l'armée qu'en temps de guerre.

Ces mesures rendirent plus facile l'expulsion des Anglais. Au siège de Cherbourg, en 1450, les frères Bureau établirent leurs canons en batterie sur la grève même, à un endroit que la mer couvrait à la marée montante. Quand c'était l'heure de la marée, les canons enveloppés de peaux graissées, disparaissaient sous l'eau ; à marée basse, ils recommençaient à tonner : la ville dut se rendre. Bordeaux ne put davantage résister à cette terrible artillerie et ouvrit ses portes le 23 juin 1451. Les Anglais y étaient depuis trois cents ans : aussi furent-ils regrettés. On les rappela, et un complot leur livra la ville l'année suivante. Mais les terribles frères Bureau revinrent avec leurs canons. Un boulet tua le célèbre général anglais lord Talbot à la bataille de Castillon, et Bordeaux fut repris le 19 octobre 1453, cette fois pour toujours. Dès lors, aucune forteresse, eût-elle des tours élevées et des murailles épaisses, comme le château de Pierrefonds, ne pourra résister à l'artillerie.

Le château de Pierrefonds, construit en 1399.

XXIII. Sully, le ministre de Henri IV.

Un siècle après la fin de la guerre de Cent ans contre les Anglais, la France fut de nouveau dévastée par l'affreuse lutte connue sous le nom de *guerres de religion*, entre les catholiques et les protestants. Ces guerres se prolongèrent quarante ans, sous le règne des trois derniers Valois, tous les trois fils de Henri II et de Catherine de Médicis : François II (1559-1560), Charles IX (1560-1574) et Henri III (1574-1589). Batailles meurtrières, parjures, trahisons, assassinats, tout contribue à faire de ce temps l'une des époques les plus malheureuses de notre histoire. L'épisode le plus sanglant de ces scènes de carnages fut le massacre des protestants connu sous le nom de *Saint-Barthélemy*, et qui eut lieu le 24 août 1572.

Lorsque le dernier Valois, Henri III, eut été assassiné à Saint-Cloud, le 1er août 1589, par le moine Jacques Clément, son successeur fut son plus proche parent, Henri de Béarn, fils d'Antoine de Bourbon, duc de Vendôme, et de Jeanne d'Albret, reine de Navarre. Il prit le nom de *Henri IV*. Actif, brave et intelligent, le nouveau roi appartenait à la religion protestante. Il dut combattre la Ligue, formée sous la direction des Guises, appuyés par les Espagnols, afin de l'écarter du trône. Vainqueur en 1589 à Arques, près de Dieppe, et en 1590 à Ivry-sur-l'Eure, Henri IV échoua devant Paris en 1590, et devant Rouen en 1592, parce que les Espagnols, sous les ordres d'Alexandre Farnèse, duc de Parme, vinrent au secours des Ligueurs. Alors il se déclara catholique, fut sacré à Chartres, et, en 1594, entra dans Paris. En 1598, il mit fin à la fois à la guerre civile et à la guerre étrangère: à la première, par l'édit de Nantes, qui accordait aux protestants la liberté de conscience; à la seconde, par le traité de Vervins, qui obligeait le roi d'Espagne Philippe II à laisser la France en paix.

Malheureusement, elle était ruinée par la durée de la lutte : les champs, dans beaucoup de provinces, étaient en friche ; les paysans n'avaient plus ni bestiaux ni semences ; les domaines royaux étaient engagés ; il n'y avait plus de commerce ; les impôts ne rentraient pas ; tout était à réorganiser. Henri IV fut aidé dans sa tâche par un ministre intègre, intelligent et infatigable au travail.

Maximilien de Béthune, baron de Rosny, duc de Sully, prince de Henrichemont et de Boisbelle, surintendant des finances et grand maître de l'artillerie, naquit en 1559 au château de Rosny-en-Beauce. Protestant, il lutta d'abord comme soldat aux côtés du roi de Navarre pendant les guerres de religion, gagna sa confiance par de grands services, et fut pris par lui comme collaborateur pour l'administration de l'État.

Le plus pressant était de s'occuper des finances :

en 1599, le peuple payait 47 millions, qui en vaudraient actuellement près de 200[1] ; mais cet argent passait par les mains des fermiers généraux et des traitants ; le roi n'en recevait guère que 25 millions. Considérablement accrue pendant les trois derniers règnes, et surtout depuis la guerre civile, la dette publique s'élevait à près de 300 millions, c'est-à-dire environ 825 millions de notre monnaie, représentant près de 3 milliards en valeur relative. L'État, qui possédait autrefois de riches domaines, n'en avait presque plus aucun : à la faveur des troubles, ils avaient été vendus à vil prix. Les fermiers généraux[2] avaient acheté, pour des sommes minimes, des fermes qui leur rapportaient des bénéfices énormes. Beaucoup s'étaient fait donner des reçus de sommes qu'ils n'avaient pas versées ; une foule d'emplois inutiles avaient été créés pour satisfaire l'avidité des courtisans des derniers Valois. Les gouverneurs de provinces levaient, de leur propre autorité, des impôts, qui servaient à augmenter leur fortune personnelle ; beaucoup de roturiers s'étaient glissés dans la classe des nobles, pour se dispenser de payer l'impôt, ce qui augmentait les charges du peuple.

Au milieu de ce chaos, Sully porta l'ordre et la régularité. Il parcourut toute la France, vérifiant tous les registres, se faisant rendre compte de l'emploi des plus petites sommes, forçant les traitants « à rendre gorge » : en une seule fois, il rapporta 450 000 écus. Les domaines achetés à vil prix à l'État furent repris à leurs détenteurs aux mêmes conditions, qu'ils le voulussent ou non. Les fermiers durent payer les sommes

---

1. Il ne faut pas oublier, quand on parle de finances à une époque éloignée de la nôtre, que la valeur de l'argent et de l'or varie, et qu'elle diminue constamment à mesure que ces métaux sont répandus en plus grande abondance dans le public.

2. On appelait *fermiers généraux* des financiers qui se chargeaient, moyennant le prélèvement d'un certain bénéfice, de lever et d'apporter les impôts à date fixe, au trésor royal, pendant un nombre d'années déterminé.

dont ils ne pouvaient présenter les reçus ; l'intérêt de la dette publique fut abaissé ; les offices inutiles furent supprimés. On créa la *Paulette*, impôt annuel, qui fut exigé des membres des Parlements, sur le conseil du financier Paulet, et moyennant le payement duquel, ils devinrent propriétaires de leurs charges avec le droit de les vendre ou de les léguer à leurs héritiers. Enfin, l'établissement du budget permit d'équilibrer chaque année les recettes et les dépenses. Grâce à ces réformes, en 1610, on avait pu payer 100 millions de dettes, racheter pour 35 ou 40 millions de domaines aliénés. En outre, les impôts avaient été diminués, et 22 millions avaient été mis en réserve dans les caves de la Bastille, à la disposition du roi.

L'ordre et la régularité dans les finances ménagent la richesse d'un État ; mais ils ne la créent pas : c'est ce que comprenaient Henri IV et Sully. « Labourage et pâturage, disait le surintendant, sont les deux mamelles de la France, les vraies mines et trésors du Pérou. » Et Henri IV, suivant un mot bien connu, voulait que chaque paysan pût mettre la poule au pot tous les dimanches. Il

Statue de Henri IV sur le terre-plein du Pont-Neuf, à Paris.

encouragea donc par tous les moyens possibles l'agriculture, qui fait les bons soldats et engendre les richesses. Il créa la dîme du laboureur, ou droit qu'avait le fermier de garder, pour son usage, un dixième de ce qu'il faisait produire aux terres de son seigneur. De plus, il défendit aux soldats, sous peine de mort, de maltraiter les paysans. Il interdit de saisir les bestiaux et les instruments aratoires, même pour assurer le recouvrement des impôts. Il décora d'un épi d'or un cultivateur de l'Orléanais, et rendit les plus grands honneurs à Olivier de Serre, l'auteur d'un livre intitulé *le Ménage des Champs.*

Pour l'agriculture, Henri IV et Sully avaient toujours été d'accord. Il n'en fut pas de même pour le commerce et l'industrie. « De telles babioles ne font pas de bons soldats, » disait Sully. Henri IV, plus clairvoyant, créa le conseil permanent du commerce, qui devait être comme les États Généraux de notre industrie. Pour affranchir la France du tribut qu'elle payait à Venise, à Milan, aux Pays-Bas espagnols et à la Hollande, il fit planter des mûriers en Touraine, fonda au Louvre même des magnaneries, organisa des fabriques de fil d'or, de glaces, de tapisseries, créa les établissements de la Savonnerie et des Gobelins. Il signa avec les étrangers des traités de commerce avantageux, força Philippe III d'Espagne, en interdisant un moment l'exportation des grains, à lui accorder le droit d'acheter aux Pays-Bas les produits utiles à la France, sans que ceux qu'elle fabriquait eussent à subir, pour cela, la concurrence des manufactures de Gand et de Bruges. Il traita également avec la reine d'Angleterre Élisabeth, et avec le sultan des Turcs Achmet, qui lui accorda, en 1603, le monopole du commerce de l'Orient, où aucun bâtiment chrétien ne pouvait commercer qu'en portant le pavillon français.

L'industrie française avait reçu de grands encouragements de Henri IV; il s'occupa non moins activement des travaux publics. La France se couvrit de routes plantées d'arbres; le canal de Briare réunit la Seine à la Loire. Le roi conçut aussi le dessein du canal d'Armançon ou de Bourgogne. Il avait même projeté de réunir la Mer Méditerranée et l'Océan Atlantique par le Canal du Midi, dont il eut le premier l'idée. Il encouragea les colons qui créaient à cette époque en Amérique notre établissement du Canada ou de la Nouvelle-France : Samuel Champlain, qui fonda Québec en 1608, fut anobli.

Au milieu de ses travaux pacifiques, Henri IV n'oubliait pas de se mettre en état de soutenir une guerre au dehors : il augmentait les fortifications des places fortes, réunissait des canons, des armes, des munitions, des chevaux, assurait le sort des vieux soldats blessés, malades ou infirmes. Il voulait depuis longtemps abaisser la puissance des deux branches, allemande et espagnole, de la maison d'Autriche. L'occasion se présenta en 1609. Jean-Guillaume, duc de Berg, Clèves, Juliers, seigneur de La Mark, de Ravensberg, de Ravenstein, mourut cette année-là en laissant de nombreux héritiers catholiques et protestants. L'empereur d'Allemagne, avec l'alliance des Espagnols, voulut mettre la main sur la succession, sous prétexte de décider entre les héritiers rivaux. Henri IV, allié de ceux d'entre eux qui étaient protestants, se préparait à les soutenir par les armes, avec l'appui du stathouder de Hollande, Maurice de Nassau, et des Suisses ; mais, le 14 mai 1610, au moment où il allait voir Sully malade à l'Arsenal, il fut poignardé, dans la rue de la Ferronnerie, par François Ravaillac.

Cette mort changea tout. Le nouveau roi, Louis XIII, était mineur ; sa mère, Marie de Médicis, devint régente. Tous les plans de Henri IV furent abandonnés, et ses ministres renvoyés. Sully se retira dans ses terres, au château de Sully-sur-Loire, où il passa dans la retraite ses 30 dernières années. En 1634, un autre ministre célèbre, le cardinal de Richelieu, lui donna le titre de *maréchal de France*. Sully consacra ses loisirs à composer un livre intitulé *Œconomies Royales*, dans lequel il retraçait ses souvenirs. Il mourut en 1641.

XXIV. Colbert et Louvois.

Jean-Baptiste Colbert naquit à Reims le 22 août 1619. Ses parents étaient marchands de drap à l'enseigne du *Loup vêtu*. Il commença par s'occuper de commerce. Entré au service du cardinal Mazarin, il gagna la confiance du premier ministre de la régente Anne d'Autriche par son activité, son ardeur au travail et son intégrité. Il fut employé dans les négociations qui précédèrent le mariage de Louis XIV avec l'infante Marie-Thérèse, fille du roi d'Espagne Philippe IV, et s'y montra habile et heureux. Mazarin mourant le recommanda à Louis XIV (1661).

Louis XIV.

Ce prince voulait gouverner par lui-même. Colbert lui montra, pièces en main, que son surintendant des finances, Nicolas Fouquet, le trompait, et dilapidait le Trésor. Fouquet fut arrêté, jugé, condamné à l'exil, et pourtant retenu en prison. Colbert le remplaça. D'abord intendant (1661), puis contrôleur général des finances (1666-

1683), il dirigea, tant qu'il vécut, non seulement les finances, mais l'agriculture, les travaux publics, l'industrie et le commerce, les colonies, la marine, la législation, et s'occupa même des lettres et des beaux-arts.

En 1661, les contribuables payaient à l'État 84 millions ; mais cet argent passait par les mains des fermiers généraux ; le Trésor n'en touchait que 32. Les dépenses dépassaient 53 millions ; le déficit annuel était donc de 21 millions. Beaucoup de domaines de l'État avaient été achetés à vil prix par des particuliers ; beaucoup de roturiers s'étaient procuré des lettres de noblesse, et soustraits ainsi au payement des impôts. Colbert créa une Chambre de Justice, qui examina les comptes des financiers et obligea ceux dont la gestion avait été irrégulière à restituer au Trésor ce qu'ils s'étaient indûment approprié ; les faux nobles rentrèrent dans la classe des contribuables ; les domaines aliénés furent rachetés au prix de vente ; l'*État de prévoyance* ou le *Budget* fut dressé chaque année pour proportionner les dépenses et les recettes. On diminua la taille, c'est-à-dire les impôts directs, qui ne pesaient que sur les roturiers, pour augmenter les aides, ou impôts indirects, payés par tout le monde. Grâce à ces mesures, en 1671, les revenus dépassaient 104 millions, dont le Trésor touchait net près de 78. Pourtant cette prospérité financière ne dura pas. Les guerres incessantes entreprises par Louis XIV, le coûteux entretien de la Cour, les constructions fastueuses entreprises à Versailles, à Marly, à Trianon, etc., amenèrent de nouveau le désordre et plus tard la banqueroute. Comment eût-il été possible d'équilibrer les recettes et les dépenses, étant données les *ordonnances au comptant*, ou bons sur le Trésor payables à présentation, et signés par le roi, sans indication de l'emploi de la somme qui devait être ainsi remboursée ?

On a été injuste en accusant Colbert d'avoir né-

8.

gligé l'agriculture. Il remit aux contribuables l'arriéré de la taille ; il exempta d'impôts les jeunes gens mariés avant 20 ans jusqu'à leur 25e année ; il exempta pour toujours le père de dix enfants ; il protégea les laboureurs contre les violences des gens de guerre ; il renouvela les vieilles ordonnances qui interdisaient de saisir les bestiaux et les instruments aratoires, même pour assurer le recouvrement des impôts ; il accorda des primes aux éleveurs qui présentaient les plus beaux bestiaux, et à quiconque desséchait un marais, défrichait un bois, mettait une lande en culture ; il fit venir des chevaux d'Afrique et d'Angleterre, des moutons mérinos d'Espagne, pour les croiser avec les races indigènes ; mais on lui a reproché de n'avoir pas accordé la libre circulation des grains.

Les travaux publics furent poussés activement sous son administration ; on répara les anciennes routes ; on en ouvrit de nouvelles. Le *Canal de Briare* fut terminé, pour mettre la Loire en communication avec la Seine par Briare, Montargis, Moret. Le *Canal du Midi* ou *Canal de Languedoc* ou *Canal des Deux Mers*, fut exécuté de 1665 à 1681. Il part de Castets sur la Garonne, remonte ce fleuve jusqu'à Toulouse, traverse les Cévennes au Col de Naurouse, à 253 mètres au-dessus du niveau de la mer, à l'aide de bassins superposés et séparés par des écluses ; de l'autre côté des montagnes, il atteint à Cette la Mer Méditerranée. Ce gigantesque travail fut exécuté par Riquet, sur les plans de l'ingénieur Andréossy. Lorsque le grand ingénieur Vauban passa au Col de Naurouse, il s'écria, à la vue de l'immense bassin où avaient été réunies les eaux de la Montagne Noire : « Il ne manque ici que deux choses, la statue de Riquet, et celle de M. de Colbert ! »

C'est surtout à l'industrie et au commerce que le contrôleur général donna ses soins. Il établit ce qu'on appela le *Système protecteur*. La suppression des douanes intérieures dans douze provinces favorisa la circulation de nos produits dans tout le royaume ; la création des douanes aux frontières protégea notre industrie contre la concurrence des étrangers. Les glaces de Sèvres, les tapisseries des Gobelins, les soieries de Lyon et de Tours, les draperies de Sedan, Louviers, Elbeuf, Abbeville, n'eurent plus de rivales en Europe. Quelles qu'aient été les bonnes intentions de Colbert pour le commerce et l'industrie, il faut reconnaître cependant qu'il ne leur a procuré qu'une prospérité éphémère, qui n'a pas survécu à son ministère. En poussant trop loin les conséquences du système protecteur, il a mis au commerce et à l'industrie des entraves qui ont gêné son développement en lui enlevant toute initiative et toute liberté.

Le commerce maritime prit à cette époque une grande extension. Un droit de cinquante sous par tonneau ou poids de 1 000 kilogrammes (ou 2 000 livres de marchandises) avait été établi par Fouquet et continua à être levé sous Colbert sur tout bâtiment étranger à l'entrée de nos ports. Au contraire, les armateurs français recevaient des primes. Dunkerque, racheté aux Anglais en 1662, Bayonne et Marseille furent déclarés ports francs. Outre ces trois villes, Brest, Nantes, Rochefort, Bordeaux, Toulon, virent leur importance s'accroître. Cinq compagnies, créées successivement, reçurent le monopole du commerce maritime : les Compagnies du Levant, des Indes orientales, d'Afrique, des Indes occidentales et du Nord. Nos colonies de Pondichéry, de Bourbon, du Sénégal, de Saint-Domingue, du Canada, prirent un développement considérable. Pour les défendre, nous eûmes une marine militaire : la population des côtes fut divisée en quatre classes, qui pouvaient être appelées successivement à bord des bâtiments de l'Etat. En 1680, l'*inscription maritime* comprenait soixante-dix-sept mille hommes. et la flotte s'élevait à quatre-vingts vaisseaux de haut bord.

Colbert, qui s'occupait de tout, songea aussi à la justice. Il fit rédiger l'*Ordonnance civile*, l'*Ordonnance des eaux et forêts*, l'*Ordonnance criminelle*, l'*Ordonnance du commerce* et le *Code maritime*. Son fils, Seignelay, fit rédiger le *Code noir*. Il étendit ses soins aux lettres et aux arts, créa en 1663 l'Académie des inscriptions et belles-lettres, en 1666 l'Académie des sciences, en 1667 l'École des beaux-arts, pensionna les savants, et encouragea le roi à l'achèvement du Louvre, dans l'espoir d'empêcher les dépenses énormes qu'exigeait la construction de Versailles, de Marly et de leurs dépendances.

Le plus célèbre des ministres de Louis XIV, après Colbert, c'est *Louvois*. François-Michel Le Tellier, marquis de Louvois, né en 1641, était entré à quinze ans dans les bureaux de son père. Esprit exact et actif, mais dur et brutal, il fournit au roi l'armée qui devait servir d'instrument à ses conquêtes. Il créa l'*Ordre du tableau*, par suite duquel les grades furent le prix de l'ancienneté de service, ce qui signifie qu'à l'avenir on ne put acheter un grade avant d'avoir fait un stage d'une durée déterminée dans le grade immédiatement inférieur[1]. L'uniforme, la marche au pas, la baïonnette, qui rendit la pique inutile, datent de son ministère. L'artillerie devint un corps séparé. Les hussards et les grenadiers furent institués. Des compagnies de cadets préparèrent les officiers. L'Hôtel des Invalides fut établi pour servir d'asile aux vieux soldats ; l'Ordre de Saint-Louis devint la récompense du courage. Par suite de ces mesures, l'armée s'élevait en 1668 à 125 000 hommes, en 1675 à 300 000 hommes, et en 1690 à 450 000 hommes. Il ne faut pas oublier, toutefois, qu'en encourageant Louis XIV aux dépenses exagérées auxquelles il n'était que trop porté de lui-

---

1. Tous les grades s'achetaient jusqu'à celui de colonel inclusivement.

même, en combattant Colbert et en excitant le roi à des guerres continuelles, surtout pendant la dernière partie de son ministère, Louvois eut sur le sort de la France une influence funeste.

XXV. Turgot, le ministre réformateur.

En 1774, le roi de France Louis XV mourut, et fut remplacé par Louis XVI, l'aîné de ses petits-fils, qui avait épousé Marie-Antoinette d'Autriche. A cette époque, la nation comptait une population de 25 millions d'hommes. Le Clergé et la Noblesse réunis en comprenaient moins de 500 000 ; le Tiers Etat, plus de 24 millions. Pourtant le Clergé et la Noblesse étaient les deux ordres privilégiés : ils étaient exempts de la plus grande partie des impôts et pouvaient seuls obtenir la plupart des emplois; le Tiers Etat était exclu des charges, accablé d'impôts, traité avec un injuste mépris. Le gouvernement était absolu; la liberté des citoyens n'était point protégée par la loi : un simple ordre du roi pouvait les emprisonner indéfiniment à la Bastille. Il n'y avait point de liberté de conscience. Les États Généraux, que la nation nommait autrefois, et qui exprimaient ses vœux, n'avaient pas été convoqués depuis 1614. La Cour avait, sous Louis XIV, abandonné Paris, pour résider au château de Versailles; ses dépenses étaient énormes. Sous Louis XV, les Français avaient été vaincus par les Prussiens, pendant la malheureuse guerre de Sept ans, et les Anglais nous avaient enlevé la plupart de nos colonies, surtout le Canada, en Amérique, et l'Inde, en Asie. Les paysans étaient pauvres, parce qu'ils devaient supporter les droits féodaux, c'est-à-dire payer des sommes considérables aux seigneurs, qui détruisaient leurs récoltes en chassant sur leurs terres. Dans chaque ville, il y avait des corporations, et le nombre des maîtres marchands de chaque profession était limité : en sorte que les ouvriers ne pouvaient pas s'établir et devaient se contenter de travailler pour les patrons au prix que ceux-ci voulaient leur donner. Dans l'armée, les nobles seuls pouvaient devenir officiers.

Cependant, grâce aux philosophes, c'est-à-dire aux grands écrivains du dix-huitième siècle, dont les plus célèbres furent Montesquieu, Voltaire, Diderot, d'Alembert, Jean-Jacques Rousseau, la nation s'était instruite et avait conscience de ses droits. Elle réclamait l'égalité devant la loi et devant l'impôt, afin que les mêmes charges fussent supportées par tous les Français, et que tous pussent parvenir à tous les emplois sans autre titre que leur mérite personnel ; elle demandait la liberté de conscience, la liberté d'écrire, la liberté du travail ; elle voulait que le bon plaisir du roi ne fût plus la seule règle ; qu'il y eût à côté de lui des députés élus pour faire les lois et veiller à leur exécution, pour fixer le chiffre des impôts et contrôler l'emploi de la fortune publique. Le mécontentement était grand, et tout démontrait que, si le roi ne se résignait point à céder aux demandes si justes du Tiers État, si les ordres privilégiés ne consentaient point volontairement à la suppression des abus dont ils profitaient, il y aurait une grande révolution ; qu'elle serait prochaine, peut-être sanglante.

Tel était l'état de la France lorsque Turgot fut appelé au contrôle général des finances. C'était un homme intelligent, laborieux, honnête, de mœurs austères, qui voulait le bien et connaissait les moyens d'y parvenir. Né en 1727 et fils d'un prévôt des marchands de la ville de Paris, il s'était fait connaître dès l'âge de vingt-deux ans par une *lettre sur le papier-monnaie* et un discours *sur les progrès successifs de l'esprit humain*. Collaborateur de l'Encyclopédie, élève de Quesnay et de Gournay, et lui-même économiste distingué, il composa un remarquable traité *sur la formation et la distribution des richesses*.

Le château de Versailles.

En 1761, il fut nommé à l'*intendance de Limoges*. Il essaya dans les limites de sa province les réformes qu'il aurait voulu voir appliquer à tout le royaume, établit la libre circulation des grains, supprima la corvée, ouvrit des routes, organisa des ateliers de charité, consacra ses revenus au soulagement des pauvres, et fit connaître au peuple le bienfaisant usage de la pomme de terre. Il écrivait à ses subordonnés : « Le soulagement des hommes qui souffrent est le devoir de tous et l'affaire de tous. » Il obtint ainsi la célébrité qui le fit appeler par Louis XVI au contrôle général des finances.

A son entrée au ministère (juillet 1774), il exposa au roi son programme : point de banqueroute, point d'impôts nouveaux, point d'emprunts ; abolition de la corvée qui pesait sur les pauvres, des jurandes, des maîtrises, des douanes intérieures ; destruction des privilèges, et établissement d'un impôt territorial qui pèserait sur les nobles et le Clergé aussi bien que sur le Tiers État. Il allait avoir à lutter contre les faiblesses du roi, la légèreté de la reine, la mauvaise volonté de la cour, l'opposition intéressée des privilégiés et des Parlements.

Turgot se mit courageusement à l'œuvre. Le 13 septembre 1774, un arrêt du conseil ordonna la *libre circulation des grains et farines* dans l'intérieur du royaume ; le commerce de la boulangerie était aussi déclaré libre. Excellentes en principe, ces mesures, dans les circonstances présentes, étaient peut-être trop précipitées. La récolte de 1774 fut mauvaise, le prix du pain monta pendant l'hiver et devint considérable. Le peuple souffrait. Les privilégiés et les monopoleurs ne perdaient pas, d'ailleurs, une occasion de l'exciter contre Turgot : si le pain était cher, disaient-ils, c'était que la liberté du commerce des grains permettait les accaparements. Des hommes armés, poussés par la faim ou peut-être soudoyés par les ennemis de Turgot, envahirent les marchés de Pontoise,

Poissy, Saint-Germain, pour y piller les farines. Ils entrèrent à Versailles en tumulte le 2 mai.

Le lendemain, Paris fut en proie à l'émeute; on pilla les boutiques des boulangers. Turgot se fit donner l'intérim du ministère de la guerre. Les gardes françaises et suisses, les mousquetaires, la maison du roi, sous les ordres du maréchal de Biron, occupèrent les passages de la Seine au-dessus et au-dessous de Paris, ceux de la Marne et de l'Oise; une nouvelle émeute qui avait éclaté à Pontoise fut réprimée.

Ainsi finit le triste épisode du règne de Louis XVI connu sous le nom de *guerre des Farines*.

Turgot ne s'en tint pas à la proclamation du libre commerce des grains. Le 3 février 1776, un édit abolit la corvée, et la remplaça par un impôt territorial qui devait peser sans exception sur tous les biens soumis aux *vingtièmes*, c'est-à-dire sur ceux des nobles aussi bien que des roturiers. La résistance des premiers fut acharnée. Le prince de Conti osa prétendre qu'il n'était pas permis de substituer un impôt quelconque à la corvée, parce que ce serait effacer sur le front de la plèbe la tache originelle de sa servitude. Le Parlement, que cette mesure atteignait comme les autres privilégiés, ne résista pas avec moins de violence : « Le peuple de France, disaient les magistrats, est taillable et corvéable à volonté; c'est une partie de la Constitution que le roi ne peut changer. » Loin de se laisser décourager, Turgot ajouta un second édit au premier : les jurandes et maîtrises étaient déclarées abolies, et le travail libre. Le 12 mars 1776, le roi, dans un lit de justice, obligea le Parlement à enregistrer les deux ordonnances.

Pendant ce temps, l'ami de Turgot, Malesherbes, travaillait résolument de son côté dans la voie des réformes. D'abord président de la cour des aides, il s'était montré incorruptible à une époque où la magistrature était tombée bien bas. Directeur de la librairie, il avait protégé Rousseau et corrigé de sa main les épreuves de l'*Émile*. Ministre de la maison du roi, il fit diminuer le nombre des lettres de cachet, qu'il aurait voulu détruire; il ne cessa de réclamer des économies. Il demanda un des premiers la réunion des États Généraux. Plus tard, il devait faire rendre aux protestants leur état civil. Harcelé par les privilégiés, mal soutenu par le roi, Malesherbes se découragea et donna sa démission.

Turgot montra plus de fermeté. Chaque jour il réalisait quelque amélioration nouvelle: il anéantit une multitude de monopoles, favorisa la navigation intérieure, enleva à l'Hôtel-Dieu de Paris le privilège de vendre exclusivement de la viande pendant le carême et pourvut au perfectionnement des routes et des moyens de transport. Il encouragea l'établissement d'une *caisse d'escompte*, pour abaisser le prix des capitaux, ranima le crédit à force de loyauté, et réduisit l'ancien déficit de vingt-deux millions à quinze. « C'était faire plus et mieux, en vingt mois, que n'avaient fait dans le cours d'une longue carrière les ministres les plus puissants et les plus hardis. » Malgré tant de services, il fut disgracié. Louis XVI le sacrifia aux exigences de sa femme, de sa famille, de ses courtisans : le 12 mai 1776, Turgot quitta le ministère au milieu des regrets de la France. Il devait mourir en 1781. Avec lui disparurent les dernières espérances d'une réforme pacifique.

Neuf ans après, le 5 mai 1789, les États Généraux se réunirent à Versailles, et, par la Révolution Française, la nation rentra en possession de ses droits.

XXVI. Pierre le Grand, fondateur de Saint-Pétersbourg.

L'empire de Russie est actuellement le plus vaste de l'univers, puisqu'il comprend à peu près la moitié orientale de l'Europe, et la moitié septentrionale de l'Asie. Sa population, de race slave, dépasse 88 millions d'habitants. Sa capitale, Saint-Pétersbourg, est située à l'embouchure de la Néva, sur le Golfe de Finlande, que forme la Mer Baltique. La ville principale est ensuite Moscou. C'est en Russie que se trouve le fleuve le plus long de l'Europe, le Volga, tributaire de la Mer Caspienne.

On rapporte la fondation de l'empire russe à un Scandinave, le varègue Rourik ou Rurik, originaire, dit-on, de Roslagen, en Suède, et qui vint s'établir en 862 dans la ville de Novgorod, à l'endroit où le Volkhof sort du lac Ilmen. Les descendants de Rurik fondèrent de nombreuses principautés, à Smolensk et à Kief sur le Dniéper, à Vladimir, à Rostof, à Tchernigof, à Galich, etc. Sous les règnes de Vladimir (972-1015) et Iaroslaf (1015-1054) la Russie devint chrétienne du rite grec orthodoxe. C'est à l'empire romain d'Orient, dont Constantinople était la capitale, qu'elle dut sa civilisation première.

La Russie fut arrêtée dans son développement par l'invasion des Tatars Mongols, venus du centre de l'Asie sous les fils du célèbre conquérant Gengis-Khan (le seigneur Gengis, 1154-1227). Ces sauvages cavaliers, vainqueurs à la bataille du Kalka (1224), prirent Kief en 1240, détruisirent une partie des principautés russes, et rendirent les autres tributaires. Pendant deux cent quarante ans les Tatars opprimèrent la Russie. Enfin Ivan III le Grand (1462-1505), prince de Moscou, la rendit indépendante et la réunit en un seul État; au siècle suivant, Ivan IV le Terrible (1533-1584), également célèbre par ses cruautés et par ses victoires, prit le titre de *tzar*, et conquit Kasan et Astrakan. Sous son règne, le Kosak Irmak s'empara de la Sibérie.

La dynastie des Rurik, qui régnait depuis sept siècles, finit dans la personne des fils d'Ivan le Terrible, Féodor Ivanovitch et Dmitri ou Démétrius. La Russie fut alors livrée à des guerres civiles, qui se

términèrent par l'avènement de la maison de Roma-
nof en 1613. La grandeur de la Russie, qu'on nommait alors la *Moscovie*, ne remonte pourtant qu'à
1682, à l'avènement de Pierre Ier.

Pierre, plus tard surnommé *le Grand*, n'avait alors
que dix ans ; son frère Ivan, dont l'esprit était faible,
partagea le titre de *tzar* avec lui. Leur sœur aînée
Sophie gouverna d'abord comme régente. Elle obligea, par le traité de Smolensk, les Polonais à lui
rendre cette ville et celle de Kief ; elle voulait, dit-on,
se faire proclamer *tzarine* et épouser le prince Galitzine. Pierre, parvenu à l'âge de dix-sept ans, s'empare du pouvoir avec l'aide d'un garçon pâtissier
nommé Mentzikof ; il exile Galitzine, enferme Sophie
dans un monastère, et prend Mentzikof pour ministre.

Le jeune tzar était donc maître de l'empire, mais
d'un empire encore barbare. La Russie avait pour
capitale Moscou, ville éloignée de la mer et sans dé-
bouchés ; ses seuls ports étaient, au nord, Arkhangel,
sur la Mer Blanche, que les glaces rendent imprati-
cable huit mois par an, et Astrakan, au midi, sur la
Mer Caspienne, qui n'est qu'un grand lac, fermé par
conséquent de toutes parts. Les Suédois étaient
maîtres des côtes de la Mer Baltique, les Turcs de
celles de la Mer Noire, les Tatars de Crimée de celle
de la Mer d'Azof. Le clergé russe obéissait au patriarche de Moscou, plus puissant que le souverain ;
il n'y avait d'autre armée que les Strélitz, milice in-
disciplinée, à chaque instant en révolte ; les paysans
étaient serfs ; les boyards ou seigneurs étaient
presque indépendants sur leurs domaines.

Pierre entreprend de changer tout cela : il veut
être le maître, et le seul maître. Il veut que la Russie
devienne un État européen, qu'elle ait une industrie,
un commerce, des côtes surtout, et pour capitale un
port de mer. Où le chercher? D'abord il alla au sud ;
il prit Azof après deux ans de guerre en 1696. Mais
Azof était au fond de la Mer d'Azof, qui est elle-même

au fond de la Mer Noire, qui est elle-même au fond de la Mer Méditerranée. Il renonça donc à faire sa capitale d'une ville d'où il eût été impossible de lancer une flotte sur la mer libre. De concert avec les Russes Sheremetof et Mentzikof, avec l'Écossais Gordon, le Génevois Lefort, et un Allemand, le duc de Croï, il organisa une armée régulière. Les deux premiers régiments portèrent les noms de *Préobajenski* et de *Semenowski*; pour enseigner l'obéissance aux seigneurs par son exemple, il voulut passer dans ses propres troupes par tous les grades : on le vit, la première fois que les soldats de Préobajenski sortirent dans les rues de Moscou, battre la caisse à leur tête comme tambour. Il supprima la dignité de patriarche de Moscou, en donnant la direction du clergé russe à un synode qu'il nommait lui-même.

Pourtant il lui manquait quelque chose : il comprit qu'avant de faire de ses sujets des Européens, il fallait lui-même voir l'Europe. Il voyagea pour apprendre, parcourut l'Allemagne et la Hollande, où il se fit inscrire sur les registres des charpentiers de Saardam et travailla de ses mains à la construction d'un navire.

Son retour en Russie fut hâté par la nouvelle d'une révolte des Strélitz. Il revient, les bat, les prend, les massacre. Son caractère était resté féroce : il coupait de ses propres mains, à coups de hache, la tête de ses malheureux prisonniers.

Pierre le Grand.

Avoir pour capitale un port de mer était toujours son idée fixe. Il voulut le construire sur la Mer Baltique, et, pour cela, *s'ouvrir une fenêtre* de ce côté aux dépens des Suédois. Le jeune roi de Suède, Charles XII, qui régnait depuis 1697, n'avait que dix-huit ans. Pierre s'unit avec Auguste II de Saxe, roi de Pologne, et Frédéric IV, roi de Danemark, pour le dépouiller. Mais Charles XII était un héros, d'une vigueur indomptable, soldat intrépide et grand capitaine. Il débarque devant Copenhague, bat les Danois et les contraint au traité de Travendal. Puis il vient aborder en Ingrie et inflige aux Russes la mémorable défaite de Narva le 30 novembre 1700.

Pierre ne se laissa point décourager. Pendant que son rival triomphait d'Auguste II, le chassait de Pologne, le poursuivait en Saxe, et faisait élire Stanislas Leczynski roi de Pologne, le tzar enlevait l'Ingrie aux Suédois. C'est là qu'il commença en 1703 la fondation de sa capitale, Pétersbourg ou Saint-Pétersbourg. Cette ville fut placée à l'embouchure de la Néva, c'est-à-dire à l'ouest du Lac Ladoga, à l'est du Golfe de Finlande, abritée du côté de la mer par l'île de Cronstadt, qui devint un grand port militaire et une place forte. Le sol sur lequel s'éleva Pétersbourg était malsain, marécageux, mouvant : il fallut y entasser d'énormes amas de pierres, de terres, de sables ; des milliers d'hommes périrent au travail. Enfin la volonté du tzar l'emporta : le sol fut conquis, devint solide, et la ville se dressa.

Quand le roi de Suède reparut, à son retour d'Allemagne, les épreuves recommencèrent pour Pierre le Grand : Charles XII envahit la Russie ; il gagna les batailles de Hollosin et de Smolensk ; mais ensuite il se détourna vers l'Ukraine, où l'appelait l'hetman ou chef des Kosaks, Mazeppa. Le tzar vint l'y chercher, et remporta une victoire décisive à Pultava le 8 juillet 1709.

Le roi de Suède vaincu se sauva chez les Turcs, au

milieu desquels il demeura cinq ans; il les décida même à faire la guerre à la Russie. Pierre vint les combattre; mais il fut cerné par une armée supérieure en nombre aux bords du Pruth. Il semblait sur le point de périr; heureusement pour lui, sa seconde femme, Catherine, l'accompagnait (il avait répudié la première, Eudoxie Lapouschkine). Catherine alla trouver le grand vizir, c'est-à-dire le premier ministre et général en chef du sultan des Turcs, et obtint la paix à condition de rendre Azof (1711).

Pierre se vengea sur les Suédois. Déjà il avait renversé leur protégé Stanislas Leczynski, et rétabli en Pologne Auguste II. Charles XII, enfin revenu dans ses États, ne put, malgré son courage, sauver la ville de Stralsund, assiégée par les Russes, les Saxons, les Danois et les Prussiens. Il périt en 1718 au siège de Frédérikshaal, ville de Norwège, qu'il voulait enlever aux Danois. Après sa mort, la Suède, par le traité de Nystad, fut obligée de céder aux Russes la Carélie, l'Ingrie, l'Esthonie et la Livonie, sur les côtes de la Baltique.

Pierre avait entrepris dans l'Europe occidentale, en Allemagne, en Hollande, en France, un second voyage, triomphal cette fois. Mais s'il était devenu puissant et célèbre, il n'avait pas cessé d'être cruel. Alexis, fils né de son premier mariage, et dont la mère avait été répudiée, accusé d'être l'ennemi des réformes paternelles, fut condamné à mort et exécuté.

Le tzar vainquit encore les Persans, auxquels il enleva une partie du littoral de la Mer Caspienne. Il fit exploiter les mines des Monts Ourals. Il conclut avec la Chine un traité pour établir un commerce d'échanges par Kiakta, entre la Sibérie et la Mandchourie. Il envoya des colons dans la presqu'île de Kamtchatka, à l'est de la Sibérie. Enfin, un marin danois au service de la Russie, le capitaine Behring, découvrit entre l'Asie et l'Amérique le détroit qui porte son nom.

Pierre le Grand mourut en 1725, et fut remplacé sur le trône de Russie par sa veuve, Catherine Ire. Plus tard une autre impératrice de Russie, Catherine II, qui régna de 1762 à 1796, partagea trois fois la Pologne avec la Prusse et l'Autriche[1], en 1772, en 1793 et en 1795 ; elle enleva aux Turcs la Crimée[2], et toutes les côtes de la Mer Noire à l'est du Dniester. Depuis ce temps, la Russie n'a point cessé de s'agrandir : sous Alexandre Ier (1802-1825), elle a conquis la Finlande sur les Suédois, la Bessarabie sur les Turcs, et acquis le royaume de Pologne. Sous Nicolas Ier (1825-1855) et sous Alexandre II (1855-1881), elle a conquis le Caucase et la plus grande partie du Turkestan.

XXVII. Frédéric II, fondateur de la puissance prussienne.

La monarchie prussienne, le plus jeune des grands États européens, doit son origine à la réunion de deux provinces fort éloignées l'une de l'autre : le Brandebourg et la Prusse.

La marche ou margraviat de Brandebourg est située au centre de l'Allemagne : c'est un pays de grandes plaines, sablonneux et peu productif, arrosé par deux fleuves, l'Oder, qui se jette dans la Mer Baltique, et l'Elbe qui se jette dans la Mer du Nord. L'Elbe reçoit à droite le Havel, grossi lui-même, à gauche, de la Sprée. Sur cette dernière rivière se trouve Berlin, la capitale du pays.

Le duché de Prusse est situé au nord-est de l'Allemagne, au bord de la Mer Baltique, entre la Vistule à l'occident et le Niémen à l'orient. Kœnigsberg, à l'embouchure du Prégel, en est la ville principale.

1. L'Autriche ne prit point part au second partage.
2. Plus exactement aux Tatars, vassaux des Turcs.

On nommait *marche* ou *margraviat*, au moyen âge, un territoire de frontière administré militairement par un *margrave* ou *marquis*, chargé de tenir en respect les Barbares. La marche de Brandebourg fut créée vers 962 par l'empereur d'Allemagne Othon le Grand, pour résister aux Slaves. En 1417, la maison de Hohenzollern obtint le margraviat de Brandebourg, auquel était attaché le titre d'*électeur*. Les électeurs étaient les sept princes qui nommaient l'empereur d'Allemagne. En voici la liste : les archevêques de Trèves, de Cologne, de Mayence ; le comte palatin du Rhin, le margrave de Brandebourg, le duc de Saxe, le roi de Bohême. — Le Hohenzollern est un petit pays situé sur les deux rives du Danube, à l'est de la Forêt-Noire. — Devenus maîtres du Brandebourg, les princes de Hohenzollern se firent protestants au seizième siècle.

Ils acquirent bientôt après la Prusse. Ce pays doit son nom aux Borusses, peuplade slave qui resta indépendante dans ses forêts sauvages jusqu'en l'an 1230. A cette époque, un ordre de chevaliers religieux, les Chevaliers Teutoniques, attaqua leur pays ; il s'en empara après une longue lutte, en 1283, y apporta le christianisme, et fonda Marienbourg, Marienwerder, Elbing, Kœnigsberg. En 1525, un cadet de la maison de Hohenzollern, Albert de Brandebourg, était grand maître de l'Ordre Teutonique. On était à l'époque de la Réforme, c'est-à-dire de la révolution religieuse, dont Luther en Allemagne, Calvin en France et à Genève, furent les auteurs : cette révolution divisa les chrétiens d'Occident en catholiques et protestants. Albert de Brandebourg se fit protestant et devint duc de Prusse. En 1618, le duché de Prusse fut réuni par héritage au margraviat de Brandebourg.

Le plus célèbre souverain des deux pays au dix-septième siècle fut Frédéric-Guillaume, connu sous le nom de *Grand Électeur* (1640-1688). Il acquit

9.

Clèves, Magdebourg, soutint les Hollandais contre le roi de France Louis XIV, et vainquit en 1675 les Suédois à la bataille de Fehrbellin ; enfin, il profita de la plus grande faute du roi de France : Louis XIV ayant, en 1685, révoqué l'Édit de Nantes, dont son aïeul Henri IV était l'auteur, c'est-à-dire interdit l'exercice de la religion protestante dans ses États, des milliers de protestants quittèrent notre pays pour conserver le libre exercice de leur culte. Le Grand Électeur s'empressa de leur ouvrir un asile : ces réfugiés augmentèrent par leur nombre, leur travail et leur intelligence la prospérité de ses États.

Frédéric III, fils de Frédéric-Guillaume, prit, en 1701, le titre de *roi de Prusse* et le nom de *Frédéric Ier*. Il fut ainsi le premier roi de Prusse, et régna de 1701 à 1713. Le second roi de ce pays fut son fils Frédéric-Guillaume Ier, grand fumeur, grand buveur de bière, surnommé *le roi sergent*, à cause du soin minutieux qu'il prenait à l'organisation de son armée. Il amassa un trésor respectable, et entretint sous les armes 76 000 hommes. Il était fier surtout de posséder pour sa garde un régiment de grenadiers géants. Ce souverain, que son beau-frère le roi d'Angleterre appelait « *mon frère le caporal,* » enleva aux Suédois Stettin et une partie de la Poméranie. Il régna vingt-sept ans (1713-1740), et traita ses enfants avec la même dureté que ses sujets.

Son fils aîné, le prince royal Frédéric, né en 1712, avait eu un Français pour précepteur. Il montra dans sa jeunesse un goût très vif pour la littérature française, la poésie et la musique. Il jouait de la flûte et composait des vers en français. Voltaire était le plus célèbre écrivain du temps : il entra en relations avec lui, lui écrivit des lettres remplies des éloges les plus flatteurs, et dans lesquelles il se déclarait son admirateur, son disciple et son ami. Cependant Frédéric-Guillaume, irrité contre son fils, auquel il reprochait de n'avoir pas des goûts assez militaires, le maltraitait cruellement. Le prince royal résolut de prendre la fuite : il fut arrêté avec son ami Katt, que le roi fit décapiter sous ses yeux. Menacé d'un sort semblable, le prince fut pourtant sauvé par les prières de sa mère et de ses sœurs.

Enfin, la mort de son père lui donna la couronne en 1740. Il prit le nom de *Frédéric II* et régna 46 ans (1740-1786). En lisant les lettres qu'il écrivait jusque-là à Voltaire, on aurait pu croire qu'il allait consacrer sa puissance à rendre les hommes heureux, à encourager l'agriculture et le commerce, à fonder des manufactures, et à augmenter l'industrie dans ses États. Ce qu'il entreprit, ce fut de rendre son royaume plus grand par la guerre aux dépens de ses voisins. L'empereur d'Allemagne Charles VI de Habsbourg ou d'Autriche était mort en 1740, laissant pour unique héritière sa fille, Marie-Thérèse, mariée avec François de Lorraine, grand-duc de Toscane. Toute l'Europe avait sanctionné les dispositions prises par l'Empereur au profit de sa fille et de son gendre, dans un acte nommé *Pragmatique Sanction*. Cependant la France, la Bavière, la Saxe, l'Espagne, Naples, s'unirent pour les dépouiller. Frédéric se joignit à elles. Il en résulta la *Guerre de la Succession d'Autriche* (1741-1748). Ce que voulait le roi de Prusse, c'était la possession de la Silésie, riche province, arrosée par l'Oder, et dont la principale ville est Breslau. Il l'obtint par les victoires de Molwitz (1741), de Czaslau ou Chotuzitz (1742), et par le traité de Breslau (1742). A la suite d'une nouvelle prise d'armes, trois fois vainqueur à Friedberg, Sohr et Kesseldorf, il se fit confirmer son acquisition par le traité de Dresde (1745).

Il resta en paix onze ans. Il attira autour de lui à Berlin et à Potsdam de nombreux écrivains français : Voltaire, qui séjourna trois ans en Prusse (1750-1753), et avec lequel il se brouilla ; le géomètre Maupertuis, président de l'Académie de Berlin ; le médecin Lamettrie, le marquis d'Argens, le professeur Thiébault.

Mais le roi de Prusse ne négligeait pas d'augmenter son armée et de se préparer à de nouvelles conquêtes.

L'occasion lui parut favorable en 1756. La terrible *Guerre de Sept ans* venait de commencer entre la France et l'Angleterre, qui se disputaient le commerce et la possession de l'Hindoustan et de l'Amérique du Nord. Les voyant ainsi occupées, Frédéric crut pouvoir faire de nouvelles conquêtes en Allemagne sans rencontrer d'autre adversaire que l'Autriche, et il envahit l'électorat de Saxe. Ses prévisions ne se réalisèrent pas. L'impératrice Marie-Thérèse, le roi de France Louis XV, la tzarine de Russie Élisabeth, le roi de Suède Adolphe-Frédéric d'Eutin, se coalisèrent contre la Prusse, aidée, il est vrai, par les subsides de l'Angleterre.

Seul contre tous, Frédéric résista pendant sept ans, grâce à son génie, à la fécondité de ses conceptions, à la rapidité de ses coups, à la solidité de ses troupes, grâce aussi à l'incapacité et au manque d'entente de ses adversaires. En 1756, il bat l'Autrichien Brown à Lowositz, en Bohême, et capture l'armée saxonne à Pirna en Saxe; en 1757, il bat encore Brown devant Prague; mais il perd contre Daun la bataille de Kollin, pendant que les Russes gagnent sur les Prussiens la bataille de Jagerndorf, près de Kœnigsberg; qu'une armée française, sous les ordres du maréchal de Richelieu, s'empare du Hanovre; qu'une autre armée française, commandée par le prince de Soubise, avance en Thuringe, et que les Suédois pénètrent au nord en Poméranie. Frédéric semble perdu. Il reprend l'avantage par deux victoires éclatantes, remportées à un mois de distance, à Rosbach, en Saxe, contre le Français Soubise; à Leuthen ou Lissa, en Silésie, contre l'Autrichien Daun. En 1758, le roi de Prusse repoussa le Russe Fermor à la bataille de Zorndorf; mais il fut vaincu par l'Autrichien Daun à la bataille de Hochkirchen. Les Prussiens furent mis en déroute en 1759 à Zullichau et à Kunersdorf par le Russe Soltikow et l'Autrichien Laudon. Malgré les succès de Frédéric II en 1760 à Liegnitz contre Laudon, et à Torgau contre Daun, les Prussiens auraient été accablés par le nombre; mais la tzarine Elisabeth, l'implacable ennemie de Frédéric II, mourut à la fin de 1761. Pierre III, son neveu et son successeur, au lieu de continuer la guerre contre la Prusse, fit alliance avec elle. Tranquille de ce côté, Frédéric put battre les Autrichiens à Schweidnitz et à Freyberg, et signer, enfin, la paix de Huberstbourg. Il sortait de cette lutte sans exemple, épuisé, mais debout, avec son territoire intact et une réputation incomparable.

Par une suite d'habiles mesures, Frédéric rétablit dans ses États l'agriculture. Il remit à la Silésie six mois de taxes, distribua aux paysans dix-sept mille chevaux, construisit et peupla près de trois cents villages, bâtit aux dépens du Trésor, en Poméranie, douze cents maisons en une seule année (1763), établit sur le territoire de Magdebourg les émigrés de Voigtland et les habitants protestants de Salzbourg chassés par leur archevêque; pendant la famine de 1772, il attira aussi en Prusse quarante mille paysans bohémiens ou saxons.

Frédéric II.

Les marais de la Poméranie furent défrichés, plantés d'arbres, sillonnés de routes nombreuses. Des canaux mirent en communication la Vistule avec l'Oder, l'Oder avec la Sprée, le Havel et l'Elbe. Le port de Swinemunde fut creusé, la compagnie d'Embden instituée pour commercer avec la Chine. Des manufactures de draps, de coton, de soie, de porcelaines, de cuirs, des fabriques de sucre, des verreries, furent créées à Berlin, Potsdam, Magdebourg, Spandau, Custrin, Kœnigsberg et Francfort-sur-l'Oder. Une banque royale fut instituée à Berlin, (1765), et en 1770 la création d'une *caisse hypothécaire* permit aux propriétaires fonciers d'emprunter à un taux modéré. La Prusse se trouva, dès cette époque, le seul pays de l'Europe où les nobles et le clergé payassent des impôts. En même temps, le grand chancelier Cocceji (1744-1750), et, après lui, Cramer revisaient les codes prussiens.

En même temps qu'il organisait ses États, Frédéric saisit une nouvelle occasion de les agrandir, par un crime, il est vrai. Les dissensions de la Pologne livraient ce malheureux pays à la merci de ses voisins ambitieux; Frédéric s'entendit avec Catherine II, alors tzarine de Russie, pour le partager. Les souverains de l'Autriche, l'impératrice Marie-Thérèse et son fils Joseph II, ne pouvant ou n'osant combattre seuls les Russes et les Prussiens, se joignirent à eux pour effectuer le premier partage de la Pologne. Le roi de Prusse prit pour lui les deux rives de la Vistule au bord de la Mer Baltique. De la sorte, la province de Prusse, jusque-là isolée du reste de la monarchie, s'y trouva solidement rattachée. Si Frédéric était insatiable quand il s'agissait d'acquérir pour lui-même, il empêchait soigneusement les États voisins d'en faire autant de leur côté: c'est ainsi qu'en 1779 et 1785, l'empereur Joseph II ayant voulu s'emparer de la Bavière, il le contraignit deux fois à s'arrêter. Frédéric mourut le 17 août 1786. L'Europe lui a donné le surnom de *Grand*, l'Allemagne celui d'*Unique*.

Son neveu et successeur, Frédéric-Guillaume II (1786-1797), ayant voulu attaquer la Révolution française, fut vaincu à Valmy en 1792, et, par la paix de Bâle, en 1795, perdit ce qu'il possédait sur la rive gauche du Rhin. Frédéric-Guillaume III (1797-1840) éprouva pendant la première partie de son règne de terribles désastres. En 1806, la Prusse fut envahie par Napoléon 1er, empereur des Français. En un jour, les Prussiens furent écrasés aux batailles d'Iéna et d'Auerstaedt (14 octobre 1806). Le vainqueur occupa Berlin, triompha l'année suivante des Prussiens et des Russes, leurs alliés, à Friedland, et, par le traité de Tilsitt, diminua de près de moitié les États de Frédéric-Guillaume III. Tout changea en 1813. La Prusse se joignit aux autres États de l'Europe exaspérés par l'ambition de Napoléon. Sous les ordres de Blücher, qu'ils surnommaient le *maréchal en avant*, les Prussiens entrèrent deux fois dans Paris : après Leipzig et après Waterloo, en 1814 et en 1815. Les traités de Vienne leur donnèrent la Prusse rhénane.

De 1840 à 1861, la Prusse eut pour roi Frédéric-Guillaume IV. Il fut remplacé en 1861 par son frère Guillaume 1er. Dirigé en politique par le comte de Bismarck, à la guerre par le feld-maréchal de Moltke, le roi Guillaume, de concert avec l'empereur d'Autriche François-Joseph, attaqua en 1864 le Danemark. Victorieux à Sonderbourg-Duppel, les deux alliés se firent céder le Lauenbourg, le Holstein et le Sleswig. Ensuite, quand il s'agit de partager les dépouilles, ils se brouillèrent. Dans la terrible guerre de 1866, les Prussiens furent vainqueurs à la bataille décisive de Sadowa ou de Kœniggrætz. Ils imposèrent aux vaincus le traité de Prague : le Sleswig-Holstein, le Hanovre, le Nassau, la Hesse-Cassel, Francfort-sur-le-Mein, furent réunis à la Prusse. Enfin, en 1870, l'incroyable imprudence de l'empereur Napoléon III, qui déclara la guerre au roi Guillaume, quand rien n'était prêt en France pour attaquer ni pour se défendre, valut à notre pauvre pays de grands désastres, et aux Prussiens de nouveaux succès. Après les capitulations de Sedan, de Metz et de Paris, le traité de Francfort nous enleva deux provinces, françaises de cœur, l'Alsace et la Lorraine. Guillaume 1er avait déjà reçu à Versailles même, des princes allemands ses alliés, le titre d'*Empereur d'Allemagne*.

XXVIII. Washington, libérateur et fondateur des États-Unis.

Lorsqu'on part des côtes occidentales de France en bateau à vapeur, et qu'on se dirige toujours vers l'ouest à travers l'Océan Atlantique, après huit ou dix jours de navigation, on arrive dans les *États-Unis de l'Amérique du Nord*. Cette république, fondée en 1776, n'existe donc que depuis un peu plus d'un siècle, et pourtant elle compte 50 millions d'habitants, et sa population s'accroît plus vite que celle d'aucune contrée. Elle renferme le gigantesque fleuve Mississipi, qui est, avec son affluent, le Missouri, le plus long de la terre ; on y trouve les Montagnes Rocheuses et les Monts Alléghanys. Il y a là des villes immenses : New-York, Brooklyn, Chicago, Saint-Louis, Boston, Philadelphie, Baltimore, Washington, la Nouvelle-Orléans, San-Francisco. Les États-Unis, dans leur vaste étendue, contiennent tous les climats et offrent des productions végétales et minérales de toute espèce. Les chemins de fer y sont plus multipliés que partout ailleurs. Les habitants, les *Yankees*, sont renommés pour leur activité industrielle, et l'énergie entreprenante de leur caractère.

Ce pays a été découvert en 1584 par l'amiral anglais Walter Raleigh, qui lui donna le nom de *Virginie*, et en rapporta le tabac et la pomme de terre, auparavant inconnus en Europe. De cette époque jusqu'en 1732, les Anglais fondèrent successivement dans cette région 13 colonies, qui étaient, en allant du nord au sud : le New-Hampshire, le Massachussets, le Connecticut, le Rhode-Island, le New-York, le New-Jersey, la Pensylvanie, le Maryland, la Delaware, la Virginie, la Caroline du Nord, la Caroline du Sud et la Géorgie.

Les colons appartenaient à différentes sectes de la religion protestante : les uns étaient des *puritains*, ainsi nommés à cause de la *pureté*, de l'austérité de leurs mœurs ; les autres des *amis*, ainsi appelés parce qu'ils disaient que l'amitié doit régner entre tous les hommes ; on les surnommait par dérision des *quakers* ou *trembleurs*, parce qu'ils prétendaient que la présence de l'esprit divin se manifestait en eux par un tremblement. Tous les Américains étaient également attachés à leur liberté politique et religieuse et animés d'un grand esprit d'indépendance.

Pendant longtemps, ils n'avaient pas payé d'impôts à l'Angleterre, leur métropole ; mais en 1763 la dette publique de la Grande-Bretagne était énorme. Les *torys* ou conservateurs avaient remplacé à la tête du gouvernement anglais les *whigs* ou libéraux. Leur chef, le ministre Granville, transporta en 1764 au Parlement britannique le droit de taxer les colonies : c'était violer le principe que *tout impôt est illégal s'il n'est librement consenti par ceux qui doivent le payer, ou par leurs représentants*. Mais le ministère prétendait que les colonies, dans l'intérêt desquelles la guerre avait été entreprise, et qui en recueillaient les meilleurs fruits, devaient supporter une portion des charges publiques. En 1765, le *bill du timbre* obligea les Américains à se servir, pour leurs transactions commerciales ou leurs actes civils, d'un papier timbré fabriqué à Londres, et qui se vendait fort cher. Les colonies protestèrent par la bouche de Franklin ; Pitt appuya leurs réclamations dans la Chambre des Communes ; le ministère tomba, et l'acte du timbre fut révoqué (1766). Pitt, nommé lord Chatham, rentra au ministère, où il devait rester deux ans.

Malheureusement, par le bill déclaratoire, le principe que le Parlement pouvait faire des lois obligatoires pour les colonies avait été maintenu (1766). En 1767, un autre ministre, lord North, mit un droit d'importation sur le verre, le papier, le cuir, les couleurs et le thé. Le débat se prolongea pendant plusieurs années; l'irritation s'accrut de part et d'autre. Les Américains finirent par être exaspérés, et les habitants de Boston jetèrent à la mer soixante caisses de thé qui arrivaient de la métropole (1774). La guerre était commencée.

Les Américains trouvèrent heureusement pour la diriger un homme admirable par son intelligence, son courage, et plus encore par ses vertus. Georges Washington sut à la fois se montrer brave soldat, habile général, politique sagace et patient : comme ses résolutions étaient inspirées par sa raison et par son cœur, non par son imagination ou son intérêt personnel, elles ne variaient plus une fois prises. Jamais la bonne fortune ne put l'enorgueillir, ni la mauvaise l'abattre. Il était calme et tenace; il possédait au plus haut degré les qualités les plus nécessaires en ce monde pour accomplir une œuvre durable : le sang-froid et la volonté. Modeste et bon, il se faisait aimer, tout en inspirant le respect; il mérita toujours, et ne cessa jamais de posséder la confiance de ses concitoyens.

Il naquit le 22 février 1732 à Bridge's Creek, au bord du Potomac, en Virginie. Ses parents étaient planteurs. Il perdit son père quand il n'avait que onze ans, et fut élevé par sa mère, qui lui donna l'exemple de la vertu et du travail. Agriculteur, arpenteur, chasseur, il se prépara, par de longues courses dans les forêts, au milieu des Indiens, aux fatigues de la guerre. Quand la lutte commença entre les Français et les Anglais, pour la possession du continent américain, Washington fit contre les Français ses premières armes, avec le grade de colonel des milices. Le 27 mai 1754, il surprit et détruisit un détachement commandé par le major Jumonville, qui fut tué. Cependant bientôt après, il dut céder au Français de Villiers, par une capitulation, le Fort de la Nécessité. L'année suivante, il assista, au bord du Monongahéla, au milieu des forêts, à la bataille dans laquelle le général Braddock fut vaincu et blessé à mort par les Français (9 juillet 1755). Dans cette rencontre, Washington eut ses habits percés de quatre balles, et deux chevaux tués sous lui. Trois ans plus tard, il s'empara du Fort Duquesne (Pittsbourg), le 25 novembre 1758. Ensuite, ayant quitté l'armée, il se maria, à l'âge de 27 ans, et s'établit dans sa propriété de Mount-Vernon, en Virginie, où il vécut en planteur laborieux et en père de famille.

C'est de là qu'il partit comme député de la Virginie au Congrès de Philadelphie, que les Américains réunirent au début de leur lutte contre les Anglais. Un avantage obtenu au combat de Lexington (19 avril 1775) exalta le courage des *Insurgents*. Nommé général en chef, Washington bloque le général anglais Gages à Boston, et oblige l'ennemi à sortir de cette ville (17 mars 1776). Le 4 juillet de cette même année 1776, le congrès de Philadelphie proclama l'indépendance du pays sous le nom de *République des États-Unis de l'Amérique du Nord*. Des volontaires accoururent d'Europe se joindre aux Américains; parmi eux, le jeune Français La Fayette, les Polonais Kosciusko et Pulaski.

Bientôt pourtant les succès s'arrêtèrent : Montgomery et Arnold échouèrent dans une tentative pour enlever le Canada aux Anglais. Malgré le courage de Washington, qui ne fut pas secondé, le général Howe débarqua dans Long-Island avec une armée supérieure en nombre, fut vainqueur à *Brooklyn*, reprit *New-York* (1776) et força Washington à se retirer derrière la Delaware. Celui-ci se repliait lentement vers le sud, aguerrissant les siens par des combats continuels, leur montrant l'exemple de la valeur, de la patience et du dévouement. Les Anglais s'étaient établis en quartiers d'hiver sur la rive gauche de la Delaware : Washington franchit à l'improviste le fleuve sur la glace, et, en deux jours, détruisit deux divisions hessoises à *Trenton* et à *Prince-Town* (décembre 1776). L'invasion fut ainsi arrêtée pendant quelques mois. Au printemps de l'année suivante, les Anglais prirent l'offensive, traversèrent sur leur flotte la baie de Chesapeake et vinrent débarquer au sud de la Delaware. Washington veut les arrêter et leur livre bataille sur les bords de la *Brandywine* : les siens prennent la fuite (11 septembre 1777). Alors il se retire, évacue Philadelphie, d'où le congrès était sorti, et, malheureux dans une dernière rencontre à *German-Town*, rallie ses troupes découragées dans le camp de Valley-Forge (1777). « Les hommes, écrivait-il à cette date, sont nus et meurent de faim…. Je souffre moi-même extrêmement pour les pauvres soldats, et je déplore du fond du cœur des misères que je ne puis ni soulager ni prévenir. »

Pendant ces deux campagnes, Washington s'était sacrifié aux succès d'un autre ; son dévouement, du moins, avait réussi. Une armée de dix-huit mille Anglais était sortie du Canada sous les ordres du général Burgoyne. Burgoyne voulut descendre l'Hudson pour aller faire sa jonction dans New-York avec le général Howe. Mais celui-ci, engagé trop avant dans le midi, ne

Washington.

pouvait plus le soutenir : son lieutenant Clinton, sorti de New-York avec un détachement, se vit obligé d'y rentrer. L'armée du Canada, contrainte à la retraite, décimée par les combats, la faim, le froid, les marches forcées à travers la neige, réduite à cinq mille hommes, cernée par les soldats du général Gates, dut mettre bas les armes à *Saratoga*, le 17 octobre 1777.

Cette victoire exalta le courage des Américains, et décida l'Europe à intervenir en leur faveur. La France en 1778, l'Espagne en 1779, se joignirent à eux. Les Anglais durent évacuer Philadelphie (17 mai 1778), poursuivis par Washington, qui les battit à Monmouth (28 juin) et les rejeta dans New-York.

La lutte se prolongea plusieurs années encore. Enfin, le roi de France, sur la demande de Washington, envoya sept vaisseaux de ligne, six mille hommes et huit millions à Rhode-Island. Rochambeau commandait ce corps d'armée, auquel trois mille soldats vinrent encore s'ajouter (1780-1781). Pendant que ces renforts débarquaient sur le continent, le comte de Grasse arrivait aux Antilles avec vingt et un vaisseaux. Il repoussa l'amiral Hood dans une bataille navale, à la suite de laquelle Bouillé s'empara de *Tabago*; il vint ensuite mouiller dans la baie de Chesapeake et y battit Hood une seconde fois.

Washington profita de sa présence sur la côte pour frapper un coup décisif. Lord Cornwallis, envoyé de New-York avec un corps d'armée anglais, avait débarqué sur la côte de Virginie, et s'était établi dans la forte position d'*York-Town*, comptant de là tenir en échec tout le pays. Les Américains et les Français vinrent l'y chercher. Washington, La Fayette, Hamilton, Lincoln, Vioménil, Saint-Simon, Noailles, Dillon, Charles de Lameth, Charles de Damas, Lauzun, Rochambeau, Alexandre Berthier et Mathieu Dumas, tous déjà célèbres ou destinés à le devenir, commandaient les colonnes d'attaque. La capitulation signée par lord Cornwallis livra aux vainqueurs huit mille prisonniers, six vaisseaux de guerre et soixante bâtiments marchands. La guerre continentale était terminée (17 octobre 1781). Deux ans après, par le traité de Versailles, l'Angleterre reconnut l'indépendance des Américains.

L'existence des États-Unis était assurée ; mais ils n'avaient point encore de gouvernement régulier ; les rapports des États entre eux n'étaient réglés par aucune loi ; le Trésor était vide ; nul moyen de payer les dettes contractées pendant la guerre envers les gouvernements de France, de Hollande, et même envers de simples particuliers en Europe et en Amérique ; depuis plusieurs années, les officiers et les soldats n'avaient point touché leur solde. Quelques-uns se mutinèrent et offrirent la dictature à Washington ; il repoussa leurs ouvertures avec horreur, fit rendre justice à l'armée, et se retira à Mount-Vernon, après avoir adressé ses adieux au congrès (20 décembre 1783).

Il écrivait quelque temps après : « J'espère passer le reste de mes jours à cultiver l'affection des gens de bien, et à pratiquer les vertus domestiques.... La vie d'un agriculteur est de toutes la plus délicieuse. Elle est honorable ; elle est amusante, et, avec des soins judicieux, elle est profitable.... Je ne suis pas seulement retiré des emplois publics, je rentre en moi-même. Je puis promener mes regards dans la solitude, et marcher dans les sentiers de la vie privée avec une vraie satisfaction de cœur. Ne portant envie à personne, je suis décidé à être content de tous, et, dans cette disposition, je descendrai doucement le fleuve de la vie, jusqu'à ce que je m'endorme avec mes pères. »

Quatre ans plus tard, après des tiraillements et des essais infructueux, une Convention se réunit à Philadelphie (1787) : elle comptait parmi ses membres Washington, John Adams, Jefferson, Hamilton, Franklin. Des travaux de cette assemblée sortit la Constitution américaine. Aux termes de cette Constitution, le pouvoir législatif appartient à un *Congrès* composé de deux Chambres : la *Chambre des Repré-*

sentants, formée de membres élus pour deux ans par le suffrage universel[1], proportionnellement à la population de chaque État ; le *Sénat*, composé de deux sénateurs par État, choisis pour six ans par la législature de cet État. Le sénat se renouvelle par le sort et par tiers tous les deux ans. Pour être sénateur, il faut avoir trente ans, être citoyen depuis neuf ans ; pour être représentant, avoir vingt-cinq ans, être citoyen depuis sept ans. Le pouvoir exécutif appartient à un *Président* nommé pour quatre ans par une élection à deux degrés et par un nombre d'électeurs égal à celui des sénateurs et des représentants réunis ; il est immédiatement rééligible. Le pouvoir judiciaire appartient à la *Cour suprême des Etats-Unis :* elle se compose de magistrats inamovibles nommés par le président avec l'approbation du sénat.

Définitivement adoptée le 13 septembre 1788, la constitution américaine fut mise en vigueur le 4 mars 1789. Washington fut le premier président des Etats-Unis, de 1789 à 1793. Réélu une seconde fois, il exerça de nouveau la magistrature suprême, de 1793 à 1797. Il ne voulut point accepter une troisième présidence, dans la pensée qu'il est dangereux pour un Etat républicain de voir les mêmes hommes se perpétuer au pouvoir. Quoique aucun article de la constitution n'interdise la réélection indéfinie du même président, l'exemple de Washington, par suite du respect mérité que sa mémoire inspire, a eu force de loi aux Etats-Unis. Personne depuis ce temps n'y a été président plus de deux fois. En 1797, Washington rentra définitivement dans sa retraite de Mount-Vernon. Il y mourut le 14 décembre 1799, pleuré du nouveau monde et admiré de l'ancien. L'année suivante, ses compatriotes donnèrent son nom à la capitale qu'ils venaient de bâtir au bord du Potomac. Ils n'avaient

---

1. Il n'en était pas ainsi au début, comme on le verra dans la biographie suivante.

fait que lui rendre justice. Car Washington avait eu
l'honneur le plus grand et le plus pur qu'un homme
puisse obtenir en ce monde : il avait eu la part principale à la fondation de l'Etat le plus libre et le plus
rapidement puissant qui ait jamais existé.

XXIX. Abraham Lincoln, l'émancipateur des esclaves.

Jamais nation n'a vu sa population et son territoire
s'accroître aussi rapidement que les Etats-Unis. De
1777 à 1882 le nombre des Etats de l'Union a été porté
de 13 à 38. Le territoire des Etats-Unis est au moins
six fois plus vaste qu'au moment de leur fondation.
Il est quatorze fois plus étendu que l'Autriche-Hon-
grie, cinquante-deux fois plus que la Grande-Bretagne; l'Orégon, à lui seul, est plus grand que l'Angleterre; le Texas, que la France; la Californie, que
l'Espagne.

La population s'est accrue dans la même proportion.
En 1790, elle s'élevait à 3 929 827 habitants; en 1820,
elle était de 9 638 226; en 1861, elle était de 32 millions d'âmes; en 1870, de 38 925 598; elle s'élevait
en 1880 à 50 152 866 habitants, dont 49 369 595 pour
les 38 Etats représentés au congrès. Elle se compose surtout d'habitants d'origine anglaise, irlandaise
et allemande. Dans les Etats du Sud, il y a un grand
nombre de Français et d'Espagnols. Les Indiens sont
encore répandus entre le Mississipi et les Montagnes
Rocheuses.

Bien des causes ont contribué à cet accroissement
rapide des Etats-Unis. Un territoire immense et fertile, arrosé de grands fleuves présentant des moyens
de communication faciles, s'offrait à l'activité des
colons. Maîtres d'un sol riche et jeune, les Américains
l'ont travaillé avec l'activité énergique, âpre, opiniâtre,
qui est le fond du caractère britannique. Ils ont porté la

hache et la cognée dans les forêts vierges ; les marais, les savanes, ont disparu. De grandes villes se sont élevées avec une rapidité merveilleuse. Le sol a été sillonné de routes ; des chemins de fer ont traversé le pays dans tous les sens. Creusée, fouillée dans ses profondeurs, la terre a livré les mines de cuivre de l'Orégon, les mines d'or de la Californie, les sources de pétrole, tandis qu'à sa surface elle se couvrait de blé, de riz, de maïs, de vignes, de coton, de cannes à sucre et de tabac.

Le gouvernement américain n'a cessé de favoriser l'immigration par les mesures les plus libérales : aussi des milliers d'Européens, venus surtout d'Allemagne et d'Irlande, répondent-ils chaque année à son appel. Tout immigrant, à son arrivée sur le sol des Etats-Unis, reçoit une concession de 160 acres (64 hectares 73 centiares) de terres domaniales, à la seule condition de devenir citoyen américain, d'exploiter le sol pendant cinq ans et de payer 10 dollars (50 fr.) pour droits de cadastre et de transmission.

Le 17 septembre 1796, Washington disait, dans une adresse d'adieu au peuple des Etats-Unis : « L'unité de gouvernement, qui fait de vous un seul peuple, est la base de votre indépendance, le gage de votre tranquillité au dehors et au dedans. Le nom d'*Américains*, qui est pour vous le nom national, doit, plus que toute autre dénomination plus locale, exalter en vous l'orgueil du patriotisme. Chaque partie de l'Union doit reconnaître en elle-même les raisons les plus fortes pour ne point s'isoler. Le Nord, par une communication libre que protègent les lois égales d'un même gouvernement, trouve dans les productions du Sud un surcroît de ressources pour les entreprises maritimes et commerciales, ainsi que des matériaux précieux pour ses manufactures ; le Sud, par cette même communication avec le Nord, voit prospérer son agriculture et s'étendre son commerce. Attirant dans ses ports une partie des gens de mer du Nord, il augmente

10.

sa navigation et prépare les voies à l'établissement d'une marine nationale. »

Le conseil donné par Washington à ses concitoyens était excellent; malheureusement, il y avait entre le Nord et le Sud des États-Unis des causes permanentes de division.

Si l'agriculture était florissante dans les États du Sud, cette prospérité était achetée au prix d'un spectacle douloureux pour l'humanité : toutes les plantations, en Virginie, dans les Carolines, la Floride, la Louisiane et le Texas, étaient cultivées par des nègres esclaves. Achetés et vendus comme des troupeaux, ces malheureux passaient leur vie sur un sol brûlant, obligés de travailler sous le fouet d'un maître la plupart du temps cruel, exposés, s'ils retombaient en son pouvoir après avoir pris la fuite, aux supplices les plus révoltants. L'esclavage n'existait pas dans le Nord.

Les habitants des États du Nord, attachés aux principes républicains, nourris dans les idées puritaines, voyaient avec une douleur mêlée d'indignation le maintien de l'esclavage sur le territoire de l'Union; ils auraient voulu que le congrès prît l'initiative de l'affranchissement des nègres. Malheureusement, le mécanisme électoral constituait une violation de l'égalité au profit du Sud. Les trois cinquièmes des nègres esclaves étaient comptés dans le dénombrement sur lequel on basait le nombre des députés à élire. Il y avait, à cette époque, un député pour 70 816 habitants. Or, dans les États du Nord, 70 816 *habitants* représentaient 70 816 *électeurs*; tandis que dans les États *esclavagistes* le même nombre d'habitants ne représentait souvent que 40 000, 30 000, ou même 20 000 électeurs, quand on en avait défalqué les nègres esclaves. Le Sud avait donc, en proportion, un plus grand nombre de députés que le Nord, et, par suite, presque toujours la majorité dans le congrès.

Pendant longtemps les *abolitionnistes* ne purent faire que des tentatives individuelles pour obtenir l'affranchissement des hommes de couleur. Un vieillard courageux, le capitaine John Brown, du Kansas, appela aux armes les esclaves de Virginie à Harper's Ferry (octobre 1859) ; il échoua, fut pris et pendu avec quatre des siens, sans que le président Buchanan fît rien pour les sauver (2 décembre 1859). Cet acte de cruauté eut un immense retentissement et causa dans les Etats du Nord une sensation profonde. C'était une sorte de défi : les abolitionnistes n'avaient plus qu'à renier leurs principes ou à détruire l'esclavage.

La question fut tranchée aux élections présidentielles qui suivirent. Le 6 novembre 1860, Lincoln fut élu président. Depuis longtemps, il était connu comme abolitionniste. Il disait, le 17 juin 1858, à Springfield : « Une maison divisée contre elle-même ne peut durer. Je crois que ce gouvernement ne peut se maintenir d'une façon durable, soutenu d'un côté sur l'esclavage, de l'autre sur la liberté. » La même année, il disait encore : « Je ne puis que haïr l'esclavage. Je le hais à cause de sa monstrueuse injustice. »

Abraham Lincoln naquit le 12 février 1809, dans le Kentucky. « La vie des champs, le grand air des plaines de l'ouest, formèrent cette robuste nature et la préparèrent

Abraham Lincoln.

aux luttes qu'elle eut à soutenir. Comme presque tous les gens de l'ouest, il fit un peu tous les métiers : il conduisit un *flat boat* (bateau plat) sur le Mississipi ; il se fit *rail-splitter*, coupa et scia du bois pour les clôtures des fermes de l'Illinois ; les grands fleuves et la prairie lui en apprirent plus que les livres.... C'est au désert, parmi les bois, les fleurs sauvages, les champs nouvellement semés qu'il prit le goût de l'indépendance, le dédain de toute étiquette, le respect du travail.... » (A. LAUGEL.) Au milieu de cette vie laborieuse, il trouva le temps de s'instruire, de se faire recevoir avocat, arpenteur, et d'apprendre par cœur des pièces entières de Shakspeare. Son caractère actif, tenace, sa volonté inébranlable, jointe à une grande bonté de cœur, à la franchise du caractère et à la bienveillance du langage, qui n'excluait pas une légère pointe d'ironie, enfin une foi profonde dans les destinées du peuple américain, fixèrent sur « l'honnête Abraham » (*Honest old Abe*) l'attention de ses concitoyens. Quatre fois membre de la législature de l'Illinois, il siégea deux ans au congrès de Washington (1847-49). En 1858, il ne put être élu sénateur : son compétiteur, le démocrate Douglas, « le petit géant de l'ouest, » l'emporta sur lui ; mais en 1860 il fut adopté comme candidat pour la présidence par la convention républicaine de Chicago, et triompha.

Cette élection fut le signal de la guerre. Lincoln devait entrer en fonctions le 4 mars 1861. Dès le 20 décembre 1860, à la suite de son élection, la Caroline du Sud déclara rompu le lien qui l'unissait aux Etats-Unis ; un mois après, le Mississipi, la Floride, l'Alabama, la Géorgie, la Louisiane, le Texas, en firent autant. Le 4 février, les délégués de ces sept Etats se réunirent à Montgommery et formèrent une *Confédération*. Un huitième Etat, le Tennessee, s'unit aux premiers. Richmond, sur la rivière James, en Virginie, fut choisi par les *séparatistes* pour capitale.

C'est là que se réunit leur congrès, qui adopta une constitution modelée sur celle des Etats-Unis. Il élut pour président de la confédération M. Jefferson Davis. Dès lors, il y avait deux partis, deux Etats, deux républiques : les abolitionnistes et les esclavagistes, les Fédéraux et les Confédérés, le Nord et le Sud.

Les Etats du Nord ne pouvaient pas consentir au déchirement de l'Union. Le président Lincoln avait quitté sa résidence de Springfield, en Illinois, au début de février, pour venir entrer en charge à Washington. Après avoir échappé à une tentative d'assassinat à Baltimore, il prit, le 4 mars, possession du pouvoir à la Maison-Blanche. Alors éclata une terrible guerre qui dura quatre ans. Le Sud eut d'abord l'avantage ; mais Lincoln et ses compatriotes du Nord ne perdirent pas un instant courage. La victoire ne tarda point à revenir sous leurs drapeaux.

En janvier 1862, le congrès abolit l'esclavage dans le district fédéral ou de Columbia, moyennant indemnité aux propriétaires de nègres. Le 22 septembre, le président Lincoln déclara affranchis tous les esclaves qui appartenaient aux Etats rebelles. Les noirs furent admis à jouir des mêmes droits que les blancs[1].

L'année suivante, au mois de juillet 1863, sur le champ de bataille de Gettysbourg, Lincoln put attester que les défenseurs de l'Union « n'étaient pas morts en vain. » « Dieu aidant, s'écria-t-il, la nation renaîtra dans la liberté, et le gouvernement du peuple par le peuple, pour le peuple, ne périra pas sur cette terre! » Les nouvelles élections à la présidence devaient avoir lieu en novembre 1864. Dans les circon-

---

1. La République Française, le premier entre tous les États européens, avait eu l'honneur d'abolir l'esclavage par un décret de la Convention Nationale en date du 21 juin 1793. L'esclavage, rétabli par le premier consul Napoléon Bonaparte en 1802, fut définitivement aboli dans les colonies françaises par le Gouvernement Provisoire de la seconde République, en 1848. Il avait été aboli dans les colonies anglaises en 1834.

stances où l'on se trouvait, leur signification serait décisive. Maintenir au pouvoir Lincoln, c'était déclarer qu'on poursuivrait la lutte jusqu'à l'entier rétablissement de l'Union et à l'abolition complète de l'esclavage. « Si le peuple, avait dit le président, faisait jamais au pouvoir exécutif une obligation de rendre à l'esclavage ceux que ma proclamation a affranchis, c'est un autre, non moi, qu'il devra choisir pour l'instrument de sa volonté. » Lincoln l'emporta sur son compétiteur le général Mac-Clellan, et fut réélu.

La fin de la guerre suivit de près sa réélection. Les généraux Grant, Sherman, Sheridan, Meade, après une lutte de trois jours devant Petersburg et Richmond, remportèrent sur les armées du Sud, commandées par Lee, une victoire décisive (1er-3 avril 1865). Une semaine plus tard, les confédérés durent mettre bas les armes. Le 14 avril, cinq jours après la capitulation de Lee, le président Lincoln assistait dans sa loge à une représentation au Théâtre de Ford, à Washington. Un ancien acteur, Wilkes Booth, partisan fanatique de la cause du Sud, l'assassina d'un coup de revolver, sauta de la loge sur la scène et parvint à s'enfuir. A la même heure, un autre assassin essayait de poignarder M. Seward, secrétaire d'Etat des affaires étrangères, retenu dans son lit par une maladie. Au milieu de la douleur générale, le vice-président, Andrew Johnson, prit possession du pouvoir. Les assassins furent poursuivis. Wilkes Booth se cassa une jambe en tombant de cheval, fut atteint dans une grange et tué d'un coup de carabine par un soldat. Lincoln était mort en martyr, mais il avait gagné sa cause : les esclaves étaient affranchis.

HOMMES DE GUERRE, CONQUÉRANTS ET PATRIOTES.

I. La guerre.

Un pirate, c'est-à-dire un de ces brigands qui parcouraient autrefois les mers pour dévaliser les navires marchands et piller les côtes, avait été amené devant le roi de Macédoine Alexandre, qui lui reprochait ses méfaits : « Ta conduite, répondit le captif au monarque, ne vaut pas mieux que la mienne ; tu es comme moi un voleur. Moi, je vole à la tête d'une petite bande : on m'appelle un malfaiteur, et ce que je fais, c'est du brigandage ; toi, tu voles à la tête d'une puissante armée : on te nomme un conquérant, et ce que tu fais, c'est la *guerre*. »

Cette définition de la guerre est malheureusement presque toujours juste. Lorsque deux peuples étrangers ne sont pas d'accord, qu'ils se disputent la possession d'une ville, d'une province, d'un fleuve, d'une montagne, que l'un des deux croit ou suppose qu'il a reçu un affront de l'autre, que l'un des deux a, ou que tous les deux ont à leur tête des hommes ambitieux, au lieu de s'entendre et de discuter pacifiquement leur différend, ils se déclarent la guerre ; alors les armées des deux nations en viennent aux mains. Les soldats s'abordent, se frappent, se blessent, se tuent, cherchent à se faire prisonniers. La nation la plus forte ou la plus adroite l'emporte, oblige l'autre à lui céder le territoire en litige et à lui donner de l'argent. Car, à la guerre, selon l'expression de notre grand poète La Fontaine,

La raison du plus fort est toujours la meilleure.

Comme vous le voyez, l'état de guerre est un état inhumain et barbare. Il faut espérer que dans l'avenir les hommes travailleront ensemble au lieu de s'entre-tuer ; qu'ils se considéreront tous comme des frères, et qu'à la haine entre les peuples succédera l'amitié.

On distingue les guerres en *guerres civiles* et *guerres étrangères*. Les premières ont lieu entre con-citoyens : elles sont encore plus malheureuses et presque toujours plus sanglantes que les autres. Puissiez-vous, dans l'avenir, n'en jamais voir dans notre cher pays !

Quant aux guerres étran-gères, on doit aussi les parta-ger en deux clas-ses : *les guerres défensives* et *les guerres offensi-ves ou de con-quête.*

Les guerres dé-fensives sont seules légitimes. C'est un devoir sacré pour tout citoyen de dé-fendre son pays ; de défendre le drapeau qui est l'emblème de son pays ; de sacrifier sa vie, s'il le faut, pour repousser une agression in-

Résistance à l'invasion.

(Trophée de l'Arc-de-Triomphe de l'Étoile.)

juste ; de couvrir de sa poitrine la terre qui contient les restes de ses ancêtres, les murs qui ont abrité son enfance, les champs qui nourrissent sa famille et lui-même. « Il est doux et glorieux de mourir pour la patrie, » disait un poète latin, et tous les peuples ont répété après lui ce mot si juste et si vrai. Si jamais la France était attaquée, il faudrait verser, pour la sauver d'une invasion, jusqu'à la dernière goutte de votre sang.

Au contraire, les guerres offensives, inspirées par le désir de s'approprier les richesses ou le territoire d'un peuple étranger, sont injustes et criminelles. Le conquérant, qui déchaîne la guerre, jette les hommes les uns sur les autres, qui fait qu'on s'égorge, que les moissons sont détruites et les maisons brûlées, que les soldats périssent ou sont estropiés, que les mères pleurent, que les enfants sont orphelins ; ce conqué-rant est le plus grand des coupables ; c'est un fléau. Loin de mériter l'admiration ou l'estime, il doit être signalé à l'exécration du genre humain. La force, la hardiesse, ne sont que de la férocité, quand elles sont employées à un but injuste ; elles ne méritent le nom de courage, que quand elles sont au service du droit.

II. Le Spartiate Léonidas, défenseur des Thermopyles.

Environ cinq cents ans avant l'ère chrétienne, la Grèce, cette terre si petite dans l'espace, si grande dans l'histoire par les chefs-d'œuvre qu'elle a produits, par le génie de ses législateurs, de ses écrivains, de ses artistes, de ses héros, fut attaquée, et menacée de perdre, avec son indépendance, les institutions libres auxquelles elle devait sa grandeur. Le souverain de la Perse, qu'on appelait *le Grand Roi*, avait réuni sous sa domination, avec la Perse et la Médie, la

Bactriane, la Sogdiane, une partie de l'Inde, l'Assyrie, la Babylonie, la Syrie, l'Égypte, l'Asie Mineure et même, en Europe, la Thrace. Les Athéniens, le plus intelligent des peuples grecs, s'attirèrent la colère de Darius, alors roi de Perse, en soutenant contre ce despote leurs frères, les Ioniens de l'Asie Mineure. Il envoya contre eux une immense armée, cent dix mille hommes, sous les ordres de Datis et Artapherne. Cette multitude n'avait devant elle que dix mille combattants, neuf mille Athéniens et mille Platéens, sous les ordres de Miltiade. Mais le courage et l'intelligence triomphèrent du nombre : les Perses furent vaincus à Marathon (490).

Les Spartiates ou Lacédémoniens, qui passaient pour les plus intrépides des Grecs, étaient arrivés trop tard pour avoir part à la bataille. Ils prirent leur revanche dix ans plus tard. Xerxès, fils et successeur de Darius, voulut venger son père. Il se mit en marche après 4 ans de préparatifs. Pour passer d'Europe en Asie, il fit jeter un pont de bateaux sur l'Hellespont (Détroit des Dardanelles); ce pont, long de 1295 mètres, ayant été une première fois rompu par la tempête, il le rebâtit, et donna l'ordre insensé de frapper l'Hellespont de trois cents coups de fouet pour le punir; il fit ensuite percer le Mont Athos, pour ouvrir un canal à sa flotte. Sur son passage, son armée desséchait les ruisseaux pour s'abreuver et ruinait le pays pour se nourrir. Elle comptait un million sept cent mille hommes de pied et cent mille cavaliers, parlant toutes les langues, et portant les costumes les plus différents. La flotte, qui côtoyait le rivage, comprenait 1 200 trirèmes, ou vaisseaux à trois rangs de rames, et, en y ajoutant les bâtiments plus petits, elle s'élevait à 3 000 navires. Il y avait dans les rangs des Perses un banni, Démarate, ancien roi de Sparte. Xerxès, après avoir passé en revue son armée, lui demanda si les Spartiates oseraient tenir contre une pareille multitude. « Ils te livreront bataille, répondit Démarate,

quand tous les autres Grecs se mettraient de ton parti.
Ne demande pas quel est leur nombre. Ils te combattraient, même s'ils n'étaient que mille; et s'ils étaient
encore moins nombreux, ils te combattraient encore ! »

Le Grand Roi en eut la preuve bientôt après. Il
avait traversé la Thrace, la Macédoine, la Thessalie,
sans rencontrer de résistance; mais, pour aller plus
loin, il fallait franchir les Thermopyles[1] : c'était un
étroit défilé compris entre le bord de la mer et des
montagnes très élevées et coupées à pic; au point le
plus resserré, il n'y avait place que pour le passage
d'un seul char. Les Thermopyles étaient gardées par
Léonidas, roi de Sparte, avec 300 Spartiates et
4 800 autres Grecs. Xerxès resta devant eux pendant
quatre jours, s'imaginant qu'ils allaient battre en retraite. Quand il vit qu'ils ne bougeaient pas, le cinquième jour, il commanda l'attaque. Mais les Mèdes,

Léonidas aux Thermopyles.

1. Ou *Portes Chaudes*, ainsi nommées de sources d'eau chaude
qui s'y trouvaient.

les Cissiens, les Perses, ceux même qu'on nommait les *Immortels*, furent repoussés du lever au coucher du soleil, malgré leur immense supériorité numérique; et le roi put se convaincre par leur échec qu'il avait beaucoup d'hommes, mais peu de soldats. Le lendemain les assaillants furent également repoussés.

Par malheur, un traître, nommé Ephialte, vendit ses compatriotes pour de l'argent. Il révéla au Grand Roi qu'il existait à travers les montagnes un sentier par lequel on pouvait tourner les Thermopyles, et prendre leurs défenseurs à revers. Tandis que la grande armée des Perses attaquait de front Léonidas et ses braves compagnons, un nombreux corps guidé par le traître gravit le sentier. Quelques Phocéens s'aperçurent de leur approche : car si les Perses étaient cachés par les chênes dont la montagne était couverte, le bruit de leurs pas sur les feuilles mortes donna l'alarme. Mais il était trop tard : les Phocéens furent repoussés.

Avertis du péril, les défenseurs des Thermopyles pouvaient fuir encore. La plupart des Grecs s'éloignèrent, en effet, pour échapper à la mort. Mais Léonidas, avec ses 300 Spartiates, et quelques Thespiens refusèrent de quitter leur poste. Ils se jetèrent sur l'ennemi avec une ardeur désespérée, repoussant les barbares épouvantés, que leurs chefs ramenaient au combat à grands coups de fouet. Les Perses roulaient dans la mer et s'y noyaient, ou bien ils étaient foulés aux pieds et écrasés par leurs propres compagnons. Deux frères de Xerxès périrent. Enfin le nombre l'emporta : l'héroïque Léonidas tomba criblé de coups. Quatre fois les Spartiates reprirent son cadavre à l'ennemi. Retirés sur un tertre, à l'entrée du défilé, et attaqués des deux côtés, ils se défendirent avec leurs armes, avec leurs mains, avec leurs dents, jusqu'à ce qu'ils fussent tous morts. Xerxès fit décapiter le cadavre de Léonidas, et planter sa tête sur un poteau.

Plus tard, on éleva, à l'endroit où les Spartiates étaient tombés, un monument avec cette inscription :

« O étranger, va dire aux Lacédémoniens qu'ici
Nous gisons, ayant obéi à leurs ordres. »

L'héroïque dévouement de Léonidas et de ses compagnons fut récompensé. Si Xerxès s'empara d'Athènes et la livra aux flammes, sa flotte fut détruite à la bataille de Salamine par celle des Grecs, que dirigeaient les Athéniens Thémistocle et Aristide, et le Spartiate Eurybiade. Témoin de ce désastre, au lieu de partager le sort de tant de milliers d'hommes qu'il avait entraînés à leur perte, le Grand Roi prit honteusement la fuite. Son armée de terre, demeurée en Grèce, sous les ordres de Mardonius, fut détruite l'année suivante par le Spartiate Pausanias à la bataille de Platée, tandis que l'Athénien Xanthippe, le père de Périclès, remportait la victoire navale de Mycale sur la côte d'Asie (479). Sept ans plus tard, en 472, Cimon, fils de Miltiade, vainquit encore les Perses, sur terre et sur mer, à l'embouchure du fleuve Eurymédon.

La victoire des Grecs dans les Guerres médiques fut celle de la liberté contre le despotisme, du droit contre la force, de l'intelligence contre le nombre, de la civilisation contre la barbarie.

III. Alexandre le Grand, roi de Macédoine et conquérant de l'Asie.

La guerre que les Mèdes et les Perses, sous Darius et Xerxès, avaient apportée en Europe, les Macédoniens, sous Alexandre, la reportèrent en Asie : les Mèdes et les Perses n'avaient pu conquérir la Grèce ; les Macédoniens conquirent l'empire du Grand Roi.

La Macédoine était située au nord-est de la Grèce ; des montagnes l'environnaient de trois côtés : au sud, le Mont Olympe et les Monts Cambuniens la séparaient de la Thessalie ; à l'occident, la chaîne du Pinde et les Monts Brœnus la limitaient du côté de l'Épire et de l'Illyrie ; le Mont Orbelus l'abritait au nord, contre les Scordiques et les Triballes ; à l'est, le Mont Rhodope lui servait de limite dans la direction de la Thrace. Au sud seulement, le pays touchait la Mer Égée : il y projetait la presqu'île de Chalcidique, terminée elle-même par trois pointes : c'est par là que les colonies d'Athènes apportèrent la civilisation grecque. Arrosée par le Strymon, l'Axios et l'Haliacmon, la Macédoine avait Pella pour capitale. Quoique ses rois eussent la prétention d'être les descendants d'Hercule, elle resta longtemps barbare. Enfin, l'un d'eux, Philippe, la rendit puissante et célèbre.

Il régna de 359 à 336 avant l'ère chrétienne. Il créa la phalange macédonienne, triangle de soldats pesamment armés, rangés sur seize rangs de profondeur, et munis de piques longues de sept mètres, qu'ils tenaient des deux mains : aucune troupe ne put désormais résister à cette masse hérissée de fer. Il y ajouta les hypaspistes (infanterie légère), les hétaires (grosse cavalerie), les sarissophores (cavalerie légère).

Pour soumettre la Grèce, Philippe eut recours à quatre moyens principaux : 1° dans les villes grecques qui étaient de petites républiques, où toutes les questions étaient tranchées par le vote de l'assemblée générale des citoyens, les orateurs avaient un rôle prépondérant, puisqu'ils décidaient ce vote par leur éloquence : le roi de Macédoine usa de la corruption, et acheta pour de l'argent la voix de ceux des orateurs qui étaient à vendre, et qui l'aidèrent à tromper leurs concitoyens ; 2° les villes grecques avaient toujours été rivales, jalouses les unes des autres : Philippe entretint soigneusement ces divisions, ces rivalités, qui, en affaiblissant les Grecs, les empêchaient de s'unir contre lui, et les lui livraient en détail; 3° les Grecs avaient conservé contre les Perses une vieille haine, une vieille rancune, désormais peu raisonnable, puisque la Perse ne les menaçait plus : il attisa de toutes ses forces ce ressentiment, en se présentant comme le futur vengeur qui châtierait l'Asie par une invasion; 4° enfin, il se déclara en toute occasion le défenseur de la religion, l'interprète des dieux, l'exécuteur des oracles.

Par ces moyens, malgré l'éloquence de son grand adversaire, l'Athénien Démosthène, qui exhortait ses concitoyens à ouvrir les yeux et à sortir de leur funeste apathie, Philippe parvint à son but. Il conquit Amphipolis et la Chalcidique; il se rendit prépondérant en Thessalie; il accabla les Phocidiens; il s'empara d'Olynthe; il se rendit maître des Thermopyles, puis de la Locride. Trop tard réveillés, les Athéniens et les Thébains voulurent lui tenir tête ; il les défit à la bataille de Chéronée (338). Il se fit ensuite proclamer généralissime des Grecs contre les Perses. Mais il périt assassiné en 336.

Alexandre, le fils de Philippe et d'Olympias, avait vingt ans; il avait eu pour précepteur Aristote, le plus profond philosophe et le savant le plus remarquable de cette époque. En Alexandre, il y a deux hommes : l'élève d'Aristote, l'admirateur du grand poète Homère, le Grec lettré, savant, amoureux de l'art et du beau, qui fonde des villes, qui rêve d'unir en une seule nation les Hellènes et les Barbares ; mais aussi le fils de Philippe, le Macédonien brutal, le soldat d'aventures, incapable de maîtriser sa colère, adonné à l'ivrognerie, qui dans l'ivresse tue ses amis, devient féroce et fou, enfin, qui meurt victime de ses excès à trente-trois ans.

Sa vie, on doit le reconnaître, fut bien remplie. A peine roi, il dut courir au bord du Danube combattre les Illyriens, les Thraces, les Triballes, les Gètes. Il contracta amitié avec une tribu de Gaulois établis dans cette région. « Que craignez-vous le plus? » demanda-t-il à leurs ambassadeurs. — « Que le ciel ne tombe! » répondirent-ils.

Les Grecs, de leur côté, avaient voulu profiter de la mort de Philippe pour recouvrer leur indépendance. Alexandre, pour les terrifier, rasa Thèbes, en n'épargnant que la maison du poète Pindare. Athènes fut plus heureuse. L'élève d'Aristote lui pardonna : « O Athéniens, s'écriait-il plus tard au fond de l'Asie, que de périls on affronte pour obtenir vos éloges! »

Il n'avait plus d'ennemis en Europe. Il chargea Antipater de garder la Macédoine avec 15 000 hommes, et distribua ce qu'il possédait à ses amis. « Que gardez-vous pour vous-même? » lui demanda-t-on. Il répondit : « L'espérance. » Ensuite, accompagné d'Héphestion, de Perdiccas, Parménion, Philotas, Clitus, Ptolémée, Séleucus, Lysimaque, Antigone, Polysperchon, Eumène, Néarque, il envahit l'Asie à la tête de 30 000 fantassins et de 5 000 cavaliers. Il franchit l'Hellespont, entre dans l'empire des Perses, et offre des sacrifices aux mânes des anciens héros sur les ruines de Troie. Il traverse le fleuve Granique, malgré l'ennemi rangé sur l'autre bord, et remporte une éclatante victoire. Entouré d'ennemis, il avait dû la vie à Clitus. Il fit élever des statues d'airain à Dium, par le célèbre sculpteur Lysippe, en l'honneur de ceux de ses gardes qui avaient été tués dans la lutte. Il envoya les dépouilles des vaincus aux Athéniens pour être placées dans le temple de Minerve avec cette inscription : « Sur les Barbares de l'Asie, Alexandre et tous les Grecs, à l'exception des Lacédémoniens. » Seule, en effet, Sparte avait refusé de joindre ses armes à celles du roi de Macédoine (334).

Il avance en Asie Mineure; il occupe Sardes, Éphèse, Milet, Gordium. Un oracle annonçait l'empire de l'Asie à celui qui, dans cette ville, délierait le nœud par lequel était attaché le joug du char de Midas : Alexandre le trancha avec son épée. Parvenu en Cilicie, il se baigna, sous un soleil ardent, dans les eaux glacées du Cydnus. Une fièvre violente le saisit. Il était au lit, quand on lui apporta une lettre de Parménion qui lui recommandait de se défier de son médecin Philippe. Alexandre tendit la lettre à Philippe, prit la coupe que celui-ci avait préparée, et avala d'un seul trait le breuvage. Sa confiance le sauva.

Le roi de Perse, Darius Codoman, à la tête de 600 000 hommes, parmi lesquels 30 000 mercenaires grecs, était venu s'établir dans l'étroit défilé d'Issus, entre la mer et les montagnes. Alexandre l'aborde, le culbute, le met en fuite. Sysigambis, mère du Grand Roi, sa femme, sa sœur, deux de ses filles et son jeune fils, tombèrent au pouvoir du vainqueur, qui les traita avec humanité. Il vint les voir avec son favori Héphestion. La mère de Darius se jeta aux genoux de ce dernier, qu'elle prenait pour le roi. On l'avertit de sa méprise. Elle voulait s'excuser. « Vous ne vous êtes point trompée, lui dit le roi : celui-ci est aussi Alexandre. »

C'est de la Grèce que Darius tirait ses principales ressources : les mercenaires qu'elle lui envoyait étaient ses meilleurs soldats. Pour l'empêcher de les recruter, le roi de Macédoine poursuivit la conquête des provinces de l'empire des Perses que baignait la Méditerranée. Il arriva chez les Phéniciens. Allié du Grand Roi, ce petit peuple de marins s'était enrichi par le commerce de son empire. Pourtant, Sidon, l'une de leurs villes, ouvrit ses portes sans résistance. Le conquérant lui donna pour souverain le vieux et pacifique Abdalonyme. Moins prompts à s'effrayer, les Tyriens lui refusèrent l'entrée dans leurs murs. Tyr, située dans une île, se croyait inattaquable. Elle résista sept mois. Alexandre la joignit au continent par une jetée gigantesque, la prit et la détruisit. Sur les ruines de Tyr, il repoussa les propositions de Darius, qui, pour obtenir la paix, lui offrait, avec la main de sa fille, toute l'Asie, à l'ouest de l'Euphrate : « J'accepterais,

11.

s'écria Parménion, si j'étais Alexandre ! — Et moi aussi, répliqua Alexandre, si j'étais Parménion. »

Maître de Jérusalem sans combat, le roi de Macédoine traita les Juifs avec douceur. Au contraire, il se montra féroce à la prise de Gaza. Le gouverneur de cette ville, Bétis, n'avait succombé qu'après une héroïque résistance. Le Macédonien fit attacher son corps par le talon derrière son char, et le traîna trois fois dans la poussière autour des murs. Ainsi, d'après le récit d'Homère, Achille avait autrefois traîné le cadavre d'Hector autour des remparts d'Ilion.

L'Égypte se soumit sans résistance. Alexandre y fonda, à l'ouest des bouches du Nil, la ville d'Alexandrie : admirablement située entre l'Afrique et l'Asie, entre la Mer Méditerranée et la Mer Rouge, elle devint bientôt le port le plus considérable du monde, l'entrepôt des richesses de l'Orient et de l'Occident ; plus tard, les Ptolémées y fondèrent une bibliothèque, alors sans égale, qui en fit la ville littéraire, philosophique et artistique par excellence. Alexandre s'avança ensuite en Afrique dans le désert jusqu'au temple de Jupiter Hammon, et se fit déclarer par l'oracle le fils de ce Dieu.

De retour en Asie, il accourt jusqu'à l'Euphrate. Darius l'attendait au delà du fleuve, près d'Arbelles, avec un million de fantassins, 15000 cavaliers, 200 chars armés de faux et 15 éléphants. Alexandre n'avait que 50000 hommes. Il n'en remporta pas moins une victoire décisive. Babylone, Suse, Persépolis, s'ouvrirent à lui. C'est là que le vainqueur, égaré par les fumées du vin, et cédant à des excitations insensées, sous prétexte de venger l'incendie d'Athènes par Xerxès, brûla le palais du Grand Roi.

Cependant Darius avait été détrôné et emmené prisonnier par Bessus, satrape de la Bactriane, qui le tua. Le roi de Macédoine poursuivit Bessus : il s'empara de l'Hyrcanie, de l'Arie, de l'Arachosie, de la

Alexandre vainqueur, d'après le groupe de Puget. (Musée du Louvre.)

Bactriane, de la Sogdiane ; Bessus fut pris et mis à mort. Dans ce pays rude, froid, hérissé de montagnes, il fallut combattre les Scythes, au bord de l'Oxus (Amou-Daria) et de l'Iaxarte (Syr-Daria), fleuves tributaires du Lac Oxien (Mer d'Aral). Là fut fondée une nouvelle Alexandrie (Khokend). Dans le même pays, les Macédoniens escaladèrent le pic sur lequel se dressait la forteresse presque inaccessible nommée la *Roche Sogdienne*, dont ils s'emparèrent.

Alexandre n'avait jamais été maître de ses passions. Enivré par le succès, il s'y abandonnait sans retenue. Sur un soupçon frivole, il avait fait tuer le fils de Parménion, Philotas ; craignant le ressentiment de Parménion, il le fit assassiner à son tour. Clitus avait sauvé la vie du roi au passage du Granique. Un jour, dans un festin, comme les courtisans rabaissaient à l'envi les victoires de Philippe, père d'Alexandre, pour exalter celles de son fils, Clitus eut le courage de s'indigner ; le roi furieux et ivre le perça de son javelot. Revenu à la raison, il versait des larmes ; les flatteurs le consolèrent en lui disant que les rois étaient comme les dieux, qu'ils n'avaient jamais tort ! Encouragé par ce beau raisonnement, Alexandre voulut se faire adorer : il exigea qu'on se prosternât devant lui, comme on faisait devant les rois de Perse. Le philosophe Callisthène s'y étant refusé, il le fit mettre à mort.

Après ces actes de férocité et de folie, il poursuivit ses conquêtes. Il parvint sur l'Indus, obtint la soumission du roi Taxile et lui laissa ses États. Au bord de l'Hydaspe, un autre prince indien, Porus, lui opposa une résistance désespérée. Battu, blessé, pris, Porus fut amené au vainqueur. « Comment veux-tu être traité ? » lui demanda celui-ci. « En roi, répondit le captif. » Alexandre lui rendit ses États.

Il aurait voulu continuer à marcher en avant, dans la direction du Gange. Les soldats, harassés, refusèrent de le suivre plus longtemps. Il fit dresser douze autels gigantesques, pour marquer le terme de ses conquêtes, et descendit la vallée de l'Indus au midi, dans la direction de l'Océan Indien. Chemin faisant, il prit d'assaut la ville des Oxydraques, au siège de laquelle il faillit périr.

Quand on fut à l'embouchure du fleuve, il chargea son amiral Néarque et son pilote Onésicrite de revenir avec la flotte jusqu'à l'Euphrate en explorant les côtes de l'Océan Indien.

L'armée revint par terre à Babylone. Il fallut soixante jours pour traverser les sables brûlants de la Gédrosie, où l'on enfonçait jusqu'aux genoux. Dans la Caramanie, on retrouva l'abondance. Enguirlandés de lierre, des coupes à la main, les soldats environnaient en chantant le char royal. Alexandre y était assis avec Héphestion et ses autres favoris. Il avait la couronne sur la tête, et portait un thyrse à la main, avec les attributs de Bacchus, le dieu du vin, qui, lui aussi, disait la légende, était autrefois revenu victorieux de l'Inde. Arrivé à Suse, le roi épousa l'une des filles de Darius, et paya les dettes de tous ses soldats. Il n'en réprima pas moins avec vigueur une révolte qui avait éclaté dans son armée.

On avait regagné Ecbatane quand mourut Héphestion. Privé du favori qu'il chérissait, le roi pleure, se lamente, fait mettre en croix le médecin du mort, et brûle le temple du dieu de la médecine, Esculape. Ensuite, il rentre à Babylone entre deux rangées d'autels d'argent sur lesquels des parfums brûlaient en son honneur. Un long cortège de mages, de musiciens, de femmes, d'enfants vêtus de blanc, vint à sa rencontre. On lui mit sur la tête la *cidaris*, tiare réservée aux divinités. Des lions, des léopards apprivoisés suivaient le triomphe. On bâtit pour le dieu nouveau une maison d'or, un trône d'or.

Il voulait construire mille vaisseaux longs; il voulait conquérir l'Arabie, soumettre l'Éthiopie, Cyrène, Carthage, la Libye, la Numidie, la Sicile; établir une route qui aurait longé le bord méridional de la Mer Méditerranée, de l'Égypte aux Colonnes d'Hercule; transporter des colonies européennes en Asie, des colonies asiatiques en Europe; bâtir des temples immenses à Délos, Delphes, Dodone, Dium, Amphipolis, Cyrrha et Ilion; enfin dresser sur le tombeau de Philippe, son père, une pyramide qui égalerait en hauteur la plus élevée de celles d'Égypte. Mais ces projets ne devaient pas s'exécuter. Invité à un festin chez un de ses favoris, Médius, il but avec excès; déjà ivre, il paria qu'il viderait un grand vase rempli de vin, et nommé la Coupe d'Hercule. Cet exploit terminé, il tomba comme foudroyé. On le porte dans son lit; il revient à lui, et le lendemain s'enivre de nouveau. La fièvre le saisit. Dans l'attente de sa fin prochaine, il remit son anneau à Perdiccas. On lui demanda à qui il laissait le pouvoir : « A l'épée la plus tranchante, » répondit-il. Il prédit que ses funérailles seraient ensanglantées, et rendit le dernier soupir au point du jour, le 2 juin 323. Il avait régné douze ans et trois mois, et n'avait pas encore trente-trois ans.

IV. Hannibal le Carthaginois et le Romain Scipion l'Africain.

L'empire universel qu'Alexandre avait voulu fonder, c'est aux Romains qu'il était réservé de le conquérir. La lutte la plus terrible qu'ils eurent à soutenir pour devenir les maîtres du monde, a reçu le nom de *Guerres Puniques*. L'adversaire de Rome, dans cette lutte, fut Carthage, colonie de Tyr, ville principale des Phéniciens (en latin ce mot se dit *Pœni*, d'où punique).

Carthage fut fondée, dit la tradition, par une femme nommée Didon, au nord de l'Afrique, non loin de la ville actuelle de Tunis, au fond d'un golfe compris entre le Cap de Mercure (Cap Bon), à l'orient, et le Beau Promontoire, ou Promontoire d'Apollon (Cap Blanc) à l'occident. Ville de marchands et de marins, Carthage couvrit de ses colonies la Sicile, la Corse, la Sardaigne, les Iles Baléares, l'Espagne méridionale. Mais comme elle traitait durement ses sujets, comme elle n'avait pour soldats que des mercenaires toujours en révolte, sa puissance militaire ne répondait point à ses ressources. Rome, au contraire, victorieuse des Sabins, des Marses, des Etrusques, des Samnites, des Tarentins, de Pyrrhus, roi d'Epire, avait soumis toute l'Italie péninsulaire. Elle ne faisait jamais la paix avec ses adversaires avant de les avoir vaincus. L'armée romaine était partagée en légions. Chaque légion comptait 5 ou 6 000 soldats, soumis à une discipline sévère, exercés à toutes les fatigues, aguerris contre tous les périls. Dans la première guerre punique, de 264 à 241 av. J. C., les Carthaginois, malgré le courage d'Hamilcar Barca, furent vaincus sur terre

et sur mer par les Romains, qui eurent successivement pour chefs Duilius, Métellus, Régulus et Luta-
tius Catulus. Carthage épuisée dut céder à ses adversaires la Sicile, et, bientôt après, la Sardaigne et la
Corse.

Hamilcar Barca dédommagea son pays par la conquête de l'Espagne. Ce pays fut gouverné après sa
mort successivement par son gendre et par son fils :
le premier, nommé Hasdrubal; le second, Hannibal, le
plus terrible ennemi que Rome ait jamais rencontré.

Encore enfant, Hannibal avait juré à son père de
haïr Rome jusqu'à la mort. A son aspect, les vétérans
croyaient revoir Hamilcar, mais Hamilcar à vingt et
un ans : même accent de voix, même vivacité dans le
geste, même feu dans le regard. Il était vêtu, buvait
et mangeait comme le dernier de ses soldats. Son armure seule l'en distinguait. Mais personne ne maniait
comme lui un cheval numide, ne franchissait plus les-
tement un obstacle, ne supportait mieux la fatigue, la
marche, le froid ou la chaleur. Au besoin, il se passait de dormir. Sa gaieté, son à-propos, son entrain,
remplissaient le soldat d'enthousiasme. Toujours sa
pensée était en travail. Mais c'est surtout dans les
occasions critiques qu'il avait de ces inspirations sou-
daines qui déconcertent l'ennemi, et font crouler en
un moment tout un échafaudage de plans longuement
médités.

Il commença par soumettre dans l'intérieur de l'Espagne les Carpétans, les Vaccéens et les Olcades.
Ensuite, pour rompre la paix avec les Romains, il se
jette sur Sagonte, que protégeait un traité antérieur.
Des ambassadeurs romains viennent réclamer; il leur
interdit son camp, et les renvoie à Carthage. Là,
effrayés par la perspective d'une guerre qui ruinerait
de nouveau leur commerce, et voyant dans Hannibal
un tyran possible, les sénateurs hésitèrent longtemps.
Enfin, on dit aux envoyés romains de choisir entre la
paix ou la guerre. Ils se décidèrent pour la guerre.

Pendant ce temps, Sagonte avait succombé (219-218).

Hannibal résolut d'aller chercher Rome chez elle, non par mer, mais par terre, à travers l'Espagne, la Gaule et l'Italie, en franchissant les Pyrénées, le Rhône, les Alpes. La route était immense, périlleuse; mais chez les barbares dont il traverserait les terres. le général carthaginois espérait trouver des alliés: en Italie, il comptait sur le soulèvement des Cisalpins, des Etrusques, des Samnites.

Il part de Carthagène (218), franchit l'Èbre et renvoie, avant de quitter l'Espagne, tous les hommes dont il n'est pas sûr. Il n'en conserve que 60 000, et traverse les Pyrénées. A force d'adresse, il dissipe la défiance des montagnards, qui lui donnent des guides et des vivres.

Il arrive au bord du Rhône. Le fleuve était large, le courant rapide, les Gaulois Volkes en armes à l'autre bord. Les hommes passèrent dans des barques, les chevaux tenus en laisse à la nage, les éléphants sur un radeau enduit de terre. Au débarquement, les Volkes se ruèrent sur l'armée. Un grand cri retentit derrière eux : ils se retournent, et voient leurs tentes en flammes. Un parti de Carthaginois avait franchi plus haut le fleuve, pour venir les prendre à revers. Bientôt après Hannibal arriva au pied des Alpes.

Pourtant, en voyant se dresser devant eux, après tant de fatigues, cet énorme mur de roc et de neige, Espagnols et Numides furent saisis d'effroi. Leur chef les rassura : « A leur départ des extrémités de l'Occident, quand ils quittaient les dernières terres que regarde le soleil à son déclin, pour se diriger vers les lieux où commence sa course, personne n'avait trouvé long le voyage..... Depuis les Colonnes d'Hercule, ils étaient venus en vainqueurs. La nature, les hommes, n'avaient rien pu contre eux. Ils avaient pris Sagonte, passé l'Èbre, les Pyrénées, le Rhône, battu les Gaulois..... Et quelques glaçons leur feraient peur? » Il fallut neuf jours pour arriver au sommet des Alpes; bien des soldats furent tués par les montagnards, brisés dans les précipices, ou restèrent dans la neige. Enfin, on aperçut, sous ses pieds, l'Italie, le soleil, le Pô, se déroulant comme un ruban à travers les champs et les villes, la Terre promise.

Hannibal était dans la Gaule Cisalpine. Mais il n'avait plus que 26 000 hommes; nul moyen de reculer.

Soldat romain en marche.

Il fit combattre les uns contre les autres les montagnards qu'il avait pris. Aux vainqueurs, il donna la liberté, de l'argent et des armes; la mort affranchissait les vaincus. Après avoir montré à ses soldats cette parabole expressive, il les conduisit à l'ennemi.

Venu par mer de Marseille à Gênes, le consul Scipion s'était posté à la gauche du Pô, sur le *Tessin*. Il croyait avoir bon marché d'adversaires en guenilles, épuisés de fatigue, les membres gelés, perclus. Mais ces hommes amaigris, qu'il méprisait tant, comptaient sur leur général, et lui sur eux. Dès la première rencontre, les Romains furent mis en fuite, et Scipion blessé (218).

Scipion passa sur la rive droite du Pô et s'établit derrière la *Trébie*. Son collègue Sempronius veut prendre l'offensive, et franchit la rivière par une journée de neige. Il est enveloppé, perd la bataille et 30 000 hommes. Toute la Gaule Cisalpine se déclara pour Hannibal. Il y passa l'hiver (218).

Au printemps suivant, il reprit sa marche (217). Il avait maintenant, avec les Gaulois, 85 000 combattants. Il fallut marcher dans l'eau pendant quatre jours et trois nuits, pour franchir les marais de l'Arno. Les soldats ne pouvaient avoir les pieds hors de l'eau et dormir, qu'en se couchant sur les cadavres des bêtes de somme. Des milliers d'hommes périrent. Hannibal était monté sur le dernier éléphant resté vivant. La fatigue et l'humidité lui firent perdre un œil.

En Etrurie, il rencontra Flaminius, le vainqueur des Insubriens. Au milieu du brouillard, le consul s'enferma comme un aveugle entre le *Lac Trasimène*, les montagnes et l'armée ennemie. Il fut tué; 20 000 Romains tombèrent sous les coups des Carthaginois ou se noyèrent dans le lac (217).

Hannibal franchit l'Apennin, parcourut l'Ombrie et le Picenum sans résistance. Rome, effrayée, avait nommé prodictateur le vieux patricien Fabius. Le nouveau général laissa son adversaire aller librement de l'Adriatique à la Mer Tyrrhénienne, gardant les légions sur l'Apennin, et refusant le combat. En vain le peuple et les alliés, dont Hannibal ravageait les terres, criaient à la lâcheté, à la trahison. Les choses en vinrent au point que le peuple, à la suite d'un succès de Minucius, général de la cavalerie, lui donna des pouvoirs égaux à ceux de Fabius. Minucius se fit battre, et aurait péri sans le secours du dictateur, sous les ordres duquel il revint se placer. Fabius resta fidèle à sa prudente tactique. Il parvint même à cerner

Hannibal dans les montagnes de la Campanie. Mais pendant la nuit, le Carthaginois fit attacher des bottes de paille allumées aux cornes d'un grand nombre de taureaux, qui allèrent mettre le désordre parmi les postes romains et lui ouvrirent un passage (217-216).

Quand Fabius sortit de charge, l'un des deux consuls, le patricien Paul Emile, voulut continuer sa tactique. Mais le plébéien Varron, fils d'un boucher, fut indigné à la pensée de laisser ravager l'Italie. Les deux consuls commandaient l'un après l'autre. Varron conduisit les légions en face d'Hannibal. La rencontre eut lieu en Apulie, sur les bords de l'Aufide, près de *Cannes*. Les Romains avaient 90 000 hommes, Hannibal 50 000. Le centre des Carthaginois recula, les Romains avancèrent, et si loin, que les deux ailes de l'armée ennemie formèrent le croissant autour d'eux. Attaqués de front par l'infanterie espagnole, sabrés sur les côtés par les cavaliers numides, poignardés par derrière par de prétendus transfuges qu'ils avaient reçus dans leurs rangs, ils périrent au nombre de 50 000. Paul Emile resta parmi les morts (216).

Malgré cette éclatante victoire, Hannibal n'avait pas assez de troupes pour suivre le conseil de Maharbal et venir « souper au Capitole. » La conduite de Rome et de Carthage, après la bataille de Cannes, montre bien laquelle des deux Républiques devait à la fin triompher. Quand Magon, frère d'Hannibal, vint en Afrique étaler devant le sénat les anneaux d'or des chevaliers romains tués dans la bataille, et demanda des renforts : « S'il est réellement vainqueur, répondit Hannon, il n'a pas besoin de secours ; s'il exagère son succès, il ment et n'en mérite pas. » A Rome, le sénat tout entier était allé au-devant de Varron fugitif, et l'avait solennellement remercié de n'avoir pas désespéré du salut public.

Ainsi, Hannibal est livré à lui-même ; il était depuis deux ans en Italie, il y restera treize ans encore. Avec

une armée mutilée, avec des mercenaires, il tiendra
tête à tous les généraux de Rome, à 200 000 combattants! On ne sait de quoi s'étonner davantage, de son
génie militaire ou de la persévérance des Romains.

La bataille de Cannes ouvrit au vainqueur les portes
de *Capoue*. Sous le beau ciel de la Campanie, dans la
riche ville à laquelle Hannibal avait promis l'héritage
de Rome, les vainqueurs goûtèrent le repos. Ils ne
l'avaient plus connu depuis leur départ de Carthagène.

Le sénat ne s'était pas laissé abattre. Au vainqueur
de Cannes il opposa Fabius Cunctator et Marcellus,
le bouclier et *l'épée de Rome*; 23 légions furent mises
sur pied. Pendant que les deux Scipions triomphaient
des Carthaginois en Espagne, que Philippe III de
Macédoine, allié d'Annibal, était battu par le préteur
Lævinus à l'embouchure de l'*Aoüs* en Épire (216), les
Romains reprenaient l'offensive en Italie. Repoussé à
l'attaque de *Naples* et de *Nole* (216), Hannibal dut, à
son tour, battre en retraite (215). Il fut encore battu
devant *Cumes* et *Nole*. Les Romains reparurent sous
les murs de Capoue. En 214, ils reprirent *Bénévent*.

Soldats romains formant la tortue pour attaquer une muraille.

L'année suivante (213), Hannibal resta immobile. Son attention s'était portée ailleurs. Le vieil allié des Romains, Hiéron II, était mort; les Syracusains massacrèrent son petit-fils Hiéronyme, et entrèrent dans le parti carthaginois. Toute la Sicile suivit cet exemple.

Rome se raidit contre ce nouveau danger. Envoyé en Sicile, Marcellus mit le siège devant *Syracuse*. Pendant deux ans (213-212), les machines inventées par le célèbre Archimède rendirent inutiles les attaques des Romains, brisèrent leurs vaisseaux, épouvantèrent leurs travailleurs. Enfin, à la faveur d'une fête, le rempart fut escaladé pendant la nuit. Archimède fut tué par un soldat.

Sur le continent, le siège de *Capoue* dura trois ans (213-211). Hannibal l'avait laissé commencer sans obstacle : il s'était replié sur la Lucanie et le Brutium. En 212, on apprend qu'il est maître de *Tarente*, et presque aussitôt il est au milieu des cantonnements romains, livre trois batailles à Gracchus, à Pœnula, à Fulvius, remporte sur eux trois victoires, tue 30 000 Romains, sans pouvoir forcer la ligne de blocus.

Alors, pour faire lever le siège, il traverse audacieusement la Campanie, le Latium. Il arrive aux portes de Rome..... Elle était là, sous ses yeux, à quelques centaines de pas, cette ville rivale détestée, où il avait espéré entrer vainqueur. Il pouvait entendre sur les remparts la voix des sentinelles. Pendant qu'il la contemplait, on vendait le champ sur lequel campaient ses soldats. Il se retira au bout de cinq jours. Les légions assiégeaient toujours Capoue. Au moment où Hannibal regagnait le Brutium, les magistrats campaniens s'empoisonnaient à la fin d'un banquet, la ville ouvrait ses portes, ses habitants étaient vendus comme esclaves (211).

Hannibal était désespéré. En vain il livra deux batailles encore, fut deux fois vainqueur (210) : Fabius n'en reprit pas moins *Tarente* (209). En vain Marcellus fut tué (208) : il restait trop peu de monde au général carthaginois pour agir avec vigueur.

Pourtant il comptait sur l'arrivée de son frère Hasdrubal, qui venait d'Espagne avec une armée. Il voulut aller au-devant de lui; mais, de l'Adriatique à la Mer de Toscane, les légions lui opposèrent un mur d'acier. Il dut reculer, rester inactif, quand le sort de la guerre se décidait ailleurs. Hasdrubal était arrivé dans le nord de l'Italie; il s'avançait vers le midi, par le versant oriental des Apennins. Il rencontra sur le *Métaure* les deux consuls L. Drusus et Claudius Néron, avec les deux armées consulaires. Il crut son frère mort, perdit courage. Son armée fut exterminée. Une semaine après, les vainqueurs jetaient sa tête dans le camp d'Hannibal.

Il reconnut la fortune de Carthage, et, cédant à la destinée, se retira dans la presqu'île qui forme l'extrémité méridionale du pays. Il y resta quatre ans encore (207-203). Adossé à la mer, qui l'entourait de trois côtés, sûr de n'être attaqué ni par derrière, ni sur les flancs, il faisait front à l'Italie.

Après six ans de lutte en Espagne, les deux Scipions, Publius et Cneius, avaient été vaincus et tués (212). Le fils de Publius prit leur place. C'était un jeune homme intelligent, aimable, gracieux, de mœurs un peu molles, un peu efféminées, nourri dans l'admiration de la Grèce, un patricien amoureux de popularité, un général de grand génie, mais non pas un soldat comme Hannibal; connaissant assez les hommes pour souhaiter leurs éloges, trop pour désirer d'être leur maître; sensible à la louange et dédaignant le pouvoir. A dix-huit ans, sur les bords du Tessin, il avait, dit-on, sauvé son père. La mort de son père et de son oncle avait épouvanté les généraux romains, qui refusaient d'aller en Espagne. Il demanda, lui, l'honneur d'y être envoyé. Il n'avait que vingt-quatre ans.

Arrivé au bord de l'Èbre, il se dirige sur *Cartha-*

gène à marches forcées. Il lui faut huit jours pour arriver sous les murs de la ville, un pour la prendre (210). Il remet en liberté les otages que les Carthaginois s'étaient fait livrer par les divers peuples d'Espagne. Par sa modération et sa douceur, il gagne Mandonius et Indibilis; par son activité, il triomphe d'Hasdrubal, et le force à franchir les Pyrénées pour aller en Italie se faire tuer sur les bords du Métaure, en cherchant à rejoindre Hannibal ,207). Bien plus, il quitte l'Espagne sous un déguisement. Il se hasarde seul en Afrique, pour gagner à l'alliance romaine les deux rois numides Syphax et Massinissa. Quand il revint à Rome, des Pyrénées au détroit de Gadès, Carthage avait tout perdu (205).

Le peuple le nomma consul. Il demanda et obtint l'Afrique pour province. Scipion réunit ses troupes en Sicile, partageant son temps entre l'Agora de Syracuse, où il écoutait les rhéteurs grecs, et sa flotte, dont il hâtait l'équipement. En 204, il débarque en Afrique. Le Numide Syphax, marié à Sophonisbe, fille du Carthaginois Hasdrubal Giscon, était devenu l'ennemi de Rome ; Massinissa, resté l'allié des Romains, dépouillé par lui, et blessé dans un combat, fuyait à travers le désert. L'arrivée de Scipion en Afrique changea tout. Le général romain entra en négociations avec Syphax et Hasdrubal, les endormit, et, en une nuit, brûla leurs deux camps avec une multitude de Carthaginois et de Numides. Syphax tomba au pouvoir des vainqueurs. Massinissa voulait épouser Sophonisbe. Pour se venger, Syphax conseilla à Scipion de la faire mourir : autrement elle tournerait Massinissa, comme elle l'avait tourné lui-même, contre Rome. L'avis fut écouté : sur l'ordre du consul, Massinissa présenta la coupe empoisonnée à la malheureuse jeune femme (204).

Rappelé à grands cris par les Carthaginois, Hannibal quitta l'Italie, où depuis longtemps il sentait bien son impuissance, mais dont il ne pouvait s'arracher. Il arrive avec le reste de ses troupes ; il demande à Scipion une entrevue et propose de céder l'Espagne. Le Romain refuse. La bataille se livra au sud-ouest de Carthage, à *Zama*. Hannibal avait placé en troisième ligne, en réserve, tous ses vieux soldats. Les deux premières lignes enfoncées, la troisième resta seule debout sur le champ de bataille, froide, compacte, inébranlable. Mais la cavalerie numide fondit sur elle par derrière, tandis que les Romains chargeaient de front. Hannibal rentra dans Carthage avec quelques hommes (202).

Il ne restait plus qu'à traiter. Carthage dut rendre aux Romains les prisonniers et le butin qu'elle gardait encore ; livrer les transfuges, ses éléphants, ses vaisseaux longs, dix exceptés ; donner des otages ; s'engager à restituer à Massinissa tout ce qu'elle avait pris à lui et à ses ancêtres ; s'interdire le droit de faire la guerre sans la permission de Rome ; payer en cinquante ans dix mille talents euboïques. La seconde guerre punique était terminée (201).

A son retour en Italie, Scipion reçut le nom d'*Africain* ; on lui offrit même le consulat pour toute sa vie. Il le refusa. Pendant ce temps, Hannibal, rentré dans Carthage, s'efforçait de réorganiser sa patrie en vue d'une lutte nouvelle contre Rome. Les Romains alarmés exigèrent bientôt son extradition. Il prit la fuite, et se retira en Asie auprès d'Antiochus le Grand, roi de Syrie. Poussé par lui, ce prince déclara la guerre à Rome. Il passa même en Europe. Mais il ne suivit pas les conseils du vainqueur de Cannes. Il se fit battre en Grèce, aux Thermopyles, par Marcus Porcius Caton, en 191, et en Asie, à Magnésie, par Lucius Scipion, qui fut surnommé l'*Asiatique*, et qui dut sa victoire à son frère Scipion l'Africain.

Hannibal et Scipion l'Africain moururent la même année, en 183. Le Carthaginois avait cherché un refuge auprès de Prusias, roi de Bithynie. Flamininus vint, au nom du sénat de Rome, exiger qu'on le lui livrât. Hannibal se donna la mort avec du poison qu'il portait dans un anneau pour être toujours maître de lui-même. Quant à Scipion, en butte à la défiance de ses ennemis, qui lui reprochaient son orgueil et l'accusaient de mépriser les lois, il s'était retiré en Campanie, à Literne, où il mourut.

Un demi-siècle plus tard, les Romains cédèrent aux excitations de Caton, qui terminait tous ses discours par cette phrase : « En outre, je pense qu'il faut détruire Carthage. » La troisième guerre punique dura de 149 à 146. Elle fut terminée par Scipion Émilien. Il était, par adoption, petit-fils de Scipion l'Africain, et, après la prise de Carthage, il reçut le surnom d'*Africain*, comme son aïeul.

V. Le Romain Jules César, conquérant de la Gaule, et le Gaulois Vercingétorix, défenseur de son pays.

Parmi les généraux romains, après les deux Scipions, les vainqueurs de Carthage, il n'en est pas de plus célèbre que Jules César, le conquérant de la Gaule.

D'après la tradition, Jules César descendait d'Iule, fils d'Énée. Petit-neveu de Marius, il épousa, malgré Sylla, la fille de Cinna, qui avait été le collègue de son oncle. Traqué dans les montagnes, il fut épargné à la prière des Vestales, bien que Sylla eût reconnu en lui « l'étoffe de plusieurs Marius ; » mais il jugea prudent de sortir d'Italie. A Rhodes, il suivit les leçons du rhéteur Molon ; en Asie, pris par des pirates, il fixe lui-même sa rançon, les menace de mort étant leur prisonnier, et, devenu libre, tient parole ; puis il passe en Bithynie à la cour de Nicomède. La mort de Sylla lui ouvrait l'Italie : il y rentre, et devient grand pontife, bien qu'il fît ouvertement profession d'athéisme. Ses dépenses, ses largesses, le mouvement qu'il se donnait, ses mœurs légères, tout en lui séduisait le peuple de Rome. Aussi en était-il l'idole au point d'alarmer la vigilance de l'austère Caton.

Dès sa jeunesse, César s'était cru prédestiné à régner. Une voix lui murmurait à l'oreille : « Tu seras maître un jour. » Possédé de cette idée fixe, il s'était proposé un modèle, Alexandre, comme le roi de Macédoine avait cru lui-même imiter Hercule et Bacchus, comme d'autres ont imité César. Aussi, rien qu'il n'eût fait pour attirer l'attention populaire. Malgré tant d'efforts, à l'âge où Alexandre avait vaincu Darius, César n'avait encore eu affaire qu'à ses créanciers ; il n'était que propréteur en Espagne, et se trouvait en butte à la défiance des patriciens et des chevaliers : on l'accusait d'avoir trempé dans la conjuration de Catilina. Sans doute, il avait la faveur populaire ; mais il lui manquait deux moyens d'action essentiels : la gloire militaire et l'argent.

Il forma une association nommée *triumvirat* avec deux autres Romains célèbres, Pompée et Crassus. Pompée avait remporté de grandes victoires en Orient, et Crassus possédait une fortune immense. Grâce à leur appui, César fut nommé consul en l'an 59. Au sortir de son consulat, il obtint le commandement de la Gaule et de l'Illyrie pour cinq ans.

Depuis un demi-siècle, les Romains avaient pénétré dans le vaste pays compris entre l'Océan et la Méditerranée, les Pyrénées et le Rhin. Alliés de Marseille, ils avaient occupé au sud-est la côte de la Méditerranée et l'embouchure du Rhône, fondé Aix, Narbonne et Nîmes, battu les Arvernes, soumis les Allobroges. Mais, au delà des Cévennes, ils n'étaient pas entrés dans la portion de la Gaule qui regarde l'Océan. Là vivaient une multitude de petits peuples réunis seulement par la communauté d'origine et par la religion. Leurs divisions ouvraient la Gaule à César.

Il eut d'abord à combattre les Helvètes. Habitant entre le Rhône et le Rhin, le lac Léman et le lac de

Constance, les Alpes et le Jura, un pays froid, montagneux, improductif, attaqué d'ailleurs par les Ger-

La Maison carrée, à Nîmes.

mains, ce peuple avait résolu d'aller chercher à l'ouest, vers la Dordogne et la Garonne, un meilleur climat et des terres plus fertiles. Ils brûlèrent 12 villes, 400 villages, et se mirent en marche. Ils comptaient sur l'alliance des Édues, que leur promettait Dumnorix ; il est vrai que le frère de ce chef, le druide Divitiac, était l'ami de César.

Les Helvètes demandèrent à César l'autorisation de passer par le pont de Genève sur la rive gauche du Rhône, afin de venir le traverser de nouveau plus bas, dans la province. César fit une réponse évasive, gagna du temps, coupa le pont, éleva un mur de 19000 pas du lac aux montagnes. Les Helvètes entrèrent donc dans le pays des Séquanes. Le Romain les surprit au passage de la *Saône*, les battit, se mit à leur poursuite. Ensuite il feint de battre en retraite et les attire à une action générale. « Pendant tout le combat, qui dura depuis la septième heure jusqu'au soir, on ne put voir un Gaulois tourner le dos. » Ils n'en furent pas moins vaincus. Ils étaient partis au nombre de 368 000 ; ils revinrent 110 000 : 258 000 avaient péri.

César était au bord de la Saône. Divitiac le pria de marcher contre Arioviste. Ce roi des Suèves, appelé par les Séquanes contre les Édues, avait passé le Rhin avec 144 000 hommes et devenait chaque jour plus menaçant. Il refusa d'abord une entrevue au proconsul : il n'avait rien à démêler avec les Romains ; le pays des Séquanes et des Édues lui appartenait par droit de conquête : malheur à qui viendrait le lui disputer ! César arriva sur les bords du Doubs, occupa Besançon. Les Romains tremblaient à l'idée de se mesurer avec les géants de la Germanie. Mais la dixième légion donna l'exemple. Battu, blessé, Arioviste repassa le Rhin dans une barque : ses deux femmes périrent ; l'une de ses filles fut tuée, l'autre prise.

Les Édues avaient introduit César dans la Celtique ; les Rèmes lui ouvrirent la Belgique. Sur les bords de l'Aisne, 310 000 Gaulois s'étaient réunis, Bellovaques, Suessions, Nerviens, Atrébates, Ambiens, Morins, Ménapiens, Calètes, Véliocasses, Veromandues, Aduatiques, Condruses, Éburons, Cæreses, Pémanes. Mais ils se séparèrent en désordre, quand ils apprirent que les Édues, prenant la Belgique à revers, attaquaient le pays des Bellovaques. La cavalerie romaine sabra des milliers de fuyards près de *Bibrax*. Les Suessions, les Bellovaques, les Ambiens, se soumirent.

Les Nerviens résistèrent mieux. César était campé sur une colline qui dominait la *Sambre*. Sur l'autre rive, une longue ligne de hauteurs ondulées et couvertes de bois suivait les sinuosités de la rivière. A la faveur des taillis, les Nerviens arrivèrent sans être aperçus, se jetèrent à l'eau et vinrent se ruer sur les légions dispersées. Les cavaliers auxiliaires de Trèves s'enfuirent à toute bride. Mais César saisit un bouclier, se jeta au milieu des siens. Des renforts parurent, les blessés mêmes se redressèrent pour combattre. En vain les Nerviens renvoyaient aux Romains les traits lancés contre eux : ils furent écrasés. De 60 000, il en resta 500. Les Aduatiques ne furent pas mieux traités : après la prise de *Namur*, on en vendit 53 000 aux marchands d'esclaves. Les légions hivernèrent entre la Somme, la Seine et la Loire; César, dans la Cisalpine.

Au printemps, les Romains sont en Armorique, à l'extrémité occidentale de la Gaule. Les Vénètes, les Osismiens, les Lexoviens, les Namnètes, étaient en armes sur terre et sur mer. Leurs vaisseaux occupaient l'embouchure de la Loire et de la Vilaine, le golfe du Morbihan. Leurs villes, placées sur des promontoires, n'offraient d'accès « ni aux gens de pied quand la mer était haute (ce qui arrivait deux fois en vingt-quatre heures), ni aux vaisseaux qui restaient ensablés quand elle était basse. » César fit construire une flotte : sous ses yeux, sous ceux de l'armée rangée en bataille sur le rivage, la marine des Vénètes fut détruite. Quand ils se furent soumis, le vainqueur « fit mourir tout le sénat et vendit le reste à l'encan. » Dans le même temps, le jeune Crassus soumettait l'Aquitaine, en une seule bataille, qui coûta aux Gaulois 38 000 hommes.

Afin de venir à bout plus facilement des Gaulois, César résolut de les isoler de tout secours. Les Suèves, la plus puissante nation de la Germanie, avaient chassé de leur pays les Usipètes et les Tenchtères. Ces deux peuples franchirent le Rhin, envahirent le pays des Ménapiens, des Éburons et des Trévires, c'est-à-dire les vallées de l'Escaut, de la Meuse et de la Moselle. César accourt, trompe les Germains par de fausses négociations, les refoule du sud-est au nord-ouest, enfin les accule dans le coude que forme la Meuse, lorsque, après s'être un instant réunie au Wahal, elle s'en écarte pour le rejoindre encore,

Porte-enseigne romain.

après avoir contourné par le sud l'île de Bommel, que le Wahal contourne par le nord. Les Germains furent tués ou noyés : ils étaient 430 000. Ensuite César jeta en dix jours un pont sur le Rhin, battit les Sicambres, fit alliance avec les Ubiens, et rentra en Gaule.

La même année, il réunit une flotte dans le pays des Morins, entre la Somme et l'Escaut, sur le Pas de Calais. Le détroit traversé, malgré la violence du courant, on arriva en vue des côtes de Bretagne. Des milliers d'insulaires, le corps teint avec du pastel, à pied, à cheval, montés sur des chars, couvraient le rivage en agitant leurs armes et en poussant de grands cris. Quelques soldats se jettent à l'eau pour se former en bataille avant d'atteindre la côte : le courant les emporte. Les autres hésitent effrayés. Mais quand le porte-aigle de la dixième légion eut sauté dans les flots, tous le suivirent : les Bretons furent mis en fuite. Cependant on était au temps des plus hautes marées. La cavalerie ne put débarquer. Nombre de vaisseaux furent brisés contre les rochers. César se hâta de revenir en Gaule.

Il reparut l'année suivante, après avoir fait tuer Dumnorix, frère de son plus ancien allié, l'Éduen Divitiac, qui refusait d'accompagner l'invasion de l'île sainte, où avait pris naissance le culte des druides. Tous les Bretons s'étaient confédérés sous la conduite de Cassivellan. Les Romains franchirent la Tamise en ayant de l'eau jusqu'aux épaules, firent alliance avec les Trinobantes, auxquels ils donnèrent pour roi leur allié Mandubratius, et quittèrent l'île après avoir reçu des otages de Cassivellan.

De retour sur le continent, César dispersa ses légions en quartiers d'hiver. Les Gaulois se repentaient maintenant avec amertume de leurs divisions, de l'indifférence qu'ils avaient montrée en voyant César accabler l'un après l'autre des peuples qui, réunis, auraient pu le vaincre.

César était à Samarobrive (*Amiens*, littéralement

Pont-sur-Somme). Ambiorix souleva les Éburons. Les lieutenants Sabinus et Cotta se laissèrent tromper. Persuadés qu'ils vont être assiégés, réduits à la famine, ils quittent leur camp retranché, et quand leur légion, éparpillée sur une longue colonne, s'est engagée dans la forêt des Ardennes, elle est criblée de traits à travers le fourré par d'invisibles et innombrables ennemis. Essaye-t-elle de charger, ils reculent; avance-t-elle de nouveau, ils resserrent leur cercle. La légion périt tout entière. Une autre, cantonnée chez les Nerviens, avec Quintus Cicéron, frère de l'orateur, fut assiégée. Elle allait périr, quand César parut. Un esclave avait traversé les lignes gauloises pour le prévenir. Il vainquit les Nerviens. Labienus soumit les Trévires et fit tuer leur chef Indutiomar.

Restaient les Éburons; Ambiorix était dans la forêt des Ardennes : les Romains formèrent un immense cercle, et, battant la forêt, s'avancèrent simultanément de tous les points de la circonférence vers le centre. Ambiorix échappa, mais le pays fut dévasté, et les rares survivants parmi les habitants durent mourir de faim. Les Ménapiens remuaient : ils furent vaincus. Les Sénons voulaient prendre les armes : leur chef Acco fut mis à mort.

La Gaule ne pouvait pourtant se soumettre ainsi. Au cœur de l'hiver, les députés de tous les peuples se réunirent dans une clairière de la forêt des Carnutes. Là, en présence des arbres dépouillés et blancs de neige, étendant le bras sur leurs drapeaux réunis en faisceaux au centre du groupe, ils jurèrent de rester libres ou de mourir.

C'est à *Genabum* (Orléans), sur la Loire, que le soulèvement éclate : tous les Romains y sont massacrés. Des crieurs, échelonnés de distance en distance, transportent la nouvelle dans toutes les directions. Le soir, on la connaissait chez les Arvernes, à 160 milles de Genabum. Un jeune homme, brave, intelligent, le fils de Celtill, soulève ses compatriotes. Son

éloquence les entraîne : il est proclamé *chef suprême*
ou *Vercingétorix*. Toute la Gaule est debout.

César était dans la province. Les Cévennes le séparaient des Gaulois. Une couche uniforme de neige
revêtait les montagnes, cachant à la fois sentiers et
précipices. Les légionnaires n'en passèrent pas moins
la pioche à la main : on se trouva dans le pays des
Arvernes. César espérait qu'ils reviendraient le défendre, et que les autres peuples, séparés de ceux dont
ils avaient reçu l'impulsion, perdraient leur ardeur
première. Mais maintenant les Gaulois savaient se
battre. On laissa César piller tout à son aise : pendant ce temps, Lucter attaquait la province romaine ;
Vercingétorix venait derrière César, sur les bords de
l'Allier, prendre Gergovie (Clermont-Ferrand). Cette
ville était sur les frontières des Édues. En présence
des étendards
gaulois, les Édues
ne résisteraient
probablement
pas à la tentation
d'abandonner Cé-
sar. Le Romain
serait dès lors
coupé de la pro-
vince, coupé de
ses approvision-
nements, de sa
retraite.

César voit le
danger, descend
la Loire, prend
Genabum, tourne
à gauche, se jette
sur les Bituriges.

Le Gaulois du Pont d'Iéna par Préault.

Mais, par mal-
heur, Vercingétorix, obligé de céder aux cris des
Gaulois, dut abandonner son plan et revenir. Il n'avait

pu couper les Romains ; il résolut de les affamer. On brûla tout, on fit le désert autour de soi. Le général gaulois fut encore obligé de céder aux siens, de conserver et de défendre *Avaricum* (Bourges). César prit la ville malgré l'héroïque résistance des assiégés, dont 40 000 avaient péri.

Pour être sans inquiétude sur sa ligne de retraite, César vint attaquer *Gergovie*. L'armée de Vercingétorix campa près de la colline sur laquelle se dressait la ville. Pendant le siège, les Édues se souvinrent enfin qu'ils étaient Gaulois. A la voix de Litavic et de Convictolitan, ils se réunirent à leurs frères contre les Romains. Leur seule arrivée en vue de la place, au moment d'un assaut, mit la terreur parmi les légions : 42 centurions périrent. Abandonnant son lieutenant Labienus, qui venait de battre le Gaulois Camulogène sur la Seine, près de *Lutèce*, César voulut rentrer dans la province.

Les Gaulois poursuivirent César, et firent serment de ne pas rentrer dans leurs maisons, de ne pas revoir leurs femmes ni leurs enfants avant d'avoir traversé deux fois les rangs romains. Ils n'en furent pas moins complètement vaincus.

Vercingétorix, avec 80 000 fantassins, occupa la forte ville d'*Alesia* et les pentes de la montagne dont elle couvrait le sommet. Mais il n'avait que pour trente jours de vivres. Ses cavaliers allèrent soulever tous les peuples de la Gaule. Les Romains enveloppèrent la montagne de trois immenses fossés circulaires, avec des parapets, des lignes de pieux, des retranchements, des tours ; du côté de la plaine, ils établirent un fossé qui avait 14 milles de circuit. Ils campèrent entre les deux.

248 000 Gaulois, conduits par Vergasillaun, vinrent au secours de Vercingétorix. Ils attaquèrent extérieurement les retranchements romains, tandis que la garnison d'Alesia les attaquait à l'intérieur. Les assiégés et leurs frères pouvaient se voir, s'entendre :

qu'y avait-il entre eux? Quelques fossés, 500 mètres à peine, et, massées sur cet espace, les légions adossées les unes aux autres, faisant front des deux côtés à la fois, opposant à Vergasillaun et à Vercingétorix un double rempart de piques. Malgré les efforts désespérés des Gaulois, César fut encore victorieux. Après deux jours et une nuit, les Gaulois s'enfuirent dans toutes les directions.

Vercingétorix se remit entre les mains du proconsul, pour l'adoucir en faveur des siens. Tous les hommes pris dans Alesia furent donnés pour esclaves aux soldats. Conduit captif à Rome, le défenseur de la Gaule, après plusieurs années de captivité, orna le triomphe de César et fut étranglé dans la prison nommée le *Tullianum.*

La Gaule était vaincue. César eut bien encore quelques combats à livrer, des ennemis à tuer ou à vendre. Au siège d'*Uxellodunum*, il fit couper les mains à tous ceux qui tombèrent en son pouvoir. Ensuite, changeant de tactique, il enrôla les Gaulois dans ses troupes, il en forma une légion, celle de l'Alouette.

Maître de la Gaule, César voulut s'emparer du pouvoir souverain à Rome. L'un de ses deux associés, Crassus, avait été tué en combattant contre les Parthes. Il se brouilla avec l'autre, Pompée. Parvenu au terme légal de son commandement, César le conserve au mépris des lois. Il franchit le Rubicon, s'empare de Rome, poursuit Pompée en Grèce, et gagne contre lui la bataille décisive de Pharsale. Pompée ayant

Jules César.

péri assassiné en Égypte, César s'empara de ce pays. Malgré le courage héroïque de Caton, qui se poignarda dans Utique pour ne pas survivre à la liberté de Rome, César fut encore vainqueur des Pompéiens, en Afrique à Thapsus, en Espagne à Munda. Il portait à Rome les titres de *Dictateur, Grand Pontife, Tribun du peuple, Préfet des mœurs.* Il voulait aussi être roi. Une conspiration se forma contre lui : Brutus et Cassius la dirigeaient. Le jour des Ides de mars, c'est-à-dire le 15 mars 44, César tomba percé de vingt-deux coups de poignard, dans le Sénat, au pied de la statue de Pompée.

VI. Le Grand Ferré, ou la résistance nationale contre les Anglais, au XIVe siècle.

Bien des fois, depuis l'époque où Vercingétorix défendait l'indépendance de notre pays contre les Romains, la France s'est trouvée attaquée par des ennemis puissants. Si elle n'a pas toujours été heureuse à la guerre, du moins elle a toujours trouvé de braves défenseurs. La lutte la plus terrible que nos ancêtres eurent à soutenir fut la *Guerre de Cent ans* contre les Anglais, depuis 1337 jusqu'en 1453.

De 987 à 1328, la France avait été gouvernée par des rois appartenant à la race capétienne, c'est-à-dire par Hugues Capet et ses descendants. La première branche de cette famille royale étant éteinte, en 1328, deux prétendants se disputèrent la couronne de France: l'un d'eux était Philippe de Valois, petit-fils du roi de France Philippe III le Hardi par son père, Charles de Valois ; l'autre était le roi d'Angleterre Édouard III, petit-fils du roi de France Philippe IV le Bel par sa mère Isabelle. En vertu de la loi salique[1], qui excluait

---

1. Ou loi des Francs Saliens. C'était une tribu franque qui habitait au bord de la Sala, aujourd'hui l'Yssel, dans la Hollande.

les femmes de l'héritage des terres à la possession desquelles était attaché le service militaire personnel, les prétentions d'Édouard III furent repoussées, et Philippe VI de Valois devint roi. Il en résulta une guerre terrible. Les Anglais furent vainqueurs sur mer en 1341, à la bataille de l'Écluse, et sur terre en 1346, à la bataille de Crécy. Ils s'emparèrent en 1347 de Calais, qui resta en leur possession deux cent dix ans, jusqu'en 1558.

La malheureuse guerre de Cent ans continua sous le fils et successeur de Philippe VI de Valois, Jean II, surnommé *le Bon*, quoiqu'il ne méritât guère ce titre (1350-1364). Le roi Jean, à la tête de la noblesse, fut vaincu et fait prisonnier, en 1356, à la bataille de Maupertuis ou de Poitiers par le fils d'Édouard III, le prince de Galles, surnommé le *Prince Noir*, à cause de la couleur de son armure. Les chevaliers n'avaient pas su défendre la France ; elle fut défendue par les hommes du peuple, par les paysans. Écoutez l'histoire suivante, qui a été racontée par un chroniqueur, *le continuateur de Guillaume de Nangis*.

« Au petit village de Longueil, près de Compiègne, il existe un lieu assez fort. Les habitants, voyant qu'ils seraient en péril si l'ennemi s'en emparait, demandèrent au seigneur régent et à l'abbé de Saint-Corneille, dont ils étaient les serfs, la permission de le fortifier. Après l'avoir obtenue, ils y portèrent des vivres et des armes, prirent pour capitaine un d'entre eux, grand et bel homme, appelé Guillaume des Alouettes, et jurèrent de se défendre jusqu'à la mort. Dès que cela fut fait et connu, beaucoup accoururent des villages voisins, afin de s'y mettre à l'abri.

« Le capitaine avait pour serviteur un autre paysan très grand, très fort, et aussi brave qu'il était grand. On le nommait le *Grand Ferré*. Malgré sa haute taille et sa force, le Grand Ferré n'avait de lui-même que petite opinion, et le capitaine en faisait tout ce qu'il voulait.

« Les voilà donc là environ deux cents, tous laboureurs et gens habitués à gagner leur pauvre vie par le travail de leurs mains. Les Anglais, qui occupaient un fort près de Creil, en apprenant ces préparatifs de défense, furent pleins de mépris pour de telles gens : « Allons chasser ces manants, dirent-ils ; le lieu est bon et fort ; occupons-le. » Il fut fait comme il avait été dit : deux cents Anglais y marchèrent. On ne faisait pas bonne garde ; les portes mêmes étaient ouvertes ; ils entrèrent hardiment. Au bruit qu'ils firent, ceux du dedans, qui étaient dans les maisons, coururent aux fenêtres, et, voyant tant d'hommes bien armés, entrèrent en effroi. Le capitaine toutefois descendit avec quelques-uns des siens et se mit à frapper bravement sur les Anglais ; mais, bientôt entouré, il fut blessé mortellement. A cette vue, les autres et le Grand Ferré se dirent : « Descendons et vendons chèrement notre vie, car il n'y a plus de miséricorde à espérer. » Ils se réunirent, et, sortant tout à coup par diverses portes, se jetèrent à coups redoublés sur les Anglais. Ils frappaient comme quand ils battent le grain sur l'aire ; les bras se levaient et s'abattaient, et à chaque coup un Anglais tombait.

« Quand le Grand Ferré arriva près de son capitaine expirant, il fut pris d'une vive douleur, et se rejeta avec furie sur l'ennemi. Comme il dépassait de la tête tous ses compagnons, on le voyait brandir sa hache, frapper, redoubler les coups, dont pas un ne manquait son homme. Les casques étaient brisés, les têtes fendues, les bras coupés. En peu de temps, il fit place nette autour de lui, en tua dix-huit, en blessa bien plus. Ses compagnons, encouragés, faisaient merveille, si bien que les Anglais quittèrent la partie et se mirent à fuir. Les uns sautèrent dans le fossé plein d'eau et se noyèrent ; les autres se pressèrent aux portes, mais les traits y pleuvaient drus et serrés. Le Grand Ferré, arrivé au milieu de la rue où ils avaient planté leur étendard, tue le porte-enseigne, se saisit

du drapeau et dit à un des siens d'aller le jeter dans
le fossé. Celui-ci lui montre avec effroi la masse en-

Le Grand Ferré.

core épaisse des Anglais : « Suis-moi, » lui dit-il, et,
prenant sa grande hache à deux mains, il frappe à
droite, il frappe à gauche, et s'ouvre un chemin jusqu'au fossé, où l'autre jette dans la boue l'enseigne
ennemie. Le Grand Ferré se reposa alors un moment,
mais retourna bientôt contre ce qui restait d'Anglais.
Bien peu de ceux qui étaient venus pour faire ce coup
purent s'échapper, grâce à Dieu et au Grand Ferré,
qui en tua, ce jour-là, plus de quarante.

« Les Anglais furent bien confus et irrités de voir que tant de leurs braves hommes avaient péri par les mains de ces vilains. Le lendemain, ils revinrent en plus grand nombre; mais les gens de Longueil ne les craignaient plus. Ils sortirent à leur rencontre, le Grand Ferré marchant à leur tête. Quand ils le virent, et qu'ils sentirent le poids de son bras et de sa hache de fer, ils auraient bien voulu n'être pas venus de ce côté-là. Ils ne s'en allèrent pas si vite que beaucoup ne fussent mortellement blessés, tués ou pris. Parmi ceux-ci se trouvèrent des hommes de haut lignage. Si les gens de Longueil avaient consenti à les mettre à rançon, comme les nobles font entre eux, ils seraient devenus riches ; mais ils ne voulurent rien entendre, et les tuèrent, disant qu'ils ne leur feraient plus de mal.

« A ce dernier combat, la besogne était rude, et le Grand Ferré s'y était fort échauffé. Il but de l'eau froide en quantité, et fut aussitôt saisi par la fièvre. Il retourna alors à son village, rentra dans sa cabane et se coucha, mais en mettant près de lui sa bonne hache, une hache de fer, si lourde qu'un homme de force ordinaire pouvait à peine, à deux mains, la soulever de terre.

« Quand les Anglais surent que le Grand Ferré était malade, ils furent bien contents, et, pour ne pas lui laisser le temps de guérir, ils expédièrent douze soldats chargés de le tuer. Sa femme les vit venir de loin et lui cria : « Ah! mon pauvre Ferré, voici les Anglais ! comment vas-tu faire ? » Lui, oubliant son mal, se lève vivement, et, prenant sa lourde hache, sort dans sa cour. « Ah ! brigands, leur cria-t-il quand ils entrèrent, vous venez pour me prendre au lit ! vous ne me tenez pas encore. » Il s'adosse au mur, pour ne pas être entouré, et, jouant de la hache, frappe à tour de bras. Sur douze, il en tue cinq, et les autres se sauvent. Le Grand Ferré retourna à son lit ; mais il s'était échauffé à porter tant de coups ; il but encore de l'eau froide; la fièvre redoubla, et, peu de jours après, ayant reçu les sacrements, il mourut. Le Grand Ferré fut enseveli dans le cimetière de son village ; tout le pays le pleura, car, lui vivant, jamais les Anglais n'auraient osé revenir. »

Le malheureux traité de Brétigny, signé sous Jean le Bon en 1360, abandonnait aux Anglais, avec Calais et les environs, tout le sud-ouest de la France, entre la Loire et les Pyrénées. Les Français reprirent l'offensive sous le règne de Charles V surnommé *le Sage*, fils et successeur de Jean (1364-1380). Grâce au courage et aux victoires du Breton Bertrand du Guesclin, les Anglais furent chassés de la France, où ils ne conservèrent que quelques villes. Du Guesclin mourut au siège de Chateauneuf-de-Randon. Le gouverneur avait obtenu de lui une trève, à la condition de rendre la place au bout d'un certain nombre de jours, s'il n'était pas secouru. Du Guesclin mourut dans l'intervalle. Fidèle à sa promesse, le gouverneur vint déposer les clefs sur le cercueil du héros.

VII. Jeanne d'Arc, la libératrice de la France au XVᵉ siècle.

Sous Charles VI, fils et successeur de Charles V, (1380-1422), les malheurs de la France recommencèrent. Tout se réunit pour les rendre effrayants : une longue minorité ; un roi fou ; une reine reniant ses propres enfants ; des princes du sang avides et acharnés les uns contre les autres ; des guerres civiles, des épidémies, des crimes, des massacres ; enfin, la lutte contre les Anglais recommençant et amenant de nouveaux désastres. Le 25 octobre 1415, le roi d'Angleterre Henri V de Lancastre remporta la victoire d'Azincourt. En 1420, par le traité de Troyes, il épousa la fille de Charles VI, dont il fut reconnu l'héritier au

13.

détriment de Charles « soi-disant dauphin de Viennois. »

Henri V et Charles VI moururent tous les deux en 1422. Tandis qu'à Paris et à Londres on proclamait le fils de Henri V *roi de France et d'Angleterre* sous le nom de *Henri VI*, le fils de Charles VI, que les Anglais nommaient par dérision « le roi de Bourges, » était reconnu dans une partie du centre et du midi de la France. Mais c'était un jeune homme paresseux et apathique. Ses partisans furent vaincus aux batailles de Cravant et de Verneuil, et Orléans fut assiégé. La France semblait perdue ; c'est alors que parut Jeanne d'Arc.

Jeanne d'Arc naquit à Domrémy, petit village de Lorraine, d'une famille d'honnêtes laboureurs (1410). Son enfance se passa au milieu des scènes de carnage qui désolaient alors toute la France. Souvent elle vit les habitants de son village, Armagnacs zélés, combattre les Anglais ou les Bourguignons des hameaux voisins. Bien jeune encore, ces tristes spectacles lui inspirèrent une horreur profonde pour l'étranger, et une pitié touchante pour les malheurs de ses compatriotes. Elle ne pouvait voir, sans s'évanouir, couler le sang d'un Français. Seule au milieu des campagnes, elle songeait au triste état de la France et aux revers de ce jeune prince, abandonné par ses sujets, trahi par sa propre mère ; les succès des oppresseurs la faisaient bondir d'indignation. Au lieu d'imiter l'insouciance et la légèreté des jeunes filles de son âge, elle fuyait les jeux et les plaisirs. Seule et rêveuse, elle errait dans les prairies d'alentour, ou bien encore elle restait de longues heures au pied des autels, dans la rustique chapelle du hameau. Souvent elle tombait dans des extases profondes ; elle entendait des voix qui l'exhortaient au courage, et lui ordonnaient d'aller trouver le dauphin.

Étonnée, effrayée même, la jeune fille objectait en vain sa faiblesse et son ignorance. Elle hésita longtemps. Enfin, au moment où Orléans allait succomber, Jeanne quitta en soupirant le toit paternel pour se rendre à Vaucouleurs. Elle fit connaître l'objet de sa mission au sire de Baudricourt, gouverneur de la place, et lui demanda de la faire conduire auprès de Charles VII. L'ardeur de sa foi triomphe de l'incrédulité moqueuse de Baudricourt : « Il fallait qu'elle fût auprès du dauphin avant Pâques Fleuries, dût-elle y aller à pied et user ses jambes jusqu'aux genoux. » On lui donna une escorte de six hommes d'armes. Jeanne coupe ses longs cheveux, et entreprend ce périlleux voyage à travers la moitié du royaume occupée par les Anglais et les Bourguignons. Son assurance dissipe les craintes de ses compagnons de voyage, et, au bout de onze jours, elle parvient à Loches, où se trouvait la cour du dauphin. Là, il lui fallut subir de nouvelles épreuves. Mais rien ne peut la mettre en défaut : ni le déguisement du dauphin, auquel elle révèle un secret connu, dit-on, de lui seul, ni les subtilités des docteurs, qu'elle confond par l'à-propos de ses réponses.

On lui donne un cheval et des armes. Son ardeur et sa confiance électrisent les soldats : elle entraîne Charles VII au secours d'Orléans, étroitement bloqué par les Anglais, entre dans la ville à la faveur d'un orage, et y introduit de puissants renforts. Accueillie par les habitants comme une libératrice, Jeanne profite de l'enthousiasme qu'elle

Jeanne d'Arc.

inspire : suivie des Français, désormais invincibles, parce qu'ils se croient sûrs de la protection divine, elle fond sur les retranchements ennemis. Les Anglais étaient vaincus par la crainte avant de combattre : car si pour les assiégés Jeanne était une sainte, les assiégeants la regardaient comme une sorcière envoyée par les puissances infernales au secours des Français. La première, elle s'élance à l'assaut des bastilles ennemies ; elle est blessée, son sang coule; n'importe, elle continue de combattre, et plante son étendard sur les positions qu'elle vient de conquérir. Enfin, dix jours après son arrivée à Orléans, les Anglais battus et épouvantés lèvent le siège de la place et se retirent à la hâte vers le nord.

Jeanne d'Arc, sans laisser aux Anglais le temps de revenir de leur effroi, se met à leur poursuite, soulève les populations sur son passage : elle mène à l'ennemi l'armée grossie à chaque instant de nouveaux renforts. Jargeau, Beaugency, tombent en son pouvoir; et la brillante victoire de Patay couronne dignement cette rapide campagne, en dégageant entièrement la vallée de la Loire. Jeanne voulait maintenant aller à Reims. En effet, le sacre de Charle VII dans la basilique de Saint-Remy devait lui rallier bien des gens, et le faire considérer comme le roi légitime. « Je ne durerai guère qu'un an, disait-elle : il « faut le bien employer. » Elle avait à vaincre l'indolence naturelle du dauphin et la jalousie des seigneurs, mécontents de voir que dans ce grand mouvement tout populaire, il n'y avait pas de place pour eux. Néanmoins elle décide Charles VII à la suivre; partout, à l'approche des Français, les troupes anglaises fuient sans combattre. Les bourgeois de Troyes ouvrent à Jeanne les portes de leur ville, réputée imprenable; Châlons suit leur exemple, et, dix-huit jours après son départ de Gien, l'armée victorieuse entre en triomphe à Reims. Charles VII y reçut la couronne des mains de l'archevêque, et fut sacré roi de

France. Jeanne d'Arc assista à la cérémonie, son étendard à la main. De Reims, l'armée se dirigea sur Paris, recevant successivement la soumission de Laon, Soissons, Château-Thierry, Beauvais, Compiègne. Saint-Denis fut pris d'assaut. Malheureusement, une attaque tentée sur Paris ne réussit pas ; Jeanne d'Arc y fut blessée grièvement : malgré ses prières, les princes ordonnèrent la retraite, quand, quelques heures plus tard, Michel Lallier allait ouvrir les portes aux Français. Cet échec eut des suites désastreuses : Charles VII, retombé sous l'influence de La Trémouille, se retire au delà de la Loire ; pendant que ses partisans abandonnés perdent courage, les Anglais se rassurent, et une armée bourguignonne vient mettre le siège devant Compiègne. Jeanne d'Arc se jeta dans la place, et, le 23 mai 1430, tomba au pouvoir des ennemis, dans une sortie.

A la nouvelle de sa captivité, la joie des Anglais ne connut plus de bornes. Ils firent chanter un *Te Deum* à Notre-Dame, persuadés que le charme était rompu, qu'ils allaient reconquérir la France. Puis ils achetèrent la captive au duc de Bourgogne pour dix mille livres. Une commission fut chargée d'instruire son procès et de prouver qu'elle était non une envoyée du Ciel, mais une sorcière, et un suppôt de l'enfer. Un Français, un prêtre, Pierre Cauchon, évêque de Beauvais, accepta le rôle indigne d'accusateur. Alors commença cet inique et monstrueux procès, dans lequel toutes les formes de la justice furent odieusement violées.

Elle fut jugée à Rouen par un tribunal d'ecclésiastiques, que présidait Pierre Cauchon, ayant pour adjoint le vicaire de l'Inquisition. Le procès dura du mois de janvier au mois de mai 1431. Les réponses de cette jeune fille, ignorante et prisonnière, à ces vieux docteurs subtils et impitoyables, qui cherchaient à la mettre en contradiction avec elle-même et à lui arracher quelque mot imprudent, furent admirables de courage, de présence d'esprit et de bon sens. « Jehanne, lui demanda Cauchon, croyez-vous être en état de grâce ? » — « Si je n'y suis, répondit-elle, Dieu veuille m'y mettre ! Si j'y suis, Dieu veuille m'y tenir ! » — « Pourquoi votre étendard fut-il porté en l'Église de Reims, au sacre, plutôt que ceux des autres capitaines ?... » — « Il avait été à la peine : c'était bien raison qu'il fût à l'honneur. » — « Quelle était la pensée des gens qui vous baisaient les pieds, les mains et les vêtements ? » — « Les pauvres gens venaient volontiers à moi, parce que je ne leur faisais point de déplaisir ; je les soutenais et défendais selon mon pouvoir. » — « Sainte Catherine et sainte Marguerite haïssent-elles les Anglais ? » — « Elles aiment ce que Notre Seigneur aime, et haïssent ce qu'il hait. » — « Dieu hait-il les Anglais ? » — « De l'amour ou haine que Dieu a pour les Anglais, et ce qu'il fait de leurs âmes, je n'en sais rien ; mais je sais bien qu'ils seront mis hors de France, sauf ceux qui y périront. ».

On employa tout pour obtenir de Jeanne un désaveu de sa conduite. Par sa fermeté et sa présence d'esprit, elle mit longtemps à néant les subtilités de ses juges. Enfin la contrainte morale et les souffrances physiques lui arrachèrent quelques mots de rétractation qui ne purent la sauver ; elle était perdue d'avance. On la condamna à une prison perpétuelle. Un pareil arrêt ne pouvait assouvir la haine des Anglais : la mort de la victime était seule capable de les satisfaire. On infirma le jugement à l'aide d'un infâme stratagème, et Jeanne fut condamnée à être brûlée vive comme hérétique, relapse, apostate et idolâtre. Le 31 mai 1431, l'affreuse sentence fut exécutée sur la place du Vieux-Marché, à Rouen. La mort de Jeanne fut digne de sa vie. Au milieu des flammes, elle continua de protester de son innocence, et ses derniers moments attendrirent ses plus cruels ennemis. Ainsi périt à vingt ans cette héroïque jeune fille.

martyre de son dévouement pour la France et pour son roi, par lequel elle mourut abandonnée.

Le supplice de Jeanne d'Arc ne rendit pas la victoire aux Anglais. Trois ans plus tard, en 1435, par le traité d'Arras, Philippe le Bon, duc de Bourgogne et comte de Flandre, le plus puissant des alliés de l'Angleterre, se réconcilia avec Charles VII. En 1436, le connétable Arthur de Richemont reprit Paris. Par une trêve conclue en 1444, les Anglais évacuèrent encore le Maine et l'Anjou, et leur roi, Henri VI, épousa Marguerite d'Anjou, cousine de Charles VII. Enfin, les hostilités ayant recommencé en 1449, toute la Normandie fut reconquise avec Rouen, et l'armée anglaise de Thomas Kyriel écrasée à Formigny (15 avril 1450). Quand les canons des frères Bureau eurent rendu Bordeaux à la France (1451-1453), les Anglais ne conservèrent plus sur le continent que Calais et les environs : la guerre de Cent ans était terminée.

VIII. Bayart, le chevalier sans peur et sans reproche.

Pierre du Terrail, seigneur de Bayart, si célèbre sous le nom de *chevalier sans peur et sans reproche*, naquit en 1476 au château de Bayart près de Grenoble.

Il appartenait donc à cette noblesse du Dauphiné, dont son biographe, le *Loyal serviteur*, a célébré le courage en ces termes : « Tout ainsi que l'escarlate passe en couleur toutes autres tinctures de drap, sans blasmer la noblesse d'autre région, les Daulphinois sont appelés, par tous ceulx qui en ont congnoissance, l'escarlate des gentilshommes de France[1]. » Dans la

1. « De même que l'écarlate surpasse en couleur toutes les autres teintes de drap, sans blâmer la noblesse des autres pays, les Dauphinois sont appelés, par tous ceux qui en ont connaissance, l'écarlate des gentilshommes de France. »

famille des Bayart, de père en fils, on était soldat; on
ne mourait guère dans son lit : bravement, simplement, à chaque génération, on se faisait tuer pour la
France. Le trisaïeul du bon chevalier sans peur et sans
reproche mourut ainsi aux pieds du roi Jean à la journée de Poitiers; son bisaïeul avait été tué à Crécy
dix ans plus tôt; son aïeul, à la journée de Montlhéry,
avait reçu « six plaies mortelles, sans les autres. »
Son père avait été si grièvement atteint à Guinegate,
que depuis lors il ne sortit guère de sa maison, où il
mourut à l'âge de quatre-vingts ans.

Sentant sa fin approcher, ce dernier voulut pourvoir
au sort de ses enfants. « A l'aîné demanda, qui estoit
en l'âge de dix-huyt à vingt ans, qu'il vouloit devenir,
lequel respondit qu'il ne vouloit jamais partir de la
maison, et qu'il le vouloit servir sur la fin de ses jours.
« Eh bien! dit le père, Georges, puisque tu aymes la
maison, tu resteras ici à combattre les ours. » Au second, qui a esté le bon chevalier sans paour et sans
reprouche, fut demandé de quel estat il vouloit estre;
lequel, en l'âge de treize ans ou peu plus, esveillé
comme ung esmérillon, d'un visage riant répondit
comme s'il eust eu cinquante ans : « Monseigneur mon
père, combien que mon amour paternelle me tiengne
si grandement obligé que je dusse oublier toutes
choses pour vous servir sur la fin de vostre vie, ce néanmoins, ayant enraciné dedans mon cueur les bons propos que chascun jour vous récitez des nobles hommes
du temps passé, mesmement de ceulx de notre maison,
je seray, s'il vous plaist, de l'estat dont vous et vos
prédécesseurs ont esté, qui est de suivre les armes :
car c'est la chose en ce monde dont j'ai le plus grand
désir; et j'espère, aydant la grâce de Dieu, ne vous
faire point de déshonneur. » Alors respondit le bon
vieillart en larmoyant : « Mon enfant, Dieu t'en doint
la grâce! Jà ressembles-tu de visage et de corsage à
ton grand-père, qui fut en son temps ung des accomplis chevaliers qui fust en chrestienté; si mettray

peine de te bailler le train pour parvenir à ton désir[1]. »
(*La Très Joyeuse et Très Plaisante Histoire, composée
par le Loyal Serviteur, des faits, gestes, triomphes
et prouesses du bon chevalier sans paour et sans reprouche, le gentil seigneur de Bayart.*)

Pour commencer l'éducation militaire de Bayart,
suivant les habitudes du temps, il fallait d'abord le
placer comme page dans la maison de quelque grand
seigneur. Son vieux père pria l'évêque de Grenoble,
dont il était le beau-frère, de venir le voir pour lui
donner son avis. Celui-ci proposa de le conduire
comme page chez le duc Charles de Savoie; et, sur-
le-champ, pour éprouver les talents du jeune garçon,
on lui fit monter un grand cheval dans la cour du château. L'animal, sentant sur lui un si petit cavalier,
se mit à gambader ; mais, d'un cœur assuré, Bayart
lui donna trois ou quatre coups d'éperon, lui fit faire
plusieurs tours, et le soumit en quelques instants,
aux grands applaudissements des spectateurs. Ensuite

---

1. « Il demanda à l'aîné, qui était en l'âge de dix-huit à vingt
ans, ce qu'il voulait devenir; celui-ci répondit qu'il ne voulait
jamais quitter la maison, et qu'il voulait le servir sur ses vieux
jours. — « Eh bien! dit le père, Georges, puisque tu aimes la
maison, tu resteras ici à combattre les ours. » Au second, qui a
été le bon chevalier sans peur et sans reproche, il fut demandé de
quel état il voulait être ; lequel, en l'âge de treize ans ou un peu
plus, éveillé comme un émerillon, répondit d'un visage riant :
« Monseigneur mon père, quoique mon amour pour vous me
tienne si grandement obligé, que je dusse oublier toutes choses
pour vous servir sur la fin de votre vie, cependant ayant enraciné
dans mon cœur les bons propos que chaque jour vous récitez des
nobles hommes du temps passé, particulièrement de ceux de notre
maison, je serai, s'il vous plaît, de l'état dont vous et vos prédécesseurs ont été, qui est de suivre les armes : car c'est la chose
que je désire le plus en ce monde; et j'espère, la grâce de Dieu aidant, ne point vous faire de déshonneur. » Alors le bon vieillard
répondit en pleurant : « Mon enfant, Dieu t'en donne la grâce !
Déjà tu ressembles de visage et de corps à ton grand-père, qui fut
en son temps un des chevaliers les plus accomplis de la chrétienté.
J'aurai soin de te donner le train nécessaire pour exaucer ton désir. »

sa mère, après bien des recommandations, lui remit en pleurant une petite bourse, et l'évêque de Grenoble l'emmena à Chambéry.

Page du duc de Savoie, le jeune Bayart, par sa gaieté, sa bonne humeur, son adresse, obtint l'amitié de tous ceux qui l'entouraient. Étant venu à Lyon avec son maître, il parut si gentil cavalier, qu'il excita l'admiration du roi de France, Charles VIII, lequel le prit à son service. À l'âge de dix-sept ans, il entra comme homme d'armes dans la compagnie d'ordonnance du seigneur de Ligny, et il se distingua dans un tournoi à Lyon, où il put paraître convenablement harnaché, grâce à l'argent que lui donna, non sans s'être fait prier, son oncle, l'abbé d'Esnay. Il alla ensuite tenir garnison à Aire, en Picardie.

C'était l'époque où commençaient les guerres d'Italie (1494). Le jeune Bayart faisait partie de l'armée à la tête de laquelle le roi Charles VIII s'empara du royaume de Naples. Cette conquête eut lieu presque sans combat. Mais au retour, pour rentrer en France, il fallut s'ouvrir un passage en culbutant à Fornoue une armée réunie par les princes italiens ligués. La *furia francese* (furie française) triompha du nombre. Bayart, dans cette journée. eut deux chevaux tués sous lui et prit une enseigne (1495).

Cependant Charles VIII mourut et fut remplacé par le duc d'Orléans, qui régna sous le nom de Louis XII (1498-1515). Le nouveau souverain, petit-fils de la Milanaise Valentine Visconti, conquit sans peine le duché de Milan contre Ludovic Sforza. surnommé *le More*. Toutefois, le mauvais gouvernement de Trivulce indisposa les habitants, qui chassèrent les Français et rappelèrent le duc. Il en résulta une guerre très vive. Dans un des combats qui la signalèrent, Bayart, avec quelques hommes d'armes, mit en fuite une troupe de cavaliers lombards; il les poursuivit à toute bride, avec tant d'ardeur, qu'il ne s'aperçut pas que ses compagnons ne pouvaient le suivre, et qu'il entra seul dans Milan derrière les fuyards. A son tour, il est entouré, désarmé et fait prisonnier. Émerveillé de l'audace du jeune cavalier, le duc voulut le voir, lui rendit la liberté et son cheval en le complimentant : — « Si tous les hommes d'armes de France étaient pareils à celui-ci, s'écria-t-il, j'aurais mauvais parti. » (1499-1500).

Ludovic étant bientôt après tombé au pouvoir des Français, et Milan étant reconquis, Louis XII voulut s'emparer du royaume de Naples. Il fit d'abord alliance avec le roi d'Aragon, Ferdinand le Catholique, qui devint ensuite son ennemi. La guerre ayant commencé contre les Espagnols, Bayart, qui se trouvait en garnison à Minervina, « ennuyé d'être si longtemps en cage sans aller voir les champs, » en sortit avec une troupe de cavaliers. Il rencontra un détachement espagnol, sorti, de son côté, de la ville d'Andrea, sous les ordres de don Alonzo de Soto-Mayor, le vainquit et le fit prisonnier. Redevenu libre après avoir payé rançon, Alonzo de Soto-Mayor se plaignit faussement d'avoir été maltraité par Bayart pendant sa captivité. Celui-ci le provoqua en duel, et le blessa mortellement.

Le jeune capitaine se signala en bien d'autres rencontres. Aux bords du Garigliano, les deux armées restèrent longtemps en présence, séparées par le lit de la rivière. Un jour les Espagnols s'élancèrent brusquement à l'attaque du pont. Pendant une demi-heure, Bayart, à cheval, la lance au poing, en avant de la barrière, arrêta seul deux cents Espagnols pour donner aux Français le temps de s'armer et de venir défendre le passage. Pourtant les exploits de Bayart, ceux de la Palisse et de Louis d'Ars n'empêchèrent point Gonzalve de Cordoue de conquérir entièrement le royaume de Naples, qui demeura aux Espagnols par les traités de Blois (1504). Trois ans plus tard, Gênes s'étant soulevée contre le roi de France, fut prise d'assaut, après une lutte dans laquelle Bayart monta le premier sur un bastion (1507).

La République de Venise, si puissante par ses colonies, son commerce, ses richesses, excitait l'envie de tous ses voisins. La Ligue de Cambrai fut formée contre elle en 1508 par le roi de France Louis XII, l'empereur Maximilien d'Autriche, le roi d'Aragon Ferdinand le Catholique, le pape Jules II et le duc de Ferrare Alphonse d'Este. Bayart, à la tête de cinq cents hommes de pied, levés par lui-même en Dauphiné, prit part à la bataille d'Agnadel, gagnée le 14 mai 1509 par le roi de France contre le Vénitien Bartholemeo d'Alvyano; il décida la victoire en prenant l'ennemi en flanc, après avoir traversé plusieurs fossés dans l'eau jusqu'à la ceinture. Envoyé ensuite avec la Palisse, Ymbercourt et d'autres chevaliers au secours de l'empereur Maximilien, qui assiégeait Padoue, Bayart accomplit là encore, ainsi qu'aux environs de Vérone et de Legnago, de merveilleux exploits.

Le pape Jules II s'était réconcilié et même allié avec Venise : il voulait chasser d'Italie les étrangers, *les Barbares*, comme disaient les Italiens d'alors, en les armant successivement les uns contre les autres. D'abord il se joignit au roi d'Aragon, Ferdinand le Catholique, pour combattre les Français. Le pape fit assiéger la Mirandole par son neveu le duc d'Urbin, et voulut lui-même venir le rejoindre. Mais Bayart s'embusqua en pleine nuit sur la route avec une troupe d'élite, espérant faire prisonnier Jules II au moment où celui-ci sortirait du château de Saint-Félix, pour gagner le camp du duc d'Urbin. Un accident dérangea tout. « Ainsi que le pape fut monté en sa lictière et sorty hors du chemin de Sainct-Félix, ne fut pas à un ject de boulle qu'il ne tombast la plus aspre et véhémente neige qu'on eust veu cent ans devant ; mais c'estoit par telle impétuosité que l'on ne voyoit pas l'ung l'autre. Le cardinal de Pavie, qui

estoit alors tout le gouvernement du pape, luy dit :
« Il n'est pas possible d'aller par pays pendant que
cecy durera. Il est plus que nécessaire, et sans tirer
oultre, retourner, » ce que le pape accorda, qui ne
sçavait rien de l'embusche. Et de malheur, ainsy que
le bon chevalier chassoit les fuyans à pointe d'espron
et arrivoit à Sainct-Félix, le pape ne faisoit que rentrer
dedans le chasteau. Et au cry qu'il ouyst si fort fut
effrayé que sortit sans ayde de sa lictière et luy-
mesme ayda à lever le pont, qui fut le fait d'ung
homme d'esprit, car s'il estoit autant demeuré qu'on
mettroit à dire un *Pater noster*, il estoit croqué. Qui
fut bien marry ? Ce fut le bon chevalier[1]. » (LE LOYAL
SERVITEUR). Bayart ne put pourtant empêcher Jules II
de prendre la Mirandole, où le pape, dédaignant la
porte, voulut entrer par une des brèches. Mais à
quelque temps de là, il défit son armée devant la Bas-
tide, place qui appartenait au duc de Ferrare, allié
de la France. Un certain Augustin Guerlo, de Lodi,
ayant proposé au duc de Ferrare d'empoisonner le
pape, si on voulait lui donner une grosse somme d'argent, Bayart s'opposa avec horreur à cette trahison.
Sous les ordres de Jean-Jacques Trivulce, il reprit la
Mirandole et se couvrit de gloire à la bataille de Bologne. Le soir, en soupant, Trivulce déclara que,

---

1. « Le pape, étant monté en sa litière et sorti hors du chemin
de Saint-Félix, n'était pas arrivé à une portée de boule, lorsque
commença à tomber la neige la plus épaisse et la plus violente
qu'on eût vue depuis cent ans ; elle était si impétueuse que l'on ne
se voyait pas les uns les autres. Le cardinal de Pavie, qui était
alors le seul conseiller du pape, lui dit : « Il n'est pas possible
d'aller par pays, tant que ceci durera. Il est plus que nécessaire
de s'arrêter et de retourner. » Le pape y consentit ; il ne savait
rien de l'embuscade. Et par malheur, comme le bon chevalier
poursuivait à toute bride les fuyards, et arrivait à Saint-Félix, le
pape ne faisait que rentrer au château. Au cri qu'il entendit, il fut
si fort effrayé qu'il sortit sans aide de sa litière et aida lui-même
à lever le pont, ce qui fut le fait d'un homme d'esprit, car s'il eût
tardé seulement le temps de dire un *Pater noster*, il était pris.
Qui fut bien fâché ? Ce fut le bon chevalier. »

« après Dieu, le seigneur de Bayart devoit avoir l'honneur de la victoire. »

Cependant les Suisses s'étaient joints aux Vénitiens, aux Espagnols et au pape contre les Français. Le seigneur de Chaumont, gouverneur du Milanais, étant mort, ceux-ci avaient à leur tête Gaston de Foix, duc de Nemours, et neveu de Louis XII. Agé de 23 ans seulement, Gaston de Foix n'en était pas moins un grand capitaine, non seulement par sa valeur héroïque, mais par la rapidité de ses manœuvres et le bonheur de ses conceptions. Il rejette d'abord dans leurs montagnes les Suisses qui étaient venus jusqu'aux portes de Milan (décembre 1511). Don Ramon de Cardona, vice-roi de Naples pour Ferdinand le Catholique, et le légat du pape Jules II. le cardinal Jean de Médicis (plus tard pape lui-même sous le nom de Léon X), avaient mis le siège devant Bologne. Gaston de Foix accourt et les contraint à s'éloigner (5 février 1512). Quinze jours plus tard il était devant Brescia. Cette ville avait chassé la garnison française et rappelé les Vénitiens. Elle fut prise d'assaut après une lutte horrible, où Bayart, comme toujours, ne cessa d'être au premier rang. Il eut le haut de la cuisse traversé d'un coup de pique. Le coup était si violent que l'arme se rompit, et que le fer avec une partie du bois resta dans la blessure. Pendant que le massacre et le pillage s'étendaient à toute la ville, on porta le blessé dans la maison d'une dame, que sa présence préserva de tout outrage, elle et ses deux filles. Quand il fut rétabli, la dame, à son départ, vint le remercier d'avoir préservé son honneur et sa fortune, et lui offrir une bourse qui contenait deux mille cinq cents ducats. Mais il n'en voulut rien prendre : il donna mille ducats à chacune des deux filles pour servir à leur dot, et pria la dame d'employer les cinq cents ducats restant en aumônes. Ensuite il alla rejoindre Gaston de Foix au siège de Ravenne.

Cette ville était défendue par Marco-Antonio Colonna.

Don Ramon de Cardona, avec Fabricio Colonna et Pedro Navarro, vint à son secours. Gaston de Foix était accompagné du duc de Ferrare ; il avait avec lui Bayart, la Palisse, Lautrec, Louis d'Ars, Bonnet, de Molart, Maugeron, d'Alègre, Ymbercourt, et bien d'autres capitaines renommés. On résolut de livrer bataille le jour de Pâques, le dimanche 11 avril 1512. En ce moment, le capitaine Jacob d'Empfer, qui commandait les lansquenets allemands auxiliaires, reçut de l'empereur Maximilien, son maître, l'ordre d'abandonner les Français. Jacob était grand ami de Bayart, avec lequel, il est vrai, il ne s'entretenait que par interprète, car il ne savait dire dans notre langue que ces deux mots : « *Bonjour, monseigneur.* » Fort embarrassé, il alla trouver Bayart, sa lettre à la main. Le brave chevalier lui fit comprendre qu'il serait honteux de quitter des compagnons d'armes la veille d'une bataille, et lui fit promettre de la tenir secrète jusqu'après l'action. Jacob tint parole : il fut tué à Ravenne. Le matin, comme il traversait un canal sur un pont, à la tête de ses Allemands, le seigneur de Molart, qui commandait un corps d'hommes de pied français, dit aux siens : « Compaignons, nous sera-t-il reprouché que les lansquenets sont passés du costé des ennemys plus tost que nous ? J'aimerois mieux, quant à moy, avoir perdu un œil. » Et il se jeta dans l'eau à la tête de ses soldats. Quand tous eurent passé, Molart et Jacob s'approchèrent l'un de l'autre pour trinquer ensemble. Ils avaient chacun à la main un verre de vin, quand le même boulet les frappa tous les deux. Avant de mourir, Jacob eut encore le temps de se redresser, et de dire aux siens en allemand : « Servons aujourd'hui le roi de France aussi bien qu'il nous a traités. » La bataille de Ravenne, la plus terrible qu'on eût vue depuis un siècle, fut gagnée par les Français. Bayart, comme toujours, eut une grande part au succès, qui coûta cher, car « le gentil duc de Nemours, dont, tant que le monde aura durée, sera mémoire, » y périt criblé de coups de pique.

Dès lors la fortune se déclare contre les Français. L'empereur Maximilien et le roi d'Angleterre Henri VIII entrent dans la *Sainte Ligue* contre Louis XII avec Jules II, Ferdinand le Catholique, les Vénitiens et les Suisses. Tous les efforts de la Palisse et de Bayart pour rendre la Navarre à Jean d'Albret, parent du roi de France, et qui avait été dépouillé par Ferdinand le Catholique, échouèrent au siège de Pampelune. Au même moment, les Anglais et les Impériaux, conduits par Henri VIII et Maximilien, envahissaient la Picardie, et venaient assiéger Thérouanne. Le seigneur de Fiennes, gouverneur de Picardie, chargé de leur tenir tête, voulut jeter des renforts dans la ville. Cette tentative amena la bataille de Guinegate ou *Journée des Éperons*, ainsi nommée parce que les hommes d'armes français y firent surtout usage de leurs éperons, pendant la déroute, pour accélérer la fuite de leurs chevaux (16 août 1513). Resté à l'arrière garde, avec le duc de Longueville, pour couvrir la retraite, Bayart résista longtemps ; mais, voyant qu'il lui était impossible d'échapper, il s'avise d'un adroit stratagème. A quelques pas de lui, un gentilhomme ennemi, accablé par la chaleur, avait ôté son casque, et, sans plus s'occuper de la bataille, se reposait au pied d'un arbre. Bayart pousse à lui son cheval, lui porte l'épée à la gorge et lui crie : « Rends-toi, homme d'armes, ou tu es mort ! » Tout ébahi, l'autre se rend prisonnier. Alors Bayart se nomme, et lui dit que, à son tour, il se rendait à lui. Quelques jours après, Bayart ayant demandé à être reconduit au camp français, le gentilhomme réclama de lui une rançon : « Ce n'est pas moi qui dois une rançon, c'est vous qui m'en devez une, répliqua notre chevalier, car vous vous êtes rendu à moi le premier. » Pris pour juges de la contestation, Maximilien et Henri VIII déclarèrent que les deux adversaires étaient quittes l'un envers l'autre, et que Bayart était libre de s'en aller, à condition de donner sa parole qu'il ne combattrait pas avant six semaines. « Le roy d'Angleterre durant ce temps le fist praticquer pour estre à son service, en luy faisant présenter beaucoup de biens ; mais il perdit sa peine, car son cueur estoit tout françois. » (LE LOYAL SERVITEUR).

Après avoir fait la paix avec tous ses ennemis, et renoncé à ses anciennes conquêtes, le roi Louis XII mourut le 1er janvier 1515. Il eut pour successeur le comte d'Angoulême, son cousin et son gendre, qui prit le nom de François 1er. Agé de vingt ans seulement, grand, fort, ambitieux, aimant le bruit et l'éclat, le nouveau roi n'eut rien de plus pressé que de reconquérir le duché de Milan. Il avait à combattre le duc Maximilien Sforza, le pape Léon X et les Suisses, leurs auxiliaires. Les Suisses attendaient les Français au pied du Mont Cenis, à l'entrée du Pas de Suze, pour leur disputer le passage des Alpes. On les tourna en franchissant le col de l'Argentière, au prix de mille fatigues, car il fallut tantôt trainer à bras, tantôt descendre avec des cordes, à travers les rochers, soixante-douze gros canons. Bayart, suivant son habitude, était en tête. Il surprit au château de Villafranca Prosper Colonna, général de la cavalerie du pape, qui déjeunait quand les Français arrivèrent. Il fut fait prisonnier sans avoir le temps de se lever de table.

Un mois plus tard une bataille décisive fut livrée à Marignan entre les Suisses et les Français. Elle dura deux jours (13 et 14 septembre 1515). Le premier jour les Suisses se jetèrent tête baissée avec leurs longues piques sur les rangs français et y causèrent un grand désordre ; la nuit seule interrompit le combat. Bayart, dès le début de l'action, avait eu un cheval tué sous lui ; le second qu'il monta, blessé dans une charge l'emporta au milieu des Suisses ; mais il s'abattit dans une vigne, où les ceps attachés d'arbre en arbre lui barrèrent le chemin. Notre brave chevalier jeta son casque et ses cuissarts ; ensuite, rampant dans un fossé, en s'aidant des pieds et des mains, il

14.

parvint à échapper aux Suisses et à regagner les lignes françaises. Le lendemain, l'arrivée des Vénitiens, alliés du roi, décida enfin la victoire en sa faveur. Après la bataille, François Ier voulut être armé chevalier de la main de Bayart. Celui-ci, après s'être excusé d'abord par modestie, finit par obéir. Ensuite, s'adressant à son épée, qui avait touché l'épaule du roi : « Tu es bienheureuse, lui dit-il, d'avoir aujourd'hui à un si beau et si puissant prince donné l'ordre de Chevalerie. Certes, ma bonne épée, vous serez gardée comme relique et sur toutes autres honorée. »

Six ans plus tard, la guerre éclata entre François Ier et Charles-Quint, à la fois empereur, roi d'Espagne, souverain des Deux-Siciles et des Pays-Bas (1521). Le comte de Nassau et Franz de Sickingen, à la tête de deux corps d'armée, vinrent assiéger Mézières. Rien n'était prêt pour la défense de cette place ; heureusement, Bayart s'y jeta, encouragea la garnison et les habitants, excita par une ruse habile la défiance des deux chefs ennemis l'un contre l'autre, et les amena de la sorte à battre en retraite.

La fortune se déclara bientôt après contre les Français : Lautrec, vaincu à la bataille de la Bicoque, perdit le Milanais (1522), et le connétable de Bourbon trahit le royaume. Pourtant François 1er, espérant recouvrer Milan, envoya, au mois de septembre 1523, l'amiral Bonnivet en Italie, avec Bayart et Vandenesse. Par malheur, Bonnivet perdit du temps et dissémina ses forces. Vaincu par Bourbon, Pescaire et Jean de Médicis à Rebecco, puis à Abbiate Grasso, enfin à Romagnano, où il fut blessé d'un coup d'arquebuse au bras, Bonnivet confia à Bayart le salut de l'armée. Voulant changer la retraite des Français en désastre, les ennemis les attaquèrent plus furieusement que jamais. « Le capitaine Bayart et le seigneur de Vandenesse, estans demourés sur la queue, soustindrent l'effort de ceste charge ; mais tous deux y demourèrent. Le seigneur de Vandenesse mourut sur-le-champ,

et le capitaine Bayart fut blessé d'une arquebouzade
au travers du corps, lequel, persuadé de ses gens de
se retirer, ne le voulut consentir, disant n'avoir jamais
tourné le derrière à l'ennemy. Et après les avoir re-
poulsés, se feit descendre par un sien maistre d'hostel,
lequel jamais ne l'abandonna, et se feit coucher au
pied d'un arbre, le visage devers l'ennemy ; où le duc

Mort de Bayart.

de Bourbon, lequel estoit à la poursuitte de nostre
camp, le vint trouver, et dit audit Bayart qu'il avoit
grand' pitié de luy, le voyant en cest état, pour avoir
esté si vertueux chevalier. Le capitaine Bayart luy
feit response : « Monsieur, il n'y a point de pitié en
moy, car je meurs en homme de bien ; mais j'ay pitié
de vous, de vous veoir servir contre vostre prince et
vostre patrie, et vostre serment. » Et peu après ledit
Bayart rendit l'esprit. » (30 avril 1524. *Mémoires de
Martin du Bellay*).

IX. Turenne et Condé.

Les Anglais avaient été au moyen âge les adversaires les plus redoutables de la France. Au seizième et au dix-septième siècle, ce fut surtout contre les Espagnols et les Autrichiens qu'elle eut à lutter. Parmi les généraux qui se signalèrent dans ces longues guerres, il n'y en a pas de plus célèbres que Turenne et Condé.

Ils vécurent tous les deux sous les règnes de Louis XIII et de Louis XIV. *Turenne* naquit le premier, à Sedan, en 1611. Il était le second fils de Henri de La Tour-d'Auvergne, vicomte de Turenne (en Limousin), duc de Bouillon, seigneur de Sedan, maréchal de France et l'un des chefs du parti protestant au seizième siècle. Soldat dès son plus jeune âge, il était maréchal de camp à 23 ans, en 1634. Après avoir servi sous le maréchal de La Force en Lorraine, il se distingua dans les guerres d'Italie, auprès du comte d'Harcourt, comme lieutenant général, à la défense de Casal, et à la prise de Turin, en 1640. Déjà on pouvait admirer en lui les grandes qualités qui le rendirent plus tard si célèbre. Plein de sang-froid, toujours maître de lui-même, il excellait à inspirer aux siens la confiance, et à deviner les projets de l'ennemi ; il calculait tout, ne négligeait rien, et montrait une patience à toute épreuve ; sa ténacité était invincible ; la guerre était pour lui une science ; dans cette partie sanglante, il cherchait toujours à mettre les meilleures chances de son côté ; enfin, suivant un mot connu, au contraire de la plupart des hommes, il croissait d'audace à mesure qu'il vieillissait.

Le *Grand Condé*, son contemporain et son émule, avait un caractère très différent. Tout en lui était spontané et instinctif : c'est d'intuition qu'il compre-

nait la guerre; c'est par coups brusques, par élans,
qu'il la faisait, étourdissant son ennemi, l'étonnant
par son audace, et culbutant ses adversaires sans leur
donner le temps de se reconnaître. Prince du sang
royal, Condé porta d'abord le titre de *duc d'Enghien*.
Né à Paris, en 1621, il reçut en 1643, à l'âge de 22 ans,
le commandement de la principale armée française,
chargée de combattre les Espagnols du côté des Pays-
Bas. Le roi Louis XIII était mort le 14 mai 1643, en
laissant le trône à Louis XIV, âgé de cinq ans, sous
la régence de la reine mère Anne d'Autriche.

A cette époque, la situation est critique : 26 000 Espagnols viennent assiéger Rocroy; ils ont pour chefs
don Francisco de Mellos, le général Beck, et le vieux
comte de Fontaines ou Fuentès, seigneur lorrain, que,
suivant l'expression de Bossuet, « on voyait, porté
dans sa chaise, montrer, malgré ses infirmités, qu'une
âme guerrière est maîtresse du corps qu'elle anime. »
Rocroy, faible petite place, dans une clairière
de la forêt des Ardennes, n'a pour défense qu'une garnison insuffisante, avec des remparts non bastion-
nés et des fossés à sec. Faut-il commencer un règne
en abandonnant une ville française à l'ennemi? Mais
faut-il livrer une bataille qui perd le royaume, si l'on
est vaincu? Le vieux maréchal de l'Hôpital, chargé
de diriger le jeune duc d'Enghien, veut temporiser;
heureusement, l'énergique Béarnais Gassion, surnommé *la Guerre*, encourage le duc d'Enghien à combattre. Les Français n'ont pourtant que 19 000 hommes.
Cinq jours après l'avènement de Louis XIV, le
19 mai 1643, les deux armées sont en présence. A la
droite, le duc d'Enghien et Gassion culbutent et
mettent en fuite, à la tête de la gendarmerie française,
la gendarmerie espagnole. Mais au centre les vieux
soldats du comte de Fontaines opposent un rempart
de piques aux troupes du comte d'Espenan. A la
gauche, la droite espagnole repousse le maréchal de
l'Hôpital et la Ferté-Senneterre. Heureusement, le

baron de Sirot intervient avec la réserve; Gassion et le duc d'Enghien prennent l'ennemi à revers. Il est enfoncé de toutes parts. Les Espagnols fuient, après avoir perdu 6 000 hommes, et parmi eux le comte de Fontaines; Rocroy est sauvé, et Thionville ouvre ses portes aux vainqueurs.

L'année suivante, le duc d'Enghien et Turenne, devenu maréchal de France, passent le Rhin et vont attaquer l'armée du général bavarois Mercy, retranchée sur la montagne de Fribourg - en - Brisgau

Le grand Condé.

Pour arriver jusqu'à l'ennemi, il faut gravir des hauteurs, franchir des ruisseaux débordés, passer par des chemins creux barrés par des abatis d'arbres. Les Français l'emportèrent après une lutte de trois jours, durant laquelle le duc d'Enghien, voyant les soldats hésiter, lança son bâton de commandement dans les rangs ennemis, et les entraîna en avant pour le reprendre. (3-5 août 1644). En 1645, Turenne, obligé de trop disséminer ses troupes pour leur permettre de vivre dans un pays dévasté, éprouve un échec à Marienthal (5 mai 1645). Mais trois mois plus tard, le duc d'Enghien et Turenne réunis sont victorieux à Nordlingen, où Mercy est tué (3 août 1645). Le 20 novembre suivant, Turenne s'empara de Trèves. En 1646, de concert avec le général suédois Wrangel, il vainquit les Austro-Bavarois à Lavingen et à Landsberg. La même année, le duc d'Enghien, qui depuis la mort de son père se nommait le *Prince de Condé*, conquit Dunkerque dans les Pays-Bas espagnols ; moins heureux en Catalogne, il échoua devant Lérida, en 1647. Il se dédommagea en remportant, le 20 août 1648, à Lens en Artois, sur l'archiduc Léopold et les Espagnols, une éclatante victoire. De leur côté, Turenne et Wrangel mirent en déroute, à Zusmarshausen, le 17 mai 1648, l'armée impériale commandée par Melander. Ces victoires amenèrent la signature des célèbres traités de Westphalie, qui donnèrent la Poméranie à la Suède et l'Alsace à la France.

Nous voici arrivés à la partie la plus fâcheuse de la vie de Turenne et de Condé. La guerre civile de la Fronde éclate en 1648 : elle est causée surtout par l'impopularité du premier ministre, le cardinal Jules Mazarin. D'abord, en 1649, Condé commande l'armée royale ; il est l'appui de Louis XIV, d'Anne d'Autriche et de Mazarin. Bientôt pourtant, il se brouille avec eux et se joint à son frère, le prince de Conti, et à son beau-frère, le duc de Longueville, pour former un nouveau parti. Mazarin fait arrêter les trois princes, et les emprisonne à Vincennes, puis au Havre. Alors Turenne, pour délivrer les captifs, veut soulever ses soldats ; n'y réussissant pas, il se joint aux Espagnols. Faire cause commune avec les ennemis de son pays pour y porter la guerre, nous paraît aujourd'hui un crime inexcusable ; les princes de ce temps-là étaient moins scrupuleux. Turenne et don Estavan de Gamarre, ayant envahi la Champagne, perdirent la bataille de Rethel (15 décembre 1650).

En 1651, Mazarin fut exilé, et Condé redevint libre. Il se mit à la tête d'un formidable soulèvement contre la régente, Anne d'Autriche, et alla s'établir à Bordeaux. Mazarin, rappelé par la reine, comprit que seul Turenne pouvait tenir tête à Condé. Il le regagna, et ces deux grands capitaines se trouvèrent aux prises l'un contre l'autre. A Bléneau, Turenne sauva l'armée royale vaincue par Condé ; ensuite il fut victorieux à

Étampes, puis à la bataille du Faubourg Saint-Antoine, aux portes de Paris (2 juillet 1652).

Forcé de quitter la France, Condé se retire aux Pays-Bas dans les rangs espagnols. En 1654, Turenne obligea Condé et l'archiduc Léopold à lever le siège d'Arras. En 1655, il prit Landrecies, mais il fut battu l'année suivante par Condé devant Valenciennes, et ne put, en 1657, lui enlever Cambrai. Enfin, le 14 juin 1658, Turenne remporta la grande victoire des Dunes, près de Dunkerque, contre don Juan d'Autriche et Condé. Le traité des Pyrénées, signé le 7 novembre 1659, valut à la France le Roussillon et l'Artois. Le prince de Condé se soumit et rentra en grâce. Turenne fut récompensé par le titre de *maréchal général des camps et armées de France*.

Louis XIV, qui depuis 1661 gouvernait par lui-même, ne tarda pas à reprendre les armes contre les Espagnols. En 1667, de concert avec Turenne, il leur enleva la Flandre; en 1668, de concert avec Condé, il leur prit la Franche-Comté. La triple alliance, formée par la Hollande, l'Angleterre et la Suède, le contraignit à s'arrêter : par le traité d'Aix-la-Chapelle, il rendit la Franche-Comté et garda la Flandre (2 mai 1668).

Le roi voulut se venger des Hollandais, qui l'avaient arrêté dans ses conquêtes. Il envahit leur pays quatre ans plus tard. Le 12 juin 1672, les Français, commandés par Turenne et Condé, franchirent le Rhin à Tolhuys, sous les yeux du roi. Condé fut blessé dans le combat qui suivit. Tout réussit d'abord ; mais bientôt, avec un courage héroïque, les Hollandais ouvrirent eux-mêmes les digues qui protégeaient leur pays contre l'Océan, et l'inondèrent pour le soustraire à l'ennemi. Il fallut s'arrêter, puis reculer. Le roi d'Espagne, l'empereur, le margrave de Brandebourg, se joignirent à Guillaume, prince d'Orange, nommé stathouder de Hollande. La France, qui attaquait, dut songer à se défendre.

Heureusement, elle avait Turenne et Condé. Par une audacieuse campagne sur la rive droite du Rhin, Turenne tint les Allemands en échec pendant l'année 1673, malgré la supériorité de leurs forces. Le 11 août 1674, Condé livra aux Hollandais, aux Espagnols, et aux Allemands la sanglante et indécise bataille de Senef (dans le Hainaut). Le soir de cette journée, « il n'y avait plus dans les deux armées, a-t-on dit, que Monsieur le Prince (Condé) et M. le Prince d'Orange qui eussent envie de se battre. »

La campagne de Turenne sur le Rhin en 1674 suffirait à immortaliser ce grand capitaine. Chargé de défendre l'Alsace avec une petite armée, il prend l'offensive, passe le Rhin à Philippsbourg, gagne la bataille de Sintzheim, le 16 juin, et s'empare du Palatinat. Malheureusement, les Français victorieux dévastèrent et brûlèrent le pays. Revenu sur la rive gauche du Rhin, n'ayant plus que 22 000 hommes contre 35 000, il refuse pourtant d'abandonner l'Alsace. L'ennemi y pénètre par le pont de Kehl et par Strasbourg, sous les ordres du duc de Bournonville et du comte Caprara. Turenne est encore vainqueur, le 3 octobre, à Entzheim; mais l'ennemi reçoit de nouveaux renforts avec le Grand-Électeur. Turenne se retire alors sur la Zorn, vers Dettwiller et Saverne; il semble se borner à protéger la Lorraine. 60 000 Allemands restent dans l'Alsace. Ils croient la guerre terminée pour cette année-là, et entrent en quartiers d'hiver.

Le mois de décembre arrive; les Vosges sont couvertes de neige; tout mouvement paraît impossible. Et cependant Turenne est entré en Lorraine; caché par les montagnes qui le séparent de l'ennemi, il se dirige à marches forcées vers le midi. Tout à coup on apprend qu'il est à Belfort. Les Allemands le croyaient immobile au nord, il rentre en Alsace par le midi. Les ennemis, dispersés, stupéfaits, n'ont pas le temps de se concentrer. En quinze jours, ils sont battus à Mulhouse (29 décembre 1674), à Turckheim (5 janvier

1675), et rejetés au delà du Rhin (11 janvier). Il n'y avait plus un seul Allemand en Alsace. Le retour de Turenne à la cour fut un triomphe.

Pour la campagne suivante, il obtint carte blanche. Cette fois, il avait en face de lui le plus habile des généraux de l'empereur, le vainqueur des Turcs, Montecuculli. Turenne franchit le Rhin. Pendant six semaines les deux adversaires restèrent en présence, entre ce fleuve et la Forêt-Noire. Enfin. le 27 juillet, Turenne s'apprêtait à livrer bataille près de Salzbach; et se croyait sûr de la victoire. Il explorait à cheval les avant-postes. Saint-Hilaire, lieutenant général de l'artillerie, étendit tout à coup le bras pour lui indiquer un mouvement de l'ennemi. En ce moment, un boulet parti des batteries allemandes emporta le bras étendu de Saint-Hilaire et vint frapper Turenne, qui tomba mort. Le fils de Saint-Hilaire s'était jeté en pleurant sur son père mutilé. « Ce n'est pas moi, dit ce général, c'est ce grand homme qu'il faut pleurer ! » Les restes de Turenne furent ensevelis à Saint-Denis, dans le tombeau des rois; ils se trouvent aujourd'hui à l'Hôtel des Invalides; Fléchier composa son oraison funèbre.

Après la mort de Turenne, Montecuculli avait franchi le Rhin, envahi l'Alsace, et mis le siège devant Haguenau. Appelé pour le combattre, Condé, par d'habiles manœuvres, le contraignit à la retraite, sans engager d'action, et, selon l'expression de M. Henri Martin, « fit la guerre à la Turenne sur les champs de bataille de Turenne. » Ce fut la dernière campagne du vainqueur de Rocroy. Malade de la goutte, il se retira au château de Chantilly. Il mourut en 1686 à Fontainebleau. Son oraison funèbre fut prononcée par Bossuet.

X. Carnot, l'organisateur de la victoire.

Carnot (Lazare-Nicolas-Marguerite), qui, suivant une expression célèbre, a *organisé la victoire*, naquit le 13 mai 1753, à Nolay (Côte-d'Or). Il fit ses études à Autun, à Paris et à l'École d'application de l'artillerie et du génie, alors à Mézières. Capitaine du génie et chevalier de Saint-Louis en 1783, il fut couronné en 1784, par l'Académie de Dijon, pour un *Éloge de Vauban*. Il composa aussi un *Essai sur les Machines*. Député du Pas-de-Calais à l'Assemblée Législative, en 1791, puis à la Convention Nationale, en 1792, il appartint au parti montagnard, et vota en toute occasion avec la gauche.

En 1793, l'Europe presque tout entière est coalisée contre la République, et les périls de la France sont au comble. De Dunkerque au Var, Anglais, Hollandais, Autrichiens, Prussiens, Piémontais, prennent de toutes parts l'offensive. Dunkerque, Maubeuge, Valenciennes, Condé, Mayence, sont assiégés ou vont l'être ; Strasbourg est menacé. La Vendée s'insurge : de Saumur à Nantes cent mille paysans soulevés occupent la ligne de la Loire. Les Girondins, et, derrière eux, les royalistes arment les départements contre Paris. Caen, Bordeaux, Toulouse, Lyon, Marseille, se révoltent ; les paysans des Cévennes et de la Lozère suivent l'exemple des Vendéens ; la Corse s'insurge à la voix de Paoli ; Toulon va être livré aux Anglais avec notre flotte de la Méditerranée. La guerre civile et la guerre étrangère menacent la République. La France paraît sur le point de se dissoudre. Sur tous les points de notre territoire retentit ce funèbre appel : « Citoyens, la patrie est en danger ! » Et pourtant la Convention a déclaré qu'elle ne traiterait pas avec l'ennemi tant qu'il n'aurait pas repassé les frontières. « Vous avez donc fait un pacte avec la victoire ! » s'écria un de ses membres. « Non, lui répondit-on, nous en avons fait un avec la mort ! »

La situation était exceptionnelle. Les moyens employés pour y faire face le furent aussi, prompts, énergiques, impitoyables. « Nos ennemis étaient en si grand nombre, dira plus tard Lindet, ils étaient si répandus et si disséminés, ils avaient tant de formes et de moyens de s'insinuer dans les administrations et les sociétés populaires, que tout citoyen dut se regarder comme une sentinelle chargée de surveiller un poste. » Le 6 avril fut créé le *Comité de Salut Public*. Il devait se composer de neuf membres, délibérant en secret, qui rendraient compte toutes les semaines à la Convention et seraient renouvelés tous les mois. Ils étaient chargés de surveiller les ministres, de correspondre avec les commissaires de la Convention, de prendre toutes les mesures nécessitées par les circonstances. C'était presque une dictature. Elle devint véritable et complète après le 10 juillet 1793. A partir de ce moment, les membres qui la composèrent furent toujours réélus : c'étaient Robespierre, Couthon, Saint-Just, Robert Lindet, Prieur de la Marne, Carnot, Barrère, Billaud-Varennes, Collot d'Herbois. Tant que Carnot fut membre du Comité de Salut Public, il travailla seize heures par jour.

Contre l'Europe coalisée il fallait des soldats. Le 24 février 1793, sur la proposition de Dubois-Crancé, la Convention décréta une levée de 300 000 hommes. Le contingent de Paris était fixé à 7 600 hommes : vingt-quatre heures après il défilait devant l'Assemblée.

Six mois après, pour soutenir la lutte sur toutes les frontières et remplir les cadres de quatorze armées, on eut besoin d'un million de soldats. La *réquisition* y pourvut. « Que le tocsin de la liberté, avaient dit les commissaires des sections de Paris, sonne dans toute la République à heure fixe ! Que le cours des affaires soit interrompu ; que la grande et unique affaire des Français soit de sauver la République ! » Le 25 août 1793, on porta le décret suivant : « Dès ce moment jusqu'à celui où les ennemis auront été chassés du territoire, tous les Français sont en réquisition permanente pour le service des armées : les jeunes gens iront au combat ; les hommes mariés forgeront des armes et transporteront des subsistances ; les femmes feront des tentes, des habits, et serviront dans les hôpitaux ; les enfants mettront les vieux linges en charpie ; les vieillards se feront porter dans les places publiques pour exciter le courage des guerriers et la haine des rois. Les maisons nationales seront converties en casernes, les places publiques en ateliers d'armes ; le sol des caves sera lessivé pour en extraire le salpêtre. Les chevaux de selle seront requis pour le service de la cavalerie ; les chevaux de trait conduiront l'artillerie et les vivres. Tous les artistes et ouvriers sont à la disposition du Comité de Salut Public pour la fabrication des armes. Les propriétaires, fermiers et possesseurs de grains, seront requis de payer les deux tiers de leurs contributions en nature pour assurer la subsistance des armées. Des représentants du peuple seront envoyés dans les départements pour accélérer, de concert avec les délégués des assemblées primaires, le recensement des armes et la levée des hommes. La levée sera générale. Les citoyens non mariés ou veufs sans enfants, de dix-huit à vingt-cinq ans, marcheront les premiers. Ils se rendront sans délai au chef-lieu de leur district, où ils s'exerceront tous les jours au maniement des armes, en attendant l'ordre du départ. Le bataillon, organisé dans chaque district, sera réuni sous une bannière portant cette inscription : *Le Peuple Français debout contre les tyrans !* »

Toutes ces mesures, votées le 25 août, s'exécutèrent rapidement. Quatorze armées furent alors organisées.

Jusque-là les forces de la France se composaient des vieux régiments de la monarchie, portant l'habit blanc, et des volontaires nationaux de 1792, ayant l'uniforme rouge et bleu. On les fusionna ; 228 demi-brigades furent créées. Chacune était composée d'un bataillon de vieilles troupes et de deux bataillons de volontaires ou de réquisitionnaires. Le plan de Carnot et du Comité, ce fut d'agir par masses et de marcher vite ; d'être toujours, sur chaque point donné, plus fort que l'ennemi ; d'attaquer au chant des hymnes patriotiques, au pas de course, à la baïonnette ; de faire la guerre révolutionnaire, par l'audace.

Carnot.

Il fallait prévenir le retour d'une trahison comme celle de Dumouriez ; il fallait surveiller les généraux : les uns, en effet, habitués à l'ancien régime, ne servaient la République qu'à contre-cœur, et, par leur inertie, leur lenteur, leur mauvaise volonté, paralysaient tout ; les autres affectaient à l'égard du pouvoir civil un ton arrogant, que la Convention était bien déterminée à ne pas souffrir. Des représentants furent envoyés en mission aux armées, avec le costume militaire, des armes, le panache tricolore. Ils avaient le droit de suspendre les généraux, et ils menèrent partout les troupes au combat. Merlin de Thionville et Rewbell vécurent deux mois à Mayence « sous une voûte de feu ; » Carnot escalada sous les balles autrichiennes les hauteurs de Wattignies ; devant Charleroi, Saint-Just et Lebas franchirent la Sambre à la tête de nos colonnes ; Fréron entra dans Toulon par la brèche ; Levasseur sut contenir et ramener au devoir, par le seul ascendant de sa parole, les 40 000 soldats de l'armée du Nord soulevés après l'arrestation de Custine, qui avait laissé prendre Mayence sans rien faire pour la défendre. La Convention avait donné pour mot d'ordre aux généraux : « La victoire ou la mort ! »

C'est surtout à la bataille de Wattignies, les 15 et 16 octobre 1793, que Carnot se distingua. Cette bataille fut livrée aux Autrichiens, commandés par le prince de Cobourg, pour les obliger à lever le siège de Maubeuge. L'armée française du Nord avait pour chef le général Jourdan, auprès duquel Carnot se trouvait avec son collègue Duquesnoy. Le premier jour, l'attaque des Français vint se briser contre les hauteurs dont l'ennemi était maître. Jourdan perdait courage ; Carnot fit recommencer la bataille le lendemain. Les positions furent enlevées au chant de *la Marseillaise*, et Maubeuge fut sauvée.

Attaqué par Robespierre et Saint-Just, Carnot se déclara contre eux à la Convention, et fut un des auteurs de leur chute au 9 thermidor. Quand la Constitution de l'An III fut mise en vigueur, il devint, en 1795, membre du Conseil des Anciens. Quatorze départements l'avaient élu. Il fut l'un des cinq Directeurs chargés du pouvoir exécutif : les quatre autres étaient Barras, Rewbell, Letourneur et Laréveillère-Lépeaux. Au Directoire, comme au Comité de Salut Public, il s'occupa surtout des affaires militaires ; il devina et protégea Bonaparte, comme il avait deviné et protégé Hoche.

En 1797, la République se trouva menacée par un complot royaliste : trois des directeurs, Barras, Laréveillère-Lépeaux et Rewbell, jugèrent que, étant donné le péril public, il fallait prévenir les conspirateurs. Ils déjouèrent leurs projets en les faisant arrêter

dans la journée du 18 fructidor An V (4 septembre 1797).
Carnot qui, même contre les conspirateurs, désirait
qu'on respectât la légalité, et qui n'avait pas voulu
s'associer à la conduite de la majorité du Directoire,
fut décrété d'arrestation. Il parvint à s'échapper.

Dépouillé de son titre de membre de l'Institut, que
Bonaparte ne craignit pas d'accepter, Carnot se retira successivement en Suisse, puis à Genève et à
Augsbourg. Après le coup d'État du Dix-huit brumaire, il rentra en France, et fut ministre de la guerre
sous le Consulat. Il quitta ce poste quand il vit Bonaparte préparer le rétablissement de la monarchie à
son profit. Élu membre du Tribunat en 1802, il combattit l'établissement de la Légion d'honneur, la proclamation du Consulat à vie et de l'Empire. Il rentra
en 1804 dans la vie privée ; il avait déjà publié, et il publia encore des ouvrages scientifiques ou militaires,
parmi lesquels les *Réflexions sur la Métaphysique
du Calcul infinitésimal*, et le traité *De la Défense des
Places fortes*. Après Leipsick, quand la France fut envahie, l'ancien membre du Comité de Salut Public sen-
tit battre son cœur de patriote, et offrit ses services
à Napoléon. Nommé gouverneur d'Anvers (1814), il
conserva cette place jusqu'à la paix.

Louis XVIII une fois rétabli, quand toutes les conquêtes civiles et politiques de la Révolution furent
remises en question par les anciens privilégiés et les
émigrés, il composa un *Mémoire au Roi*, dans lequel
il faisait ressortir avec énergie tout ce que la conduite du gouvernement avait d'imprudent, de coupable et d'antipatriotique.

Quelques mois après, Louis XVIII, renversé sans
lutte, fuyait à Gand, et Napoléon, de retour de l'île
d'Elbe, rentrait aux Tuileries (20 mars 1815). L'empereur avait compris que, cette fois, il avait besoin de
l'alliance des républicains ; que, momentanément au
moins et en apparence, il fallait rompre avec les traditions despotiques de son premier règne, et prendre

pour devise : *Paix et Liberté*. Il appela au ministère deux anciens membres de la Convention : Carnot, qui devint comte de l'Empire et ministre de l'intérieur, et, malheureusement, Fouché, duc d'Otrante, qui fut ministre de la police et s'apprêta à trahir une fois de plus, comme il avait déjà trahi tous les gouvernements.

Le 15 juin 1815 commença cette funeste campagne de Belgique qui devait aboutir trois jours après au désastre de Waterloo. Carnot était resté à Paris. Tout le monde attendait des nouvelles avec anxiété. Le 20 juin, au soir, de nombreux visiteurs se trouvaient dans les salons du ministère de l'intérieur. Carnot s'assit d'un air préoccupé à une table de jeu, et se mit à jouer aux cartes avec un des assistants. Le partenaire du ministre s'aperçut bientôt qu'il jetait les cartes au hasard et sans les regarder. Étonné, il lui fait observer sa distraction et lui demande ce qui se passe. Carnot se leva brusquement ; de grosses larmes roulaient sur ses joues : « Eh bien ! oui, s'écriat-il, la bataille est perdue ! »

L'empereur étant revenu à Paris, la Chambre des représentants voulut le contraindre à abdiquer, dans la pensée qu'il était le principal obstacle à la paix, et que, lui écarté, les alliés s'arrêteraient et laisseraient la France libre de choisir le gouvernement qu'elle préférerait. Carnot ne partagea point cette illusion. Il conseilla à Napoléon de dissoudre la Chambre, comme il en avait le droit aux termes de l'*Acte additionnel aux Constitutions de l'Empire*, et d'en appeler au peuple. Mais Napoléon, abattu, abdiqua.

La Chambre des représentants et la Chambre des pairs nommèrent un gouvernement provisoire composé de cinq membres : Fouché, Carnot, Quinette, Grenier, Caulaincourt. La situation était désespérée. Les efforts de Carnot, paralysés par le traître Fouché, ne purent empêcher un dénouement inévitable.

Les alliés ayant rétabli Louis XVIII, Carnot fut

15.

proscrit, comme tous les anciens conventionnels qui avaient voté la mort de Louis XVI. Il se retira en Pologne, puis à Magdebourg, où ses vertus privées et la dignité de son attitude inspirèrent un juste respect aux étrangers parmi lesquels il vivait. Il mourut le 2 août 1823.

Carnot avait deux frères. L'un, Joseph-François-Claude Carnot, né en 1752, fut successivement avocat au Parlement de Dijon, procureur général près la Cour d'appel de cette ville, juge au tribunal de Cassation, membre de l'Académie des Sciences morales et politiques ; il mourut en 1835. L'autre, Claude-Marie Carnot Feulins, né en 1755, et capitaine sous Louis XVI, fut, en 1791, député à l'Assemblée Législative, puis directeur du département des fortifications (1792-1797). Général de brigade sous le Consulat, il donna ensuite sa démission. En 1815, il fut représentant de Saône-et-Loire à la Chambre des Cent Jours, devint général de division, et mourut en 1836.

XI. Les enfants héroïques.

En 1792 et 1793, au moment où la France, assaillie de toutes parts, faisait des efforts héroïques pour repousser l'invasion et conserver son indépendance, les enfants se joignirent aux hommes, et défendirent comme eux la patrie. Parmi ces enfants héroïques, deux surtout sont célèbres, Agricola Viala et Joseph Bara.

C'était pendant l'été de 1793, aux mois de mai et de juin, à la suite de la lutte entre les Girondins et les Montagnards dans la Convention. Lyon, Marseille, Toulon, étaient insurgés contre la République. Les royalistes marseillais avaient pris l'offensive pour venir donner la main aux Lyonnais. Le général Carteaux, détaché de l'armée des Alpes avec 6 000 hommes pour leur barrer le passage, ne paraissait pas pouvoir arriver à temps sur la Durance. Il y avait bien quelques gardes nationaux rassemblés pour défendre la rive opposée de cette rivière, mais ils semblaient peu disposés à une résistance énergique. Les assaillants approchent, ils vont atteindre le ponton jeté sur la Durance. Les gardes nationaux hésitent. Alors, un enfant de treize ans, Agricola Viala, saisit la hache d'un sapeur immobile, s'élance sous une grêle de balles et coupe à coups redoublés la corde qui, reliant une rive à l'autre, permettait de manœuvrer le ponton. Mortellement atteint, en tombant il eut encore la force de dire : « Je meurs, mais c'est pour la liberté. »

Joseph Bara naquit le 30 juillet 1779, à Palaiseau. Fils du garde-chasse Bara et de Marie-Anne Leroy, il était le dernier venu d'une famille nombreuse et pauvre. Doux, laborieux, il travaillait sans relâche à s'instruire et était enflammé d'un ardent patriotisme. Quand il vit écrit en grosses lettres sur la mairie de Palaiseau : *Citoyens! La Patrie est en danger!* il partit comme volontaire; il n'avait que treize ans.

Hussard, et non tambour, comme on le dit quelquefois par erreur, Bara combattit dans la Vendée. Il envoyait à ses parents sa solde, pour les aider à vivre. Ce brave enfant tomba le 7 décembre 1793 dans une embuscade. Entouré de toutes parts par les Vendéens, il voit les fusils s'abaisser vers sa poitrine. Pourtant, frappés de sa jeunesse, les assaillants lui enjoignent de crier *Vive le roi!* Il leur répond *Vive la République!* et tombe criblé de balles et de coups de baïonnettes. Il était âgé de quatorze ans et demi.

La Convention Nationale accorda une pension de 1 000 francs à sa famille, et vota le décret suivant :

« 1° Les honneurs du Panthéon seront décernés à Joseph Bara ;

« 2° Une gravure retraçant en détail les circonstances de la mort de Bara sera faite aux frais de la

Joseph Bara.

République et envoyée dans toutes les écoles primaires du territoire pour y retracer sans cesse à la
jeunesse française l'exemple le plus pur de l'amour
de la patrie et de la tendresse filiale. »

La ville de Palaiseau a élevé un monument à la
mémoire de Bara, le 11 septembre 1881.

Le poète Marie-Joseph Chénier a réuni les noms

de Bara et de Viala dans la strophe suivante du
Chant du Départ :

> De Bara, de Viala, le sort nous fait envie.
> Ils sont morts, mais ils ont vaincu.
> Le lâche accablé d'ans n'a pas connu la vie ;
> Qui meurt pour le peuple a vécu !

Un autre enfant, de dix ans, nommé Demormand, se
signala aussi par son courage. Son père, qui était de
Grandpré, avait été nommé capitaine dans les chasseurs des Ardennes, où il entra lui-même comme tambour. Dans un combat contre les Autrichiens, près du
Quesnoy, son père fut tué. Atteint d'une balle à la
jambe, l'enfant n'en continua pas moins à combattre,
et vengea son père en frappant mortellement le meurtrier. Le jeune héros présenta une pétition à la Convention Nationale afin d'obtenir une pension pour sa
mère. Cette pension fut accordée. Demormand, em-
brassé par le président de l'assemblée, reçut un sabre
d'honneur avec cette inscription gravée sur la lame :
« *Citoyen Demormand, âgé de dix ans. Cette arme
lui a été donnée par un décret de la Convention
nationale, séance tenante, le 18 août 1793, l'an II de
la République Française ; il en a été décoré des
mains du Président, et il vengera, avec ce sabre, la
mort de son père.* »

Parmi les autres dévouements héroïques que rappelle cette époque, un des plus célèbres fut celui des
marins du *Vengeur*.

Pour éviter la famine on avait acheté aux États-
Unis une immense quantité de grains. Deux cents
vaisseaux de transport en furent chargés au printemps de 1794. Afin de protéger l'entrée de ce convoi, l'amiral Villaret-Joyeuse et le conventionnel
Jean-Bon Saint-André sortirent de Brest avec vingt-
six vaisseaux de ligne. Ils rencontrèrent une flotte
anglaise d'égale force, commandée par l'amiral Howe.
Après une lutte effroyable, les Français furent vain-

cus; ils perdirent six vaisseaux. L'un d'eux, le
Vengeur, commandé par le capitaine La Renaudie,
entouré par les Anglais, refusa de se rendre. L'équi-
page cloua le pavillon national au grand mât et s'en-
gloutit au cri de *Vive la République!* La Convention
décréta qu'un modèle du *Vengeur* serait suspendu
aux voûtes du Panthéon. Pendant la bataille, le
convoi était entré à Brest. (13 prairial an II, 1er juin
1794.)

XII. Hoche.

Louis-Lazare Hoche naquit à Montreuil, faubourg
de Versailles, le 24 juin 1768. Il était fils de Louis
Hoche, ancien soldat et palefrenier à la vénerie du
roi, et d'Anne Merlière. Il perdit sa mère à deux ans,
et fut élevé par sa tante, fruitière à Montreuil. Elle
l'envoya à l'école, où il apprit à lire et à écrire; un
des frères de sa mère, vicaire à Saint-Germain-en-Laye,
lui apprit un peu de latin. Il fut d'abord aide-palefre-
nier aux écuries du roi.

A 16 ans, Hoche était un fort garçon, de haute taille,
aux traits réguliers, à la physionomie franche et énergique, avec de grands yeux noirs et une magnifique
chevelure. Tout en pansant les chevaux du roi, il
n'avait pas cessé un instant de lire, d'étudier : car,
aussitôt qu'il avait quelques sous, il achetait ou louait
des livres. A cette époque, il ne rêvait que voyages :
il aurait voulu faire le tour du monde sur les traces du
capitaine Cook. Mais comment, sans argent, aller
voir ces merveilleuses contrées de l'équateur? Il se fit
soldat avec des camarades : il s'engagea pour Pondichéry. Mais le racoleur avait abusé de la naïve franchise du jeune homme, qui signa son engagement
sans le lire : au lieu d'aller dans l'Inde, Hoche fut
envoyé à Paris, au régiment des gardes françaises.

Il y entra le 19 octobre 1784. Il fut grenadier le 23 novembre 1785, et caporal après cinq ans de services, le 16 mai 1789. Ces cinq ans ne furent pas perdus pour son instruction. Toutes les fois qu'il n'était pas à la caserne ou de garde, il allait travailler chez les maraîchers, tirant de l'eau, bêchant la terre, chargeant les voitures de provisions, ou bien encore il brodait des gilets d'officiers, qu'il vendait dans les cafés, et il se procurait ainsi quelque argent, toujours pour acheter des livres et s'instruire.

En 1789, la Révolution éclata. Les gardes françaises, qui vivaient au milieu de la population de Paris, fraternisaient avec elle et partageaient ses sentiments patriotiques, refusèrent de tirer sur le peuple; ils se joignirent à lui contre les Suisses et les Allemands, et, le 14 juillet, l'aidèrent à prendre la Bastille. La Révolution était, en effet, une délivrance et un bienfait pour le soldat comme pour la population civile. Sous Louis XVI, aux termes d'un édit porté en 1781 par le maréchal de Ségur, il fallait quatre quartiers de noblesse du côté paternel et du côté maternel, 140 ans de noblesse prouvée, pour devenir sous-lieutenant. Hoche se distingua à la prise de la Bastille.

Le 31 août 1789, les gardes françaises devinrent *la garde nationale soldée*, qui fut ensuite licenciée et versée dans l'infanterie. Hoche, sergent dans la garde nationale soldée le 1er octobre 1789, devint adjudant au 104e régiment. Quand le peuple alla chercher Louis XVI et sa famille à Versailles, les 5 et 6 octobre 1789, Hoche fut du voyage. Une dame d'honneur de Marie-Antoinette s'écria, en voyant le jeune sergent : « Voilà un jeune homme dont on ferait bien un général. »

Vers la même époque, en 1790, un soir qu'on jouait au Théâtre Français le *Charles IX* de Marie-Joseph Chénier, Hoche eut une querelle avec le boucher Legendre. Ils faillirent se battre en duel. « On fixe la rencontre, on arrive au rendez-vous. On se met en garde, mais au moment où les épées se croisent, Danton, l'un des témoins de Legendre, s'écria soudain d'une voix tonnante : « Qu'allez-vous faire? celui de vous deux qui égorgera l'autre croit-il qu'il aura raison? Il n'aura commis qu'un crime, et je me déclarerai le vengeur du vaincu. Tous deux vous avez tort, embrassez-vous tous deux. Hoche, frémis de souiller ton épée du sang de ton frère; un jour tu la tireras contre les ennemis de la patrie, pure du sang français. Un jour elle sera le salut de la République et ta gloire! » Hoche et Legendre se serrèrent la main tout émus. » (E. DUTEMPLE et L. POVILLE, *Vie politique et militaire du Général Hoche.*)

Bientôt après, dans une revue aux Champs-Elysées, le général Servan, ministre de la guerre, admira la précision avec laquelle manœuvrait la compagnie de Hoche. Il demanda le nom du jeune homme, et, aussitôt rentré au ministère, lui envoya le brevet de lieutenant (18 mai 1792). Il avait 24 ans.

Envoyé au 58e régiment, en garnison à Thionville, il prit une part considérable à la défense de cette place. Il passa capitaine à *l'ancienneté* le 1er septembre 1792. Il se distingua à l'armée des Ardennes, sous les ordres du général Leveneur, couvrit la retraite lorsqu'on leva le siège de Maëstricht (mars 1793), défendit Louvain, et rompit les ponts sur la Dyle. Leveneur, dont il était devenu l'aide de camp, l'envoya en mission à Paris, au Comité de Salut Public. Carnot fut frappé de l'intelligence et du savoir de Hoche. Il le nomma adjudant général chef de bataillon à l'armée du Nord (15 mai 1793).

Le pouvoir civil était défiant à cette époque à l'égard des militaires, et la trahison de Dumouriez lui avait donné le droit de l'être. Accusé d'incivisme et dénoncé par des envieux, Hoche fut arrêté au mois d'août 1793. Reconnu innocent et remis en liberté, il se distingua par d'éclatants services à la défense de

Dunkerque contre les Anglais du duc d'York. Il fut nommé chef de brigade le 10 septembre, et général de brigade trois jours après. Malade et obligé de garder le lit pendant quelques jours, il employait cette inaction forcée à écrire un plan de descente en Angleterre, tout rempli d'une ardeur juvénile : « Couvrez les mers des bâtiments de la marine marchande, qu'ils soient armés en guerre, qu'ils forment un pont des côtes de France à la superbe Albion. Point de manœuvre, point d'art; du fer, du feu et du patriotisme... Je ne demande ni place, ni grade, je veux mettre le pied sur la terre de ces brigands politiques... Pourquoi ne réussirais-je pas? Je suis la patrie. » Le 23 octobre 1793, il fut nommé général de division et commandant en chef de l'armée de la Moselle.

Cette armée, placée à l'ouest des Vosges, avait été repoussée le 14 septembre par les Prussiens, sous les ordres du duc de Brunswick, à l'attaque de la formidable position de *Pirmasens*. A l'est des mêmes montagnes, les Autrichiens de Wurmser et les émigrés du prince de Condé avaient forcé le 13 octobre les lignes de *Wissembourg*. Ils prirent Lauterbourg, le fort Vauban, occupèrent Haguenau et menacèrent Strasbourg.

C'est alors que le Comité de Salut Public envoya en Alsace Saint-Just et Lebas, et que Pichegru fut placé à la tête de l'armée du Rhin. Le 17 novembre, une attaque des Prussiens contre *Bitche* est repoussée. Hoche et Pichegru prennent l'offensive. Pichegru, après trois semaines de combats acharnés, refoule les Autrichiens de la Zorn sur la Moder (18 novembre-9 décembre). De son côté, Hoche attaque les Prussiens et s'empare de *Bliescastel*; mais, quand il voulut emporter d'assaut la ville de *Kayserslautern* et la montagne du *Kaysersberg*, hérissée d'artillerie, il fut repoussé avec perte (28, 29, 30 novembre).

Aux observations de Baudot et de Lacoste, représentants du peuple à l'armée de la Moselle, il répondit :

« Ah ! parbleu, je vous conseille de parler ; mais tout ce qui arrive est de votre faute. Pourquoi ne pas avoir pris un petit bout d'arrêté fixant la victoire ? elle a tenu à si peu de chose à la fin du troisième jour de combat ! » Carnot lui écrivit au nom du Comité de Salut Public : « Un revers n'est pas un crime, lorsqu'on a tout fait pour mériter la victoire ; ce n'est point par les événements que nous jugeons les hommes, mais par leurs efforts et leur courage ; nous aimons qu'on ne désespère pas du salut de la patrie. Notre confiance te reste. Rallie tes forces, marche, balaye les hordes royalistes ! » De son côté, Saint-Just disait au jeune général : « Tu as pris un nouvel engagement envers la patrie. Au lieu d'une victoire, il nous en faut deux pour débloquer Landau. » Hoche s'adressait en même temps en ces termes à Desaix : « Sois tranquille, mon camarade. Avec des baïonnettes et du pain nous pouvons vaincre tous les tyrans de l'Europe. »

Hoche n'était pas homme à se laisser décourager. « J'ai vu le nouveau général, écrivait un de ses officiers, lors de son arrivée à l'armée. Son regard est celui de l'aigle, fier et vaste. Il est fort comme le peuple, jeune comme la Révolution. » Après l'échec de Kayserslautern, Hoche laissa seulement sur la Sarre une portion de ses forces en face des Prussiens ; il franchit les Vosges avec 12 000 hommes pour lier ses opérations à celles de

Hoche.

l'armée du Rhin. Le flanc droit de Wurmser était couvert par un corps prussien : Hoche chassa ce corps de *Frœschwiller* et de *Wœrth* (22 décembre). Menacé d'être pris à revers, Wurmser abandonna la ligne de la Moder et la forêt d'Haguenau ; il se replia plus au nord, la gauche vers *Ober-Lauterbach* dans la direction du Rhin, le centre sur la montagne de *Geisberg*, en avant de Wissembourg, la droite sur les hauteurs de *Roth*. Les Prussiens protégaient son extrême droite au *col du Pigeonnier* et dans les *gorges de Bodenthal*, à l'entrée des Vosges.

Saint-Just et Lebas voulaient nommer Pichegru généralissime des deux armées réunies ; mais Lacoste et Baudot, qui venaient de voir Hoche à l'œuvre, obtinrent par leur insistance énergique qu'on lui conférât ce titre : « Hoche, s'étaient-ils écriés, Hoche, c'est Hoche qu'il faut absolument ! »

L'ennemi fut attaqué le 26 décembre par les deux armées de la Moselle et du Rhin. Les Français venaient d'apprendre la reprise de Toulon. En marchant à l'ennemi, ils criaient : « Landau ou la mort ! » Toutes les positions des coalisés furent conquises. Wurmser, rejeté au nord de la Lauter, se brouilla sur le champ de bataille même avec le duc de Brunswick, accouru à son secours au bruit du canon ; le chef autrichien reprochait au général du roi de Prusse d'avoir été cause de la défaite par son inaction prolongée. Les Autrichiens repassèrent le Rhin à Philippsbourg, pendant que les Prussiens se retiraient sous Mayence. Landau était sauvé. La garnison, attaquée dès le mois d'avril, et complètement bloquée au mois d'octobre, avait supporté toutes les rigueurs de la famine. Le fort Vauban fut repris le 19 janvier.

Dans toute cette campagne, Hoche avait payé de sa personne avec intrépidité. A Wœrth, il fut renversé par la chute d'un arbre qu'un boulet avait coupé en deux, et se releva de dessous les branches calme et sans blessure. Au même combat, son cheval fut tué sous lui. On lui amena une autre monture : « Il paraît, dit-il en souriant, que ces messieurs veulent me faire servir dans l'infanterie. »

A Frœschwiller, les républicains hésitaient sous le feu d'une batterie formidable ; Hoche leur montre les canons : « A 600 livres la pièce, mes enfants ! leur crie-t-il. Enlevez-les ! — Adjugé ! » répondirent les soldats ; et ils sautèrent sur la batterie. Le 3ᵉ hussards prit 6 pièces et obtint 3 600 livres ; le 4ᵉ dragons en conquit 4 et eut 2 400 livres ; un bataillon de la 55ᵉ demi-brigade eut le même succès et obtint la même récompense ; 4 bataillons du Bas-Rhin eurent aussi leur part.

Malgré ses services éclatants, Hoche ne tarda point à devenir suspect. Il ne put s'entendre avec Pichegru. Nommé au commandement de l'armée d'Italie, il fut arrêté dès son arrivée à Nice (mars 1794), et ramené prisonnier à Paris, aux Carmes, et ensuite à la Conciergerie. Il y avait un mois qu'il avait épousé la jeune Adélaïde Dechaux. Il demanda à être entendu par le Comité de Salut Public : « Je veux qu'on me rende justice, dit-il à Saint-Just. — J'espère, lui répondit son interlocuteur, qu'on ne tardera pas à vous rendre celle que vous méritez. »

La captivité de Hoche dura quatre mois. Il consacra ces loisirs forcés à l'étude : il lisait Sénèque et Montaigne ; il étudiait, avec sang-froid et gaieté, le caractère de ses compagnons. Enfin, le 9 thermidor lui ouvrit les portes de la prison : au moment d'en sortir, il vit entrer Saint-Just, arrêté à son tour : « Tu triomphes ! lui dit Saint-Just. — Non, répondit Hoche, je ne me réjouis point de ta perte, j'admire simplement l'étrange enchaînement des choses. » Il disait encore : « Craignons que le souvenir des torts qu'on nous a faits ne nous rende injustes envers la patrie et envers ceux qui la servirent et donnèrent leur vie pour elle. »

Hoche reçut le 21 août 1794 le commandement de

l'armée des côtes de Cherbourg, auquel fut ajouté, le 3 novembre, celui de l'armée des côtes de Brest. Il avait à terminer la guerre contre les Vendéens et les chouans, guerre d'embuscades, de coups de mains, de meurtres, qui épuisait la France. Hoche rétablit d'abord la discipline dans l'armée, et, par un habile mélange de fermeté et de douceur, désarma momentanément les paysans. Leurs chefs, Cormatin, Charette, Stofflet, signèrent les pacifications de la Matelais et de la Jaunaye. Mais, le 26 juin 1795, une flotte anglaise commandée par le commodore Warren, vint débarquer dans la presqu'île de Quiberon, au sud de la Bretagne, les émigrés au service de l'Angleterre sous les ordres du comte de Puisaye et de d'Hervilly, que Sombreuil vint ensuite rejoindre : 15 000 chouans se joignirent à eux ; tout l'Ouest menaçait de se soulever. Hoche conserva son sang-froid. Il réunit 13 000 soldats. Accompagné de Humbert, Ménage, Blad, Rouget de l'Isle, il chassa les chouans d'Auray (29 juin) et les émigrés de Sainte-Barbe (7-16 juillet).

Le *Fort Penthièvre* fermait l'isthme par lequel la presqu'île de Quiberon se rattache au continent. Les émigrés s'en étaient emparés six jours après leur débarquement et l'avaient mis en défense. Mais il y avait dans la garnison des soldats républicains qui, ayant été prisonniers en Angleterre, avaient accepté, pour revenir en France, du service dans les régiments émigrés. Quelques-uns se sauvèrent au camp de Hoche. Guidées par eux, deux colonnes républicaines tournèrent le fort à droite et à gauche, en s'avançant le long du rivage ; une troisième colonne l'attaqua de front. C'était pendant la nuit du 19 au 20 juillet. La colonne de droite, formée de 300 grenadiers, sous les ordres de l'adjudant général Ménage, arriva la première au pied du fort. Elle avait dû marcher longtemps dans l'eau de la mer, au milieu d'une obscurité profonde, sous une pluie battante. Les soldats escaladent les rochers, sautent sur les remparts. En ce moment, l'aurore naissait. La colonne chargée d'attaquer de front, découverte et accueillie par une décharge à mitraille, hésite... Hoche lève le bras et lui montre au sommet de la position, au-dessus des canons ennemis, le drapeau tricolore : c'est Ménage qui vient d'enlever le fort. La batterie se tait. Tous s'élancent avec des cris de joie. Les prisonniers républicains enrôlés dans la garnison se joignent aux vainqueurs. Les émigrés prennent la fuite.

Conduits par Hoche, Humbert, Ménage, Blad, Rouget de l'Isle, les républicains poursuivent leurs adversaires en déroute, à la baïonnette, jusqu'à l'extrémité de la presqu'île. Acculés sur les rochers, les vaincus avaient devant eux 700 grenadiers républicains ; à droite, à gauche, derrière, l'Océan. La mer était orageuse et empêchait les chaloupes anglaises d'approcher. Bien peu purent atteindre les embarcations ; beaucoup furent noyés ; le reste mit bas les armes. Les captifs avaient été pris sous l'uniforme anglais : la loi les condamnait à mort. Malgré les efforts de Hoche, leur généreux vainqueur, le conventionnel Tallien resta inexorable : on fusilla les émigrés ; les paysans furent épargnés.

Il fallait maintenant en finir avec les chefs vendéens, qui avaient repris les armes et commis de nouveaux massacres. Stofflet et Charette furent pris et fusillés. Cadoudal, Frotté, Puisaye quittèrent la France. La sécurité et le travail recommencèrent dans l'Ouest : la Vendée était pacifiée.

Le rêve de Hoche était d'aller attaquer chez eux les Anglais, qui, se croyant en sûreté derrière la mer, nous jetaient depuis trois ans l'Europe sur les bras. Il voulait débarquer en Irlande, délivrer cette île, dont la population détestait les Anglais, en faire une république indépendante et prendre ensuite corps à corps l'Angleterre elle-même. Arrivé à Brest, comme s'il ne s'était jamais occupé que de marine, il étudie tout, fait tout préparer sous sa direction, émerveille Bruix, et fait destituer Villaret-Joyeuse, qui ne montrait que lenteur et mauvaise volonté. Il avait auprès de lui le patriote irlandais Shée, qui l'aidait de ses conseils.

L'inquiétude de William Pitt était grande. On eut recours à tous les moyens pour se débarrasser de Hoche. Un soir, à la sortie du théâtre, à Rennes, il faillit être assassiné d'un coup de pistolet ; quelque temps après, il échappa à une tentative d'empoisonnement. 15 000 hommes s'embarquèrent à Brest, au mois de décembre 1796. Hoche montait, avec le contre-amiral Bruix, la frégate *la Fraternité*. Malheureusement, la tempête sépara ce bâtiment du reste de la flotte, qui, arrivée sur les côtes d'Irlande sans le général en chef, fit voile de nouveau pour la France, sans tenter le débarquement. Parvenu à son tour en Irlande avec sa seule frégate, Hoche, désespéré, apprend que la flotte a levé l'ancre. Il veut débarquer seul et se mettre à la tête des Irlandais. On eut grand'peine à empêcher cette folie héroïque.

Pour revenir en France, il fallut passer au travers de la flotte anglaise, et essuyer de nouvelles tempêtes.

« Bruix avait mis *la Fraternité* à l'abri des boulets anglais ; mais le débarquement présenta de sérieux dangers. La chaloupe qui portait Hoche se balança pendant quatre heures sur les lames, par une nuit si profonde qu'il était impossible de s'orienter. Le pilote croit voir un navire dans l'ombre ; il veut accoster ; c'était un rocher. Le choc fut violent, quelques marins sautèrent à la mer, ils avaient pied ; tout le monde fit comme eux. On se trouvait sous le moulin de Houmeau, à une lieue de la Rochelle.

« Shée, qui avait si bien secondé Hoche dans la préparation de son plan, déjà âgé et infirme, ne pouvait gravir le rocher contre lequel on venait d'échouer. Hoche veut prendre le vieillard sur ses robustes épaules. Shée résiste et supplie le général de se sauver le premier. « Nous nous sommes promis que nous ne nous séparerions qu'à la mort ; je ne vous quitterai point d'une autre manière, » lui répond Hoche, et il gravit le rocher en portant son ami. Le lendemain, tous étaient à la Rochelle. » (E. DUTEMPLE et L. POVILLE.)

On était au mois de janvier 1797. Hoche fut nommé au commandement de l'armée de Sambre-et-Meuse, en remplacement de Jourdan, malheureux dans la campagne précédente. Le jour même où Bonaparte signait l'armistice de Léoben, Hoche passait le Rhin à Neuwied avec 70 000 hommes, commandés sous ses ordres par les généraux Chérin, son chef d'état-major, Grenier, Lefèvre, Championnet, d'Hautpoul, Klein, Ney, Richepanse. La bataille de *Neuwied* coûta au général autrichien Werneck 1 000 morts, 8 000 prisonniers, 500 chevaux, 7 drapeaux et 27 canons (18 avril). Le 20, les Francais passèrent la Lahn. Deux jours après, ils étaient aux portes de Francfort. Ils s'arrêtèrent en apprenant l'armistice.

C'était le ·moment où les royalistes conspiraient pour renverser la République et proclamer roi Louis XVIII. Ils comptaient sur Pichegru, devenu président du Conseil des Cinq-Cents. Hoche offrit ses services aux membres républicains du Directoire : « Je vaincrai les contre-révolutionnaires, disait-il, et quand j'aurai sauvé la patrie, je briserai mon épée. » Il applaudit à la journée du 18 fructidor, qui sauva pour le moment la République.

Quelques mois après, le 18 septembre 1797, Hoche mourait brusquement, au camp de Wetzlar. Il avait vingt-neuf ans. Des bruits de poison circulèrent. De tous les généraux de la République, aucun n'a laissé une mémoire plus pure.

Les restes de Hoche furent déposés à Coblentz au fort de Pétenberg, à côté du corps de Marceau. Quand les funérailles furent terminées, un vieux grenadier déposa une couronne de laurier sur le cercueil en disant : « Hoche, c'est au nom de l'armée que je te donne cette couronne. »

XIII. Marceau[1].

François-Séverin Desgraviers, dit Marceau, naquit à Chartres, le 1er mars 1769. A seize ans, le 2 décembre 1785, il s'engagea dans le régiment d'Angoumois (infanterie). En permission à Paris au moment de la prise de la Bastille, il fut au nombre des vainqueurs de la vieille forteresse et prison d'État. Libéré du service militaire, il reprit les armes comme volontaire quand la patrie fut menacée. Capitaine au 1er bataillon des volontaires d'Eure-et-Loir, le 6 novembre 1791, il devint lieutenant-colonel en second le 25 mars 1792. Quelques mois après, il était à Verdun, lorsque cette ville, assiégée par les Prussiens, capitula. Chargé de porter le texte de la capitulation au roi de Prusse, il versa des larmes en le lui remettant : Frédéric-Guillaume II voulut savoir son nom (31 août 1792).

Après la prise de Verdun, Marceau quitta l'infanterie pour entrer comme lieutenant en premier dans les cuirassiers légers de la légion germanique (4 septembre 1792), puis comme capitaine au 19e régiment de chasseurs à cheval (1er mai 1793). Arrivé dans la Vendée avec le général Westermann, il devint suspect en même temps que lui : le conventionnel Bourbotte le fit arrêter ; mais heureusement il fut acquitté par le Tribunal Révolutionnaire. Un mois après le jeune officier sauvait la vie à Bourbotte.

Dans la funeste journée de Saumur (10 juin 1793), où les républicains furent mis en déroute malgré les efforts désespérés de Santerre, de Coustard,

1. L'auteur a suivi pas à pas, pour composer cette biographie, l'excellente *Notice historique sur le général Marceau*, de M. Désiré Lacroix, rédacteur au *Moniteur de l'Armée*.

16.

de Weissen, de Menou, de Berthier, et de Bourbotte lui-même, ce représentant, démonté et entouré par les Vendéens, allait périr. Marceau descendit de cheval et lui donna sa monture, au risque d'être lui-même tué ou pris.

Nommé adjudant général chef de bataillon le 15 juin, il prit une part brillante aux combats de Bressuire et de Naudières. A la malheureuse affaire de Chantonnay, il perdit deux chevaux (5 septembre). Avec Beaupuy, Westermann, Bloss et Kléber, il contribua puissamment, par l'habileté avec laquelle il dirigeait la colonne de Luçon, à la victoire de Cholet (17 octobre). Kléber rendit à sa valeur le plus éclatant témoignage. Proclamé aussitôt général de brigade, Marceau devint, dès le mois suivant, général de division (10 novembre 1793).

Après la défaite de Dol, où Marceau et Kléber s'étaient battus en désespérés pour rallier leurs soldats, le premier fut nommé général en chef intérimaire de l'armée de l'Ouest ; il avait vingt-quatre ans. Il justifia la confiance qu'on avait mise en lui par les victoires décisives du Mans et de Savenay (13 et 23 décembre 1793). Après la bataille du Mans, de concert avec Savary et Kléber, il sauva une jeune fille de 18 ans, Mlle Desmeuliers, dont les parents avaient péri. Conduite à Laval, elle fut arrêtée et guillotinée après le départ de ses protecteurs. Eux-mêmes faillirent périr pour avoir caché une Vendéenne. Bourbotte heureusement était à Laval ; il empêcha qu'ils fussent inquiétés.

A l'armée des Ardennes, où il fut envoyé le 15 avril 1794, Marceau montra le même courage qu'à l'armée de l'Ouest et obtint les mêmes succès. Là encore, il eut Kléber pour compagnon d'armes, et obtint l'admiration même de l'ennemi. A la bataille de Fleurus, le 26 juin 1794, il combattait à la tête de deux divisions. Sous une grêle de boulets et de balles, il défendit contre les Autrichiens le village de Lambusart, dont l'incendie même ne put le chasser. Le 18 septembre, il assura le gain de la bataille de l'Ourthe par une habile diversion. Chargé par le général Jourdan, commandant en chef de l'armée de Sambre-et-Meuse, sous les ordres duquel il servit désormais, d'attirer sur la gauche l'attention des Autrichiens, « il arriva devant l'Ayvaille, qui coule dans un lit profond, encaissé entre deux rives escarpées. Marceau donna l'exemple aux soldats : il entra dans l'eau et passa l'Ayvaille sous le feu même de l'ennemi, escaladant la colline opposée, d'où il chassa La Tour, le général ennemi, et les forces qu'il commandait. » (M. D. Lacroix.) Quinze jours après, le 2 octobre 1794, il était de nouveau victorieux à la bataille d'Aldenhoven ou de la Roër.

Au mois de juin 1795, il fut chargé de garder le pont de Neuwied et de bloquer Ehrenbreitstein, citadelle qui domine Coblentz, sur la rive droite du Rhin. L'année suivante, lorsque l'armée de Sambre-et-Meuse, dont il faisait partie, et qui s'était avancée à l'intérieur de l'Allemagne, fut obligée de battre en retraite, il lutta pas à pas contre les Autrichiens. Le 19 septembre 1796, près d'Altenkirchen, il reçut la mission, pour couvrir l'armée, de défendre la lisière d'un bois et d'empêcher l'ennemi d'en déboucher. Accompagné d'un ingénieur et de deux chasseurs à cheval du 17e, il s'avança dans le bois pour se rendre compte de la position. Pendant que son attention était attirée par un hussard autrichien qui se trouvait sur la route à quelques pas de lui, un chasseur tyrolien, embusqué derrière un arbre, le frappa d'un coup de carabine. La balle avait percé le bras droit au-dessus du coude et était entrée dans le corps. Il fit encore trois cents pas à cheval, puis on le porta sur deux fusils au village le plus proche, et de là, sur une échelle, à la rencontre d'un médecin. Quand la balle eut été extraite, des grenadiers l'emportèrent sur une litière jusqu'à la petite ville d'Altenkirchen, et, malgré la chaleur et leur fatigue, ils ne voulurent jamais qu'on les relevât.

La blessure était mortelle. Le général en chef Jourdan et tous les compagnons d'armes du jeune héros pleuraient autour de son lit de douleur ; lui restait calme et les consolait. Cependant, il fallait continuer la retraite ; le blessé ne pouvait pas être transporté ; il fallut le recommander à la générosité de

Mort de Marceau.

l'ennemi. Quand les Autrichiens furent dans la ville, tous leurs généraux allèrent le voir : Haddik, Kray, l'archiduc Charles, Elsnitz, vinrent lui serrer la main ; ils lui manifestaient leur estime, leur douleur, et faisaient des vœux pour son salut.

Il mourut le 21 septembre 1796. Une suspension d'armes fut conclue ; Français et Autrichiens se réunirent pour lui rendre les honneurs funèbres. A l'endroit où il était tombé, le capitaine du génie Souhait fit placer une plaque de marbre avec cette inscription :

Ici fut blessé à mort
Le IIIe jour complémentaire de l'an IV
Marceau, général français,
Regretté et pleuré
de l'armée, de l'ennemi et de l'habitant.

Une souscription fut ouverte dans l'armée de Sambre-et-Meuse, et l'on éleva une pyramide sur son tombeau. Quand les Prussiens augmentèrent les fortifications de Coblentz, en 1817, ils la déplacèrent pour la transporter au pied d'une colline boisée.

Les quatre faces de cette pyramide portent des inscriptions. On lit sur le côté ouest : « Ici repose Marceau, né à Chartres, département d'Eure-et-Loir ; soldat à XVI ans, général à XXII ans. Il mourut en combattant pour la patrie, le dernier jour de l'an IV de la République Française. Qui que tu sois, ami ou ennemi, de ce jeune héros respecte les cendres. »

La statue de Marceau, œuvre du sculpteur Préault, s'élève sur l'une des places publiques de Chartres, sa patrie.

XIV. Kléber.

Dans la patriotique cité de Strasbourg, si française par le cœur et les souvenirs, et que la force nous a enlevée, dans cette ville où Rouget de Lisle a composé notre chant national, *la Marseillaise*, se dresse la statue en bronze d'un héros grand par ses exploits, sa haute intelligence et la générosité de son âme, le général Kléber. Fils d'un ouvrier maçon, Jean-Baptiste Kléber naquit à Strasbourg le 9 mars 1753. Son intelligence précoce le fit remarquer ; on lui donna les moyens d'étudier, de s'instruire. Il fut admis comme élève, grâce à la protection d'un seigneur bavarois, à l'École militaire de Munich. Il entra ensuite dans l'armée autrichienne comme cadet, au régiment du prince de Kaunitz, en garnison à Mons ; il y fut sous-lieutenant pendant sept ans (1776-1783). Ayant alors donné sa démission, il revint en Alsace, et fut employé à Belfort comme inspecteur des travaux publics.

Lorsque, en 1792, retentit l'appel aux armes, quand dans toute la France, depuis Paris jusqu'au moindre hameau on put lire l'émouvante inscription : *Citoyens ! La Patrie est en danger !* Kléber partit comme volontaire ; il eut bien vite le commandement d'un bataillon, puis devint adjudant-général. C'était un homme d'une haute stature et d'une grande force physique ; ses traits énergiques, sa physionomie mâle et franche, sa magnifique chevelure bouclée, son langage impétueux, mélange de vigueur et de bonté, tout en lui attirait la sympathie.

C'est au siège de Mayence qu'il eut pour la première fois l'occasion de se distinguer (avril-juillet 1793). Mayence, située sur la rive gauche du Rhin, en face du confluent de ce fleuve avec le Mein, était défendue par 20 000 hommes sous les ordres des généraux Meunier, Aubert-Dubayet, Doyré, Kléber, des représentants Merlin de Thionville et Rewbell. Bombardés, affamés, sans communication avec la France, abandonnés par Custine, assaillis de fausses nouvelles que les Prussiens répandaient, les défenseurs de la place prolongèrent quatre mois leur résistance. A chaque instant, ils faisaient essuyer aux assaillants d'énormes pertes, dans des sorties nocturnes. Le général prussien Kalkreuth faillit être pris dans l'une d'elles ; une autre coûta la vie au général français Meunier. Merlin de Thionville montrait aux soldats l'exemple du plus brillant courage. Les Allemands, stupéfaits de son audace, l'avaient surnommé *Feuer-Teufel* (diable de feu). Enfin, manquant de vivres, la garnison capitula le 21 juillet. Elle rentra librement en France avec armes et bagages, à condition de ne pas servir d'un an contre les alliés. Quand elle sortit de la place, la foule, accourue pour la voir défiler, insulta les clubistes mayençais qui accompagnaient nos bataillons dans leur retraite. Merlin de Thionville conduisait la colonne, vêtu en hussard ; il poussa son cheval hors des rangs et commanda aux plus acharnés de se taire, en leur déclarant « qu'ils reverraient les Français. »

Par l'ordre de la Convention, la garnison de Mayence fut transportée en poste dans la Vendée. Aux termes de la capitulation, comme nous venons de le dire, elle ne pouvait pas servir avant un an contre les Prussiens. Elle comptait encore 18 000 soldats, les plus aguerris qu'eût la France, sous les ordres d'Aubert-Dubayet, Beaupuy, Haxo et Kléber, qui, après avoir été un instant suspect, avait reçu le grade de général de brigade.

Depuis le 10 mars 1793, les paysans royalistes de la Vendée étaient insurgés contre la République et la France, et leur criminelle révolte, complice de l'invasion étrangère, mettait en péril l'existence même de la patrie. On se battait avec acharnement depuis plusieurs mois, quand *les Mayençais* arrivèrent à Nantes. C'est par là qu'ils durent prendre l'offensive, tandis qu'une autre armée républicaine déboucherait de Saumur. Kléber, parti de Nantes, fut d'abord vainqueur à *Port-Saint-Père* (11 septembre). Dans ce combat, on avait vu des soldats républicains passer l'Achenau à la nage, leur sabre entre les dents, pour aller saisir sous le feu de l'ennemi des bateaux placés sur l'autre rive et les ramener afin d'assurer le passage de la division. Rejoint par Beysser, qui s'était emparé de *Machecoul*, et par le général en chef Canclaux, Kléber occupa *Légé*, *Montaigu* et *Clisson* (17 septembre). Mais, dans la direction de Saumur, les républicains avaient été vaincus à *Coron*. Tranquilles de ce côté, les Vendéens se reportent en masse contre Canclaux et Kléber. Le 19 septembre, ces derniers furent écrasés à *Torfou* et rejetés sur Nantes. Leur retraite fut assurée par le dévouement héroïque de Chevardin, commandant des chasseurs de Maine-et-Loire. « Tu pourras être tué, lui avait dit Kléber, mais tu sauveras tes camarades. » Chevardin périt, en effet, et sauva l'armée. La campagne était manquée. Les chefs des diverses divisions rejetèrent la faute les uns sur les autres. La mésintelligence n'avait point cessé de régner entre eux.

Dans ces circonstances critiques, le courage et le sang-froid de Kléber ne se démentirent pas un seul instant; son humanité envers les vaincus fut toujours la même dans cette guerre, où l'on était de part et d'autre implacable. Léchelle, nommé général en chef, eut le bon esprit de demander et de suivre les conseils de Kléber. Vainqueur des Vendéens à *Saint-Symphorien*, le 6 octobre, Kléber eut, par son intrépidité et ses habiles dispositions, une part décisive à la victoire de *Cholet* (17 octobre). Devenu général de division, il eut, avec Marceau et Westermann, le mérite d'en finir avec les Vendéens par les batailles du *Mans* et de *Savenay* (13 et 23 décembre 1793). Avant la première de ces deux batailles, sa division avait accompli une marche forcée de 18 heures.

En 1794, Kléber fut envoyé contre les Autrichiens à l'armée des Ardennes, qui était sous les ordres du général Charbonnier, et qui devint ensuite l'armée de Sambre-et-Meuse, commandée par Jourdan. Là encore, il obtint sur-le-champ toutes les sympathies, comme le constatent en ces termes les *Mémoires* du conventionnel Levasseur de la Sarthe : « A Marchiennes-au-Pont, dans un moment de halte, je rencontrai le brave Kléber. Depuis notre entrevue sur le chemin de Thuin[1] il me parlait très froidement et paraissait mécontent de mes reproches : je craignis d'avoir offensé un si vaillant soldat; je fus à lui : « Kléber, lui dis-je, nous allons voir l'ennemi de près, peut-être un de nous restera sur le champ de bataille, peut-être même tous les **deux** : nous ne sommes pas faits l'un et l'autre pour mourir ennemis, embrassons-nous. — Moi, votre

---

1. Levasseur lui avait demandé pourquoi aucun général n'était demeuré à la défense d'un pont sur la Sambre, et Kléber lui avait répondu d'un ton fort dur et d'un air fâché : « Est-ce que vous croyez que nous avons peur ? »

ennemi, s'écria-t-il, je vous estime trop pour cela ! »
Il m'ouvrit aussitôt ses bras ; je m'y précipitai.
Mon cheval, dont j'avais lâché la bride, s'éloignait ;
Kléber, qui avait et la taille et la force d'un Hercule,
me retint dans ses bras et me fit asseoir sur son cheval : nous nous embrassâmes de nouveau. Tous les
militaires qui étaient près de nous applaudirent en
criant : Bravo ! Ils aimaient Kléber et voyaient avec
plaisir les témoignages d'amitié et de confiance que
je lui prodiguais. Depuis cette époque nous avons
toujours été amis. »

A l'armée de Sambre-et-Meuse, Kléber combattit

Kléber.

glorieusement. Il se distingua à la bataille de Fleurus (26 juin 1794) et prit part à tous les combats qui

donnèrent à la France la possession de la rive gauche du Rhin, c'est-à-dire de ses frontières naturelles. Plus tard pourtant, chargé du blocus de Mayence, et se croyant négligé par le Directoire, il quitta le service pour se retirer à Strasbourg, sa ville natale.

Bonaparte, pour entreprendre son expédition d'Égypte, voulut s'entourer des meilleurs généraux des différentes armées de la République, qu'il désirait s'attacher personnellement. Sur son invitation, Kléber l'accompagna. Le débarquement eut lieu le 1er juillet 1798, dans l'anse du Marabout, à l'ouest d'Alexandrie. Le 2, cette ville fut prise d'assaut par Kléber et Menou, qui furent blessés dans le combat.

Vainqueur des mamelucks de Mourad-Bey et d'Ibrahim-Bey, à la *bataille des Pyramides* (21 juillet 1798), Bonaparte s'empara du Caire et de toute l'Égypte. L'année suivante il envahit la Syrie. Kléber se distingua à la prise de *Gaza* et de *Jaffa* et assista au malheureux siège de Saint-Jean d'Acre. Au mois d'avril, l'armée du pacha de Damas arriva sur le Jourdain pour faire lever le siège. Le fils du pacha, qui avait 3 000 hommes, fut battu par Murat, à la tête de 1 000 Français, au *pont d'Iacoub* et à *Tibériade*. Le pacha lui-même avait sous ses ordres 25 000 Turcs ou Arabes. Junot, avec une poignée de grenadiers et de dragons, contint son avant-garde au combat de *Nazareth*.

Le 11 avril, dans un second combat, sur les hauteurs de *Loubyeh*, cette avant-garde fut encore repoussée par Junot et Kléber. Toutefois, s'étant audacieusement engagé en plaine, au pied du *Mont Thabor*, avec moins de 3 000 hommes, contre toute l'armée ennemie, Kléber se trouvait enveloppé et en danger de périr : Bonaparte accourt avec 2 000 soldats ; les musulmans, pris entre deux feux, furent mis en pleine déroute (16 avril). L'armée de Damas n'existait plus.

Les Français n'en furent pas moins obligés de lever

le siège de Saint-Jean d'Acre. De retour en Égypte, ils culbutèrent et jetèrent à la mer, le 15 juillet 1799, une armée turque qui était venue débarquer dans la presqu'île d'*Aboukir*. Un mois après, Bonaparte, quittant son armée, s'embarquait en secret pour la France. Il avait laissé, par un paquet cacheté, le commandement en chef à Kléber.

Le nouveau général en chef méritait et possédait la confiance des soldats. Toutefois, il s'était vu avec peine chargé de remplacer Bonaparte; il se considérait comme abandonné et croyait impossible de défendre l'Égypte contre les Turcs, les Anglais et peut-être les Russes.

L'Égypte était menacée, en effet. Dès le mois d'août 1799, une escadre anglaise, venue de l'Inde avec un corps de cipayes, attaqua Kosséyr, sur la mer Rouge. Elle fut repoussée (14-17 août). Le 24 septembre, une autre escadre, commandée par sir Sydney Smith, débarqua 4 000 janissaires sur la rive droite du Nil, près de Damiette, entre la Méditerranée et le lac Menzaléh; ils furent taillés en pièces par le général Verdier. Mais une armée turque et arabe forte, disait-on, de 80 000 hommes, sous les ordres du grand vizir, était réunie en Syrie. Elle s'empara du fort d'El-Arysh. Mourad-Bey était toujours en armes dans la Haute-Égypte. Assailli par des forces si supérieures, Kléber signa, le 24 janvier 1800, la *convention d'El-Arysh* avec le grand vizir et Sydney Smith : l'armée devait évacuer l'Égypte et rentrer librement en France.

Le gouvernement anglais désavoua la convention : il croyait Kléber plus découragé qu'il ne l'était. Il exigea que les Français se rendissent prisonniers. Le 17 mars, Kléber mit à l'ordre du jour de l'armée la lettre de l'amiral Keith qui contenait cet ultimatum : « Soldats, ajoutait-il, on ne répond à une telle insolence que par des victoires; préparez-vous à combattre ! »

Deux jours après, le 19 mars, Kléber livra au grand vizir la *bataille d'Héliopolis*. 15 000 Français culbutèrent 50 000 Turcs ; toute la Basse-Égypte fut reconquise. Le grand vizir, avec les débris de son armée, s'enfuit en Syrie. Le Caire s'était soulevé pendant la bataille. La ville, assiégée, bombardée, capitula (26 mars-24 avril). Mourad-Bey fit sa soumission. La possession de l'Égypte paraissait une seconde fois assurée.

Par malheur, les cheiks du Caire ayant refusé de payer leur part d'une contribution levée sur la ville pour la punir de sa révolte, Kléber eut l'imprudence de faire bâtonner l'un d'entre eux, El-Sâdât. Les dévots musulmans furent exaspérés. Le 14 juin 1800, le jour même où, en Europe, Desaix était frappé à mort par une balle sur le champ de bataille de Marengo, Kléber tombait sous le poignard d'un fanatique. Un jeune homme d'Alep, nommé Soliman, l'assassina dans les jardins d'Elfy-Bey.

XV. La Tour-d'Auvergne, le premier grenadier de la République.

Théophile-Malo Corret, plus tard nommé *Corret de La Tour-d'Auvergne*, naquit le 23 novembre 1743, à Carhaix (Finistère). Son père, seigneur de Kerbeauffret, était cependant avocat, car il était pauvre et avait quatre enfants à nourrir : deux fils et deux filles. Il descendait d'un fils naturel de Henri de La Tour-d'Auvergne, vicomte de Turenne, duc de Bouillon, et père du célèbre maréchal de Turenne.

Élevé dans les landes et les bruyères de la Basse Bretagne, le jeune Corret conserva toute sa vie, avec l'amour de la grande patrie française, celui de sa province natale. Il étudia la langue et la littérature celtiques, sous la direction d'un avocat nommé Lebrigant :

il examinait avec soin les monuments druidiques; plus tard il étudia le basque, le breton, et, dans son livre intitulé *Origines gauloises*, il donna la comparaison de quarante langues.

Au sortir de l'École militaire de la Flèche, il entra comme lieutenant dans un régiment d'infanterie. Sa bravoure était héroïque, son humanité, sa modestie, son désintéressement, étaient sans bornes. Il demeura pourtant treize ans sans avancement. Voulant prendre part à la guerre de l'indépendance américaine, il résolut enfin de réclamer la protection de son parent éloigné, le duc de Bouillon. Celui-ci tenait sa cour non dans son duché de Bouillon, mais au château de Navarre, près d'Évreux. Le jeune homme fut bien accueilli ; il obtint l'autorisation de porter le nom de La Tour-d'Auvergne, et le duc lui accorda le droit de jouir « de tous les avantages dont peuvent jouir nos vrais et originaires sujets. » (1781.)

Impatient de sortir des ennuis de la vie de garnison, La Tour-d'Auvergne demande un congé, et va servir comme volontaire dans les rangs espagnols au siège de Port-Mahon. Le duc de Crillon, son général, l'appréciait ainsi : « Froid, clairvoyant aux occasions, répondant en tout point aux qualités admirables et infatigables de la nation espagnole. » Le jeune officier alla un jour faire prisonnier au milieu des rangs ennemis un caporal anglais. « Une autre fois, après une attaque, étant rentré au camp, on s'aperçoit qu'un pauvre diable d'Espagnol est resté blessé sous les glacis de la place. « J'y vais, » dit La Tour-d'Auvergne. Il fallait passer sous le feu de la ville et des vaisseaux. Il s'en va au petit pas, charge l'homme sur son dos, au milieu d'une grêle de balles, et revient tranquillement. » (MICHELET, *les Soldats de la Révolution.*)

Rappelé en France, il n'était encore, en 1789, après dix-sept ans de service, que capitaine des grenadiers. Chargé de surveiller des travaux près de Saint-Jean-

La Tour-d'Auvergne.

de-Luz, il veillait sur la santé des jeunes soldats comme un père. Il faillit se noyer en allant au secours de deux d'entre eux entraînés par la marée. Au début de la Révolution, les autres officiers de son régiment l'invitaient à émigrer comme eux : « J'appartiens à la patrie, » leur répondit-il ; et il ajouta : « Périssent les lâches qui abandonnent le pays au moment du péril ! »

Il fut employé à l'armée des Pyrénées occidentales sous les ordres du général Servan. C'était une armée toute novice. « Les jeunes paysans qu'on amenait là étaient quelque peu étonnés de cette guerre de montagnes sauvages dans les sentiers des chèvres, et de l'ennemi plus sauvage qu'on y rencontrait. Le bon Corret les ménageait beaucoup, les habituait peu à peu. Il se faisait prudent, timide quelquefois, pour les faire hardis. Sa manière ordinaire de combattre et de les aguerrir était tout simplement de marcher en avant, tête nue, le manteau et le chapeau sous le bras, à vingt pas plus loin que la troupe, disant : « Allons d'abord jusqu'à cet arbre ; s'ils sont plus forts, nous reviendrons. » Il recevait, paisible, une grêle de balles ; son manteau était criblé, lui jamais blessé. Il se retournait alors en souriant. Mais déjà tous s'étaient élancés et couraient ; c'était à qui le rejoindrait plus tôt. » (MICHELET.)

La Tour-d'Auvergne accomplit des exploits éclatants.

Avec une barque, quelques hommes et un canon, il fit capituler le gouverneur de Saint-Sébastien. Dans une retraite, avec 150 hommes, il arrêta pendant deux heures 3 000 Espagnols. Il força l'entrée du Val d'Arran, en passant sur la neige durcie, qui formait un pont naturel suspendu au-dessus d'effrayants précipices. « Le soir, après le combat, il s'asseyait au milieu de ses grenadiers, et, pendant un repas d'une sobriété plus qu'espagnole, il les charmait de ses entretiens, leur contait les vieilles guerres, leur parlait de la France. » Un représentant en mission lui offrit un jour de demander pour lui ce qu'il voudrait. « Eh bien! dit La Tour-d'Auvergne, si vous êtes tout-puissant, demandez pour moi... — Quoi? un régiment? — Non, une paire de souliers. »

On réunit sous ses ordres tous les grenadiers de l'armée, au nombre d'environ 8 000 : ce corps reçut le nom de *Colonne infernale*. A la paix, il s'embarqua pour la Bretagne. Le bâtiment fut pris en mer par les Anglais; on voulut retirer à La Tour-d'Auvergne sa cocarde tricolore; il l'enfila de son épée jusqu'à la garde : « Maintenant, dit-il, venez la prendre ! » Dix-huit mois captif dans le pays de Galles, il fut mis à la retraite à son retour en France. Il se consola de l'inactivité par l'étude, et vécut à Passy, sans vouloir, malgré sa pauvreté, rien accepter du duc de Bouillon, qu'il avait fait rayer de la liste des émigrés.

En 1799, il apprend que le dernier survivant des vingt-deux enfants de son maître et ami Lebrigant est tombé au sort; Lebrigant avait soixante-dix-sept ans et était inconsolable. La Tour-d'Auvergne, qui en avait lui-même cinquante-quatre, partit comme simple soldat pour le remplacer. Il entra aux grenadiers de la 46e demi-brigade. Il rejoignit l'armée en Suisse, combattit à Zurich, et, après la victoire, sauva la vie à des soldats russes qui, cernés, refusaient de se rendre. Au début du Consulat, il refusa d'être député au Corps législatif; mais le ministre de la guerre lui donna,

sans l'avertir, le titre de *Premier grenadier de la
République* [1]. La Tour-d'Auvergne faisait partie de
l'armée du Rhin. Le 27 juin 1800, il fut frappé d'un
coup de lance au cœur, par un hulan, au combat d'O-
berhausen, près de Neubourg. L'armée porta le deuil
pendant trois jours. Au moment où les restes de La
Tour-d'Auvergne, enveloppés de feuilles de chêne et

1. Le 5 floréal an VIII, le ministre de la guerre adressait à La Tour-
d'Auvergne la lettre suivante :

« En fixant mes regards sur les hommes dont l'armée s'honore,
je vous ai vu, citoyen, et j'ai dit au premier consul :
«La Tour-d'Auvergne-Corret, né dans la famille de Turenne, a
« hérité de sa bravoure et de ses vertus. C'est un des plus anciens
« officiers de l'armée ; c'est celui qui compte le plus d'actions d'éclat.
« Les braves l'ont surnommé le plus brave.
« Modeste autant qu'intrépide, il ne s'est montré avide que de
« gloire, et *il a refusé tous les grades*. Aux Pyrénées-Orientales,
« le général commandant l'armée rassembla toutes les compagnies
« de grenadiers, et, pendant le reste de la guerre, ne leur donna
« point de chef. Le plus ancien capitaine devait commander : c'était
« La Tour-d'Auvergne ; il obéit, et bientôt ce corps fut nommé, par
« les ennemis, la *Colonne infernale*.
« Un de ses amis n'avait qu'un fils, dont les bras étaient néces-
« saires à sa subsistance ; la conscription l'appelle ; La Tour-d'Au-
« vergne, brisé de fatigue, ne peut travailler ; mais il peut encore
« se battre. Il vole à l'armée du Rhin, remplace le fils de son ami,
« et pendant deux campagnes, le sac sur le dos, toujours au pre-
« mier rang, il est à toutes les affaires et anime les grenadiers
« par ses discours et par son exemple.
« Pauvre, mais fier, il vient de refuser le don d'une terre que
« lui offrait le chef de sa famille ; ses mœurs sont simples, sa vie
« sobre ; il ne jouit que du modique traitement de capitaine à la
« suite et ne se plaint pas.
« Plein d'instruction, *parlant toutes les langues*, son érudition
« égale sa bravoure, et on lui doit l'ouvrage intéressant intitulé :
« *Les Origines gauloises....*»
« Le premier consul, citoyen, a entendu ce récit avec l'émotion
que j'éprouvais moi-même ; il vous a nommé sur-le-champ *premier
grenadier des armées de la République*, et vous a décerné un
sabre d'honneur. »

La Tour-d'Auvergne répondit qu'il acceptait le sabre «pour con-
tribuer, avec ses braves frères d'armes, à conquérir la paix,» mais
qu'il refusait un titre contraire à tous les principes d'égalité.

de laurier, furent déposés au lieu où il avait reçu la mort, un grenadier retourna son corps en disant : « Il faut le placer dans sa tombe comme il était de son vivant, faisant toujours face à l'ennemi. » Son cœur, déposé dans une urne d'argent, fut confié au plus ancien sergent de la 46e demi-brigade. Son nom resta inscrit sur les registres du corps. Quand on le prononçait aux appels, le sergent qui était chargé de l'urne répondait: « Mort au champ d'honneur ! »

XVI. Napoléon Bonaparte.

Je vous ai parlé récemment, mes amis, de généraux illustres ou de héros modestes qui ont consacré leur vie à la défense du territoire national, de la République, des lois, et je vous ai dit qu'ils méritaient notre admiration. L'homme dont j'ai à vous entretenir maintenant a été un grand capitaine, un organisateur habile, dont le nom est éclatant. Mais il a passé dans l'histoire en y semant la désolation et la mort : il a détruit les lois et confisqué la liberté de son pays ; il avait juré de maintenir intact le sol français, et il a laissé la France plus petite qu'il ne l'avait reçue ; il est mort vaincu, captif, après avoir excité contre la patrie la haine des étrangers, après avoir attiré sur nos pères de grands désastres, et en avoir préparé de plus grands, qui sont tombés sur nous.

Napoléon Bonaparte, dont le nom véritable était *Napolione Buonaparte*, était le second fils de Charles Buonaparte et de Lætitia Ramolino. Il naquit en Corse, à Ajaccio, le 15 août 1769. Entré, par la protection du gouverneur de cette île, M. de Marbœuf, à l'École militaire de Brienne, puis à celle de Paris, il en sortit comme lieutenant en second au régiment d'artillerie de la Fère, alors en garnison à Valence. En 1793, il était capitaine. Il se distingua au siège de Toulon contre les royalistes et les Anglais, et attira

17.

sur lui l'attention des représentants Salicetti, Barras, Fréron, Gasparin, Robespierre jeune, chargés par la Convention de presser l'attaque de cette ville. Devenu, après la prise de Toulon, général de brigade, Bonaparte commanda l'artillerie de l'armée d'Italie sous les ordres de Dumerbion, et contribua à la conquête du camp de Saorgio. La journée du 9 thermidor an II (27 juillet 1794) faillit arrêter sa fortune. Ce jour-là Robespierre et ses partisans succombaient à Paris. Bonaparte, compromis comme robespierriste, fut arrêté, puis relâché, mais perdit son commandement.

Il vint à Paris et y passa une année dans la gêne ; il recevait un peu d'argent de son frère aîné Joseph, marié avec la fille d'un négociant de Marseille ; il vivait d'expédients avec ses amis Junot et Bourrienne. De temps à autre, il rédigeait des travaux que lui indiquaient Carnot et Doulcet de Pontécoulant. Il eut un instant l'idée d'aller prendre du service en Turquie. On était en 1795. Les sectionnaires royalistes de Paris, soulevés contre la Convention, menaçaient les Tuileries, où siégeait cette Assemblée. Barras, auquel elle avait confié sa défense, prit Bonaparte pour second à la tête de l'armée de l'intérieur. Le 13 vendémiaire an III (5 octobre 1795), les royalistes furent mitraillés sur le quai Voltaire et devant l'église Saint-Roch. Bonaparte obtint alors le grade de général de division, et il épousa une créole de la Martinique, Joséphine Tascher de la Pagerie, plus âgée que lui de quelques années. Elle était veuve du général vicomte Alexandre de Beauharnais, et mère de deux enfants, Eugène et Hortense de Beauharnais.

Chargé du commandement de l'armée d'Italie contre les Autrichiens, en 1796, avec Augereau, Masséna, Joubert, Laharpe, Serrurier, Lannes, Murat, Victor, Berthier, pour lieutenants, Bonaparte put donner la mesure de son génie militaire. D'une activité infatigable, il excellait à deviner et à déconcerter les projets de l'ennemi ; il suppléait au nombre par la rapidité de ses mouvements. Marcher plus vite que ses adversaires, et combattre successivement avec toute son armée réunie les fractions dispersées de leur armée, telle était sa manœuvre la plus ordinaire, et qui lui réussit tant de fois. Il vainquit les généraux Autrichiens Beaulieu, Wurmser et Alvinzi dans un grand nombre de combats et de batailles, à Montenotte, Millesimo, Dego, Mondovi, Lodi, Borghetto, Lonato, Castiglione, Trente, Bassano, Saint-Georges, Arcole, Rivoli, La Favorite. A Arcole, où il avait dû s'élancer sur un pont, un drapeau à la main, pour entraîner ses soldats hésitants, il faillit périr et fut précipité dans un marais. Il imposa la paix au roi de Sardaigne, au duc de Parme et au pape ; il créa la République Cisalpine à Milan ; il prit la forte place de Mantoue, battit l'archiduc Charles, envahit l'Allemagne, parvint à vingt-cinq lieues de Vienne, et signa le traité de Campo-Formio avec l'Autriche (17 octobre 1797).

Dès lors l'ambition de Bonaparte est sans limites. Il n'a plus d'autre idée que d'éblouir l'imagination de ses contemporains, pour obtenir le pouvoir. Il va d'entreprise en entreprise, ne voulant point admettre qu'il y ait quelque chose d'impossible. Il obtient du Gouvernement du Directoire le commandement en chef de l'expédition d'Égypte. Il emmène avec lui le vice-amiral Brueys, les généraux Kléber, Desaix, Cafarelli, les savants Monge, Larrey, Berthollet, Geoffroy Saint-Hilaire. Il s'embarque à Toulon au mois de mai 1798. En route, il enlève l'île de Malte aux Chevaliers de Saint-Jean. Il atteint la côte d'Égypte sans avoir été rencontré par la flotte anglaise. L'Égypte, possession nominale du sultan des Turcs, appartenait en réalité aux Mamelucks, sorte de milice féodale de hardis cavaliers. Bonaparte s'empare d'Alexandrie, traverse le désert de Damanhour, et arrive en vue des Pyramides : « Soldats, dit-il à ses troupes, en leur montrant ces masses gigantesques, souvenez-vous que du haut de ces Pyramides quarante siècles vous contemplent ! » Il gagne la bataille des Pyramides sur Mourad-bey, entre au Caire et y crée l'Institut d'Égypte. Mais pendant ce temps, l'Anglais Nelson détruit la flotte de Brueys à la bataille navale d'Aboukir (1798).

L'année suivante, Bonaparte envahit la Syrie, s'empare d'El-Arysch, Gaza, Jaffa et assiège Saint-Jean d'Acre. Il gagne, avec Kléber, la bataille du Mont Thabor ; mais il échoue au siège de Saint-Jean d'Acre, et la peste, qui avait atteint l'armée à Jaffa, l'oblige à rentrer en Egypte ; il jette à la mer les Turcs qui étaient venus débarquer dans la presqu'île d'Aboukir (1799).

Cependant la guerre avait recommencé en Europe ; la France avait éprouvé des revers ; les esprits étaient inquiets et fatigués. Comprenant que les circonstances favorisaient son ambition, Bonaparte abandonna l'armée d'Égypte. Il traverse la mer, débarque à Fréjus, arrive à Paris. Il gagne à ses projets Siéyès, Roger-Ducos, Talleyrand, Fouché, les généraux Murat, Leclerc, Lefèvre. Il exécute, contre les lois, le Gouvernement et la République, le coup d'État du 18 brumaire an VIII (9 novembre 1799). Il détruit le Directoire, et disperse par la force, à Saint-Cloud, les deux Conseils des Cinq-Cents et des Anciens.

Dès lors, d'après la Constitution de l'an VIII, qui crée trois consuls, Bonaparte est maitre de la France sous le nom de *Premier Consul* : les deux autres sont Cambacérès et Lebrun. Il concentre dans ses mains tous les pouvoirs et s'attribue le droit de nommer tous les fonctionnaires.

Le Consulat dura de 1799 à 1804. D'abord, Bonaparte retourne en Italie combattre les Autrichiens. Il franchit derrière eux le Grand Saint-Bernard, et livre au feld-maréchal Mélas la bataille de Marengo, le 14 juin 1800 : perdue d'abord, elle fut ensuite regagnée, grâce à Desaix, qui y fut tué, et à Kellermann. Ensuite, les Français, commandés par le général Moreau, ayant encore vaincu les Autrichiens à Hohenlinden, en Allemagne, la paix de Lunéville fut signée avec l'Autriche (1801), et la paix d'Amiens avec l'Angleterre (1802).

Bonaparte prit alors le titre de *Consul à vie*, et promulgua le Code civil, auquel il fit donner le nom de *Code Napoléon*, bien que les principes essentiels en eussent été posés avant son arrivée au pouvoir. Il signa, en 1801, avec le pape Pie VII le Concordat, c'est-à-dire le traité qui réglait l'exercice du culte catholique en France. Il créa la Légion d'Honneur et l'Université. Le canal de Saint-Quentin fut creusé, et trois routes nouvelles ouvertes dans les Alpes. A la même époque, l'esclavage des noirs fut rétabli dans les colonies par le premier Consul, qui fit enlever et transporter prisonnier en France le chef des noirs de Saint-Domingue, Toussaint-Louverture. Cet acte de violence amena un soulèvement général et la perte de l'île. Dès 1803, la paix d'Amiens, qui n'avait été exécutée ni par Bonaparte ni par l'Angleterre, fut rompue, et la guerre recommença, pour ne plus cesser jusqu'en 1814. Non content d'être consul à vie, Bonaparte se fit donner, en 1804, le titre d'*Empereur*.

L'Empire a duré de 1804 à 1814. Le nouveau souverain accumula sur sa tête tous les titres. Il fut *Napoléon, empereur des Français, roi d'Italie, protecteur de la Confédération du Rhin, médiateur de la Confédération helvétique*. Le pape Pie VII vint le sacrer à Paris, dans la cathédrale Notre-Dame, le 2 décembre 1804.

Napoléon avait formé le projet d'une descente en Angleterre, et réuni ses troupes sous le nom de *Grande Armée*, au camp de Boulogne. Mais son amiral Villeneuve ne put tromper la vigilance de l'Anglais Nelson, par lequel il devait être vaincu plus tard à la bataille navale de Trafalgar. La descente ne put avoir lieu. Dans la campagne de 1805, Napoléon fut plus heureux contre les Autrichiens et les Russes. Il obligea le général Mack à capituler dans

Ulm, occupa Vienne, et, le 2 décembre, jour anniversaire de son couronnement, il remporta la victoire décisive d'Austerlitz sur les empereurs François et Alexandre. Par le traité de Presbourg, il enleva à l'Autriche une partie de ses États. L'année suivante,

Napoléon.

l'empereur envahit la Prusse. En deux batailles, le même jour, à Iéna et Auerstædt, le 14 octobre 1806, l'armée prussienne est anéantie. Les Français entrent à Berlin. L'effroyable massacre d'Eylau, au milieu de la neige et sur des étangs glacés, le 8 février 1807, n'amène aucun résultat ; mais, le 14 juin suivant, Friedland est pour la France une victoire décisive. Alors Napoléon a une entrevue avec Alexandre, sur un radeau amarré au milieu du Niémen, et il signe la paix de Tilsitt, par laquelle il enlevait au roi de Prusse la moitié de ses Etats.

Désormais, après chaque guerre, il imposait aux vaincus des conditions si dures, que ceux-ci les subissaient le désespoir dans l'âme, avec l'intention de recommencer la lutte aussitôt leurs forces réparées. La France, quoique victorieuse, était épuisée par ces guerres continuelles, qui enlevaient au travail tous les jeunes gens et les envoyaient périr sur tous les points du continent. Elle souffrait du despotisme de Napoléon. Celui-ci avait nommé son frère Joseph roi de Naples ; son frère Louis roi de Hollande ; son frère Jérôme roi de Westphalie.

Et pourtant, il n'était pas encore satisfait. Ne pouvant envahir l'Angleterre, que la mer protégeait, il voulut la ruiner en fermant l'Europe à son commerce par le *blocus continental*. Il décréta que tout bâtiment, même neutre, qui aurait touché dans un port de l'Angleterre ou de ses colonies, était, par le fait même, dénationalisé et de bonne prise ; que tout commerce était interdit avec l'Angleterre et ses colonies. Ainsi, parce que Napoléon était en guerre avec les Anglais, il fallait que tout l'univers fît comme lui ! Le blocus continental fit du tort aux Anglais, mais ne les ruina pas ; il exaspéra les neutres contre Napoléon, en le poussant à des annexions de plus en plus injustifiables, afin de mieux fermer les côtes de l'Europe à ses ennemis. C'est ainsi que, en 1807, il envahit le Portugal. En 1808, il intervient en Espagne. Profitant des démêlés du vieux roi Charles IV et de son fils Ferdinand VII, il les détrône tous les deux, et donne la couronne d'Espagne à son frère Joseph, que son beau-frère Murat remplace à Naples. Mais les Espagnols, indignés, se soulèvent et commencent contre les Français une guerre sans pitié. Les capitulations imposées par les Espagnols au général Dupont, à Baylen, en Andalousie, et par les Anglais au général Junot, à Cintra, en Portugal, chas-

sent Joseph de Madrid. Napoléon l'y ramène à la fin
de 1808; mais la résistance continue sur tous les
points de la péninsule, et la guerre d'Espagne ne
finira qu'avec l'empire.

Encouragés, les Autrichiens reprennent les armes
en 1809. Napoléon les bat à Tengen, Abensberg,
Landshut, Eckmühl, Ratisbonne, Ebersberg; il entre
encore une fois à Vienne, et entreprend de passer
sur la rive gauche du Danube, en s'aidant de l'île
Lobau. Mais il éprouve, à la sanglante bataille
d'Essling ou d'Aspern, un échec, réparé six semaines plus tard par la bataille de Wagram. Un
étudiant saxon, Frédéric Stabs, essaye vainement
de le tuer au château de Schœnbrunn. Le traité de
Vienne impose à l'Autriche de nouveaux abandons de
territoire. La même année, Napoléon détrône le pape
et réunit Rome à l'empire. Il ajoute encore à la
France, en 1810, la Hollande, Brême, Hambourg,
Lubeck et le grand-duché d'Oldenbourg. En même
temps, il répudie sa première femme, Joséphine, et il
épouse l'archiduchesse Marie-Louise, fille de l'empereur d'Autriche François Ier. De ce mariage naquit,
le 20 mars 1811, un fils, qui reçut le nom de *Roi de
Rome*.

En 1812, Napoléon commence une nouvelle entreprise, encore plus imprudente que toutes les autres :
la guerre de Russie. A la tête de 617,000 hommes,
Français, Italiens, Hollandais, Allemands, Polonais,
il franchit le Niémen. Les Russes reculent devant
lui en détruisant tout. Il passe à Vitepsk, à Smolensk,
gagne la terrible bataille de la Moscowa ou de Boro-
dino, dans laquelle les Russes perdent un homme sur
deux, et les Français un homme sur trois; il entre à
Moscou et s'établit au palais du Kremlin. Mais les
Russes brûlent Moscou pour chasser les envahisseurs. L'hiver vient, et, avec lui, la gelée, la neige!
Il faut battre en retraite. Les Français reculent, har-
celés par les Russes et les sauvages cavaliers cosa-

ques. La faim, le froid, déciment les rangs. Les hommes meurent par milliers. Il faut combattre à Malojaroslawetz, à Smolensk; le froid redouble. A Krasnöe, l'héroïsme du maréchal Ney préserve seul l'arrière-garde d'une entière destruction. Au passage de la Bérézina, ensuite à Vilna, puis à Kovno, on éprouve encore des pertes énormes. Napoléon est retourné à Paris. La grande armée, aux trois quarts détruite, est repoussée derrière le Niémen, derrière la Vistule, derrière l'Oder, derrière l'Elbe. L'Autriche abandonne les Français; la Prusse leur déclare la guerre.

Toutefois, au début de 1813, l'empereur semble ressaisir l'avantage : il est victorieux des Russes et des Prussiens à Lutzen et à Baützen; mais l'Autriche propose sa médiation; un armistice est signé. Comme on ne peut s'entendre, toute l'Europe se déclare contre l'empereur : l'Angleterre, la Russie, la Prusse, l'Autriche, la Suède, les Espagnols et les Portugais sont debout contre lui. Il remporte une dernière victoire à Dresde; mais ses lieutenants sont battus à Kulm, à la Katzbach, à Grossbeeren, à Dennewitz; lui-même, il perd la bataille décisive de Leipsick, et avec elle l'Allemagne. Il faut regagner le Rhin, et s'en ouvrir la route par le combat de Hanau.

Avec l'année 1814 commence l'invasion. Toutes les armées de l'Europe envahissent la France sur tous les points, conduites par Schwartzemberg, Blücher, Bernadotte, Wellington. En vain, retrouvant l'activité de sa jeunesse, Napoléon essaya de suppléer au nombre à force de rapidité dans ses mouvements et de variété dans ses conceptions; en vain, courant d'une armée ennemie à l'autre, avec une poignée de conscrits à peine capables de manier leurs fusils, et de vétérans, restes de vingt ans de guerres, il obtint encore de brillants succès à Saint-Dizier, à Brienne, à Champaubert, à Montmirail, à Château-Thierry, à Vauxchamps, à Montereau, à Craonne. La France était fatiguée ; tout manquait ; les maréchaux découragés devenaient lents ou se laissaient surprendre ; les traîtres se multipliaient. Les batailles de Laon, d'Arcis-sur-Aube, de Fère Champenoise, de Paris, furent perdues. Le 31 mars 1814, les alliés entrèrent vainqueurs dans Paris. L'invasion, que la Convention nationale avait repoussée en 1793, attirée par Napoléon, ne s'arrêta cette fois qu'aux Tuileries et à la Place du Carrousel. Retiré au château de Fontainebleau, l'empereur y fit ses adieux à sa garde dans la cour du Cheval blanc, et partit pour l'île d'Elbe, dont les puissances alliées lui avaient accordé la souveraineté.

Pendant ce temps, la France, victime des fautes et de l'ambition de l'empereur, était ramenée à ses limites de 1792, et l'Europe lui donnait pour roi, sous le nom de *Louis XVIII*, le comte de Provence, frère du dernier roi bourbon, Louis XVI, guillotiné en 1793.

A l'île d'Elbe même, Napoléon ne put se tenir tranquille. Il revint l'année suivante débarquer sur la plage de Cannes avec quelques centaines d'hommes, et attirer sur la patrie de nouveaux malheurs. Il marcha par Grenoble et Lyon sur Paris ; toutes les troupes envoyées pour le combattre se joignirent à lui ; le 20 mars 1815, jour anniversaire de la naissance du roi de Rome, il rentrait aux Tuileries. Alors commence son nouveau règne, appelé *les Cent Jours*, parce qu'il dura environ trois mois.

Pour rassurer la France, lasse de son despotisme, et l'Europe exaspérée de ses attaques, Napoléon, à son retour de l'île d'Elbe, promettait la liberté et la paix ; mais la France ne le croyait pas complètement, quand il parlait de liberté, et l'Europe ne le croyait pas du tout, quand il parlait de paix. Toutes les puissances l'attaquèrent. Après une campagne de quatre jours, en Belgique, l'empereur perdit la bataille décisive de Waterloo, le 18 juin 1815, contre l'Anglais

Wellington et le Prussien Blücher. La France fut de nouveau envahie. Une seconde fois les alliés entrèrent à Paris. Ils rétablirent Louis XVIII, imposèrent à notre pays une occupation militaire des places fortes du Nord et de l'Est, une énorme contribution de guerre et la perte de Chambéry, Landau, Sarrelouis, Philippeville, Marienbourg, Bouillon.

Napoléon, après avoir abdiqué, s'était retiré à Rochefort. Il s'embarqua à bord du vaisseau anglais *le Bellérophon*. L'Angleterre l'envoya prisonnier de guerre dans l'île de Sainte-Hélène, à l'ouest de l'Afrique. Il y mourut le 5 mai 1821. Ses restes ont été ramenés en France, et placés à l'Hôtel des Invalides, le 15 décembre 1840.

XVII. Les défenseurs de la Patrie en 1814 et 1815.

Comme vous venez de le voir, Napoléon ayant attaqué tous les peuples, à la fin, tous se réunirent contre lui, et la France, victime de ses fautes, fut, à son tour, accablée par le nombre : elle fut vaincue, envahie deux fois, en 1814 et en 1815. Je n'entreprendrai pas de vous raconter ces grands et terribles événements, que vous étudierez plus tard en détail. Je voudrais seulement appeler votre attention sur les traits de courage par lesquels nos pères s'illustrèrent dans la défense de la patrie.

En 1812, Napoléon, d'abord vainqueur dans son imprudente expédition de Russie, avait ensuite été obligé de battre en retraite. Épuisés de fatigue, mourant de faim et de froid, nos soldats laissaient derrière eux, à chaque pas, leurs camarades morts dans la neige ou tombés sous les coups des Russes qui les poursuivaient. Le 24 novembre, les débris de l'armée arrivèrent devant la Bérézina, dont l'ennemi avait brûlé le pont. Cette rivière, grossie par la fonte des neiges, était un lac de glaçons mouvants. Tout semblait perdu.

Heureusement, le général Eblé avait, dans la désorganisation universelle, tenu réuni autour de lui un petit corps de 400 pontonniers. Né en 1758 à Saint-Jean-de-Rohrbach (Lorraine), Eblé avait successivement passé par tous les grades et donné des preuves éclatantes d'habileté et de dévouement. Pendant la retraite, il avait conservé six caissons, remplis de clous, de fers, de crampons et deux forges de campagne. Sous sa direction, les pontonniers passèrent une nuit et un jour, plongés jusqu'au cou dans l'eau glacée, au gué de Studzianka, heurtés à chaque instant par d'énormes glaçons, travaillant sans relâche, et n'ayant pour toute nourriture que de la farine d'avoine délayée dans l'eau froide et sans sel. Grâce à leur dévouement, on put établir des ponts, et l'armée fut sauvée (26 décembre 1812). Eblé mourut quelque temps après, emporté par une maladie contractée au passage de la Bérézina.

Dans la campagne qui suivit, en 1813, malgré de grands succès remportés au début, les Français finirent par être accablés, et au mois de janvier 1814, le Rhin fut franchi et le territoire national envahi.

Un jeune enfant, qui devait devenir un grand écrivain, raconte ainsi qu'il suit l'arrivée des alliés dans la petite ville de Charolles, que ses parents habitaient alors :

« Un matin de cet hiver de 1814, nous allions, selon notre coutume, à la rencontre du messager, sur la route de Percy. Ce messager n'était qu'un idiot, dont l'intelligence n'avait gardé qu'une case pour le sentiment de la patrie. Ordinairement il tenait à la main une branche de chêne, qu'il agitait de loin en signe de victoire. Son grand chapeau à cornes était à demi couvert par une immense cocarde tricolore enrubanée, mêlée de pâquerettes. Ce jour-là, il ne tenait point de

branche à la main ; quand nous fûmes près de lui,
nous vîmes qu'il n'avait pas une seule fleur à son
chapeau.

« Mauvaises nouvelles ! nous cria-t-il, les Kaiser-
licks ne sont pas loin ! » Et il continua son chemin à
la manière des idiots, en trébuchant à chaque pas.

« Nous crûmes d'abord que c'était un de ses accès
de folie ordinaires. Mais nous fûmes ébranlés par ce
que nous vîmes à notre retour. Mon père fondait des
balles et partait en éclaireur avec sa carabine. Sur la
petite place de l'église étaient réunis, alignés sur
deux rangs, une trentaine de bourgeois et d'ouvriers,
armés de fusils de chasse. Notre maître d'école bran-
dissait une vieille épée, en serre-file. Hélas ! c'était là
chez nous l'arrière-ban de la France ! Le capitaine
passa devant les rangs et distribua à chacun deux
cartouches, qu'il prit dans un bahut à pétrir le pain.
« Vous pouvez tenir tête à trente cavaliers, » dit-il
froidement. « A deux millions ! » répondit une voix ;
la petite armée s'ébranla en silence.

« Au premier rang, je reconnus le père Grenouille,
dans son magnifique habit de garde-française. Le
père Grenouille était un vieux soldat de Louis XVI,
que ses soixante-quinze ans avaient forcé de se
retirer du service. Réduit à la dernière misère, il
habitait le quartier des pauvres, le *Calvaire*, où
j'allais quelquefois le trouver dans sa cabane. Il
venait presque chaque jour dans notre maison comme
manœuvre. Je ne l'avais jamais vu que courbé en
deux, scier, fendre du bois d'une main tremblante,
dans le jardin. Mais, ce jour-là, il s'était redressé de
toute sa hauteur, et le père Grenouille avait au moins
six pieds, l'air noble, le visage tranquille, comme sa
conscience, les yeux d'une douceur singulière. Il portait en pleine poitrine, au bout d'un large ruban, sa
croix d'honneur, que je n'avais jamais aperçue. Au
lieu de trembler, il marchait d'un pas ferme, impo-
sant. Aussi, quand il passa près de moi, je le saluai,

mais je n'osai lui dire, comme je faisais les autres jours : « Adieu, père Grenouille ! »

« Il ne devait revenir que la tête fendue d'un coup de sabre... Je devais ce souvenir à cette grande figure stoïque du Pauvre, qui m'est toujours restée présente sur les ruines de la France ». (EDGAR QUINET, *Histoire de mes Idées.*)

Je viens de vous parler du *père Grenouille* ; il faut que je vous dise aussi un mot du *père Quatorze.* Une petite ville du nord. de la France, dont je ne vous dirai pas le nom, avait été prise d'assaut par les Russes. Un homme du pays se joignit à eux pour piller les maisons de ses concitoyens. Il survécut un demi-siècle à ces scènes tragiques, maudit et méprisé des habitants de la ville. Les enfants le poursuivaient dans les rues, l'appelant *le père Quatorze,* et le malheureux, tremblant, blême de colère, n'osait pas leur répondre : il porta pendant cinquante ans ce surnom flétrissant, et son opprobre, sa honte, ne finirent qu'avec sa vie.

Si les citoyens se défendirent avec courage, les soldats firent partout bravement leur devoir. Ecoutez l'exemple que voici :

« C'était le 10 février 1814, à la bataille de Champ-Aubert :

« Le 113e venait de rejoindre le corps d'armée (du maréchal Marmont, duc de Raguse). Fabvier, celui de la Moskowa, et que, depuis, la Grèce a rendu célèbre, dit que ce régiment était composé de conscrits tout neufs ; que leur uniforme entier ne consistait qu'en une capote grise et un bonnet de police d'une forme féminine, d'où vient que l'on appela ces pauvres enfants *les Marie-Louise.* Ils étaient à peine commandés et encadrés. Quand le maréchal parcourut leur ligne, voyant la plupart des pelotons sans officiers, il demanda à l'un d'eux où donc était son lieutenant. « Notre lieutenant. répondit une voix grêle, mais nous n'en avons jamais eu ! — Et le sergent ?

reprit le maréchal. — Pas davantage, reprit la même
voix ; mais c'est égal, ne craignez rien ; nous sommes
bons là ! » Comme alors il leur montrait l'ennemi, en
leur recommandant de bien ajuster, l'un d'eux ajouta :
« Qu'il tirerait bien, mais qu'il n'était pas sûr de
pouvoir recharger son arme ! » Et réellement, l'instruction d'une partie de ces pauvres recrues allait à
peine jusque-là ; mais leur bravoure naturelle suppléa
à tout. Le signal donné, pelotons, bataillons, tout
s'élance, et de ce premier élan, le bois fut emporté ! »
(*Histoire et Mémoires par le général comte de
Ségur.*)

Dans la même journée, les Russes ayant été mis
en déroute par les cuirassiers, les dragons et les lan-
ciers français, et rejetés dans une forêt, leur général
en chef « Alsufiew fut saisi au milieu du bois par un
simple chasseur de six mois de service. Ce conscrit,
quelque chose qu'on lui pût dire, ne voulut pas lâcher
prise qu'il n'eût conduit ce général à l'empereur. »
(*Id. ibid.*)

Le lendemain, 11 février, les Français étaient de
nouveau vainqueurs à Montmirail. « Le jeune et brave
chirurgien-major Bancel, attaché à la garde, et plusieurs fois blessé lui-même, avait, selon son habitude,
établi son ambulance le plus près possible du combat.
Il pansait nos blessés, quand, levant la tête, il aperçut
près de lui un ancien chasseur à cheval de la vieille
garde, fumant tranquillement sa pipe en le regar-
dant. Bancel, alors trop occupé, y fit d'abord peu
d'attention. Pourtant, un quart d'heure après, le
voyant toujours à la même place, toujours fumant et
toujours aussi paisible : — « Que faites-vous donc là,
« enfin ? s'écria-t-il ; comment un ancien comme vous
« n'est-il pas honteux de se tenir ainsi à l'écart, lors-
« que ses camarades se couvrent de gloire ? » Sur
cette interpellation, le chasseur fit faire froidement
à son cheval un demi-tour, puis, ôtant sa pipe de sa
bouche : — « Tenez, major, répondit-il, en lui mon-

« trant sa jambe brisée, dont le pied pendant ne tenait
« plus qu'à une fibre, pensez-vous que je n'aie pas
« mon compte comme cela, et que j'en puisse faire
« davantage ? » (*Id. ibid.*)

Tant d'actes d'intrépidité et d'héroïsme ne purent
sauver la France. Le génie militaire de Napoléon fut

Défense de la barrière Clichy.

impuissant à préserver notre pays des malheurs que
ses violences et ses entreprises injustes avaient attirés
sur elle. Les alliés entrèrent vainqueurs dans Paris.

nous imposèrent leurs lois, et enlevèrent à la France ses frontières naturelles. Tandis que chaque nation augmentait son territoire, le nôtre redevint ce qu'il était vingt-deux ans plus tôt.

Relégué à l'île d'Elbe, Napoléon en revint l'année suivante pour le malheur de la France. Son second règne, en 1815, a reçu le nom de *Cent Jours*. Son retour fut de nouveau le signal de la guerre. Il perdit, le 18 juin 1815, contre l'Anglais Wellington et le Prussien Blücher, la bataille décisive de Waterloo. Dans cette journée funeste, l'armée fut héroïque. Les cuirassiers se signalèrent, en chargeant intrépidement, mais sans succès, les carrés formés par l'infanterie anglaise ; et le soir, quand vint la déroute, les grenadiers de la vieille garde, enveloppés de toutes parts, refusèrent, par la voix de Cambronne, de mettre bas les armes. Ils périrent ou se firent jour à la baïonnette à travers les rangs des ennemis victorieux. La France fut envahie une seconde fois.

« Le 25 juin, à la nouvelle du désastre de Waterloo, le général Barbanègre, qui commandait la place d'Huningue, assembla la garnison et lui annonça la défaite. Tous les soldats jurèrent de conserver Huningue à la France ou de s'ensevelir sous ses ruines : ils étaient 135, ainsi divisés : 100 canonniers, 30 soldats de ligne, 5 gendarmes. Les habitants de Bâle, apprenant, à leur tour, le résultat de la journée du 18 juin, se jetèrent sur les villages français de la frontière, pillant, dévastant, incendiant les bâtiments d'exploitation rurale, les maisons, et emportant, à l'aide de nombreux chariots qu'ils avaient amenés, les récoltes, les provisions et les meubles des malheureux campagnards. Barbanègre, pour faire cesser ce pillage, tira sur Bâle, dont les habitants s'empressèrent d'invoquer le secours de 25 000 Autrichiens qui venaient de pénétrer en Suisse sous les ordres de l'archiduc Jean. L'archiduc investit bientôt Huningue : la tranchée fut ouverte le 14 août, et 130 bouches à

18.

feu, divisées en 28 batteries, commencèrent le bombardement. Huningue ne fut bientôt plus qu'un monceau de décombres. Une caserne, que Barbanègre avait fait blinder avec soin servait de refuge aux blessés, aux vieillards, aux enfants et aux femmes de la ville. Les habitants valides s'employaient à étouffer les incendies ou travaillaient aux réparations de la place ; les enfants et les femmes, bravant la mort, portaient les munitions sur les remparts ; la garnison restait sous les armes jour et nuit, et se multipliait pour présenter constamment quelques hommes sur les points les plus menacés.

« Le 22, un dépôt de munitions ayant sauté dans la redoute Custine, distante d'environ 300 mètres du corps de la place, les 3 canonniers qui défendaient ce poste avec 2 canons se replièrent. 4 à 5 000 Autrichiens essayèrent immédiatement de s'y établir ; les 3 canonniers revinrent avec quelques camarades de renfort ; l'ennemi fut chassé. Le 23, le bombardement durait encore ; l'archiduc fit sommer la place. Barbanègre répondit qu'il consentait, non pas à se rendre, mais à arborer le drapeau blanc et à reconnaître Louis XVIII ; le bombardement continua. Enfin, le 26, on convint d'un armistice, dont le général français profita pour passer en revue sa garnison, qui, employée sans relâche et jusqu'au dernier homme au service des pièces, n'avait pu être réunie une seule fois depuis le commencement du siège : les deux tiers étaient tués ou se trouvaient hors de combat. Prolonger la défense avec moins de 50 hommes devenait une tâche impossible. Barbanègre consentit à traiter. La capitulation qu'il signa lui accorda le droit de sortir de la place avec tous les honneurs de la guerre, et le laissait libre d'aller rejoindre l'armée de la Loire. Le 27, au matin, l'armée autrichienne, la population entière de Bâle et celle des villages suisses de cette frontière, se trouvèrent rangés sur les glacis de la place, pour assister au départ de

Barbanègre et de sa troupe ; les débris de la garnison qui, depuis onze jours, tenait tête à toute une armée, ne tardèrent pas à paraître. Deux tambours ouvraient la marche, puis venaient un peloton d'infanterie de ligne, le général avec quelques officiers d'état-major, deux pelotons de canonniers et les cinq gendarmes : en tout 50 hommes. A la vue de ce faible détachement, des cris d'admiration sortirent des rangs ennemis, et l'archiduc Jean, s'approchant de Barbanègre, lui témoigna toute l'estime que lui inspirait sa résistance, et l'embrassa. » (A. DE VAULABELLE, *Histoire des Deux Restaurations.*)

XVIII. Les défenseurs de la patrie en 1870 et 1871.

Aurait-on pu croire, pendant la longue paix qui suivit la chute du premier empire, que les jours néfastes de 1814 et 1815 se renouvelleraient ? qu'une nouvelle invasion viendrait démembrer encore le sol de la patrie française, et lui enlever un territoire peuplé de nos compatriotes, qui était nôtre depuis plusieurs siècles ? Ces jours de deuil arrivèrent pourtant, par la coupable imprévoyance d'un autre Napoléon, neveu du premier, qui lui aussi s'était emparé du pouvoir par un coup d'État, en détruisant, au mépris de son serment, les libertés qu'il était chargé de défendre, et en violant les lois dont la garde lui avait été confiée. La guerre, qu'il eut l'imprudence de déclarer à la Prusse en 1870, attira sur notre pays une invasion nouvelle et des désastres jusque-là sans exemple dans notre histoire.

Au nombre des hommes de cœur qui honorèrent la défaite de la patrie par leur courage héroïque, je vous signalerai au premier rang deux des défenseurs de l'Alsace, Edmond Valentin, le dernier préfet français de Strasbourg, et le colonel Denfert-Rochereau, qui nous conserva Belfort.

Valentin (Marie-Edmond) était né à Strasbourg en 1823. Engagé volontaire à 17 ans, il était sous-lieutenant au 6e bataillon de chasseurs à pied, lorsqu'il fut élu représentant du peuple à l'Assemblée Législative, par le département du Bas-Rhin, le 10 mars 1850. Proscrit par le coup d'État du 2 décembre 1851, Valentin se retira en Angleterre, où il entra comme professeur à l'École militaire de Woolwich. Il y conquit l'estime de tous par son intelligence, son savoir et la franchise de son caractère[1].

A la nouvelle de l'invasion de 1870 et de la proclamation de la République, il accourut à Paris offrir ses services au Gouvernement de la Défense Nationale.

Il fut nommé préfet du Bas-Rhin, et le gouvernement déclara qu'il s'en remettait à son patriotisme pour trouver les moyens de pénétrer dans Strasbourg assiégé par l'ennemi. La ville, dont le général Ulrich était gouverneur, était alors bombardée par les Badois. Valentin traversa sous un déguisement les lignes allemandes avec le décret de nomination cousu dans ses vêtements; il franchit l'Ille à la nage, le 19 septembre au soir, et, rampant à travers les champs de maïs et de pommes de terre, sous le feu des Prussiens, il parvient à gagner les fossés de la place, les traverse également à la nage et atteint le rempart. Il se dresse au bord d'un bastion en criant de toutes ses forces : « France ! France ! »; un vieux zouave le couche en joue, mais un caporal de la ligne relève l'arme en s'écriant : « Ne tirez pas ! vous voyez bien qu'il est

---

1. « Les Anglais, dit M. Anatole de la Forge, ont gardé de lui le souvenir le plus reconnaissant. Lorsque Valentin, en 1870, appelé en France par les dangers de la patrie, dut abandonner l'Angleterre et quitter son professorat, l'école de Woolwich lui accorda spontanément une pension de retraite. » Cette pension fut doublée quand Valentin perdit ses fonctions de préfet du Rhône.

seul! — Je suis votre préfet! s'écrie Valentin, menez-moi à votre général! »

L'héroïsme de Valentin et du maire Küss ne put cependant sauver Strasbourg; la cathédrale était horriblement maltraitée, la bibliothèque avait été incendiée par les obus; les remparts s'écroulaient de tous côtés. La ville succomba le 28 septembre, après quarante jours de bombardement. Envoyé captif à Coblentz, Valentin y resta quatre mois, jusqu'à la paix, dans les casemates du fort d'Ehrenbreitstein.

Devenu président de la République, Thiers le nomma préfet du Rhône; il eut la douleur de voir à Lyon la guerre civile succéder à la guerre étrangère, et fut blessé à la jambe en s'efforçant de l'apaiser. Quelque temps après, Thiers se laissa imposer la destitution de Valentin, qui fut nommé député par le département de Seine-et-Oise. Devenu sénateur inamovible, il mourut tragiquement le 1er novembre 1879.

Cathédrale de Strasbourg.

Non moins héroïque et plus heureuse que la défense de Strasbourg fut celle de Belfort par le colonel Denfert.

Pierre Denfert-Rochereau était né à Saint-Maixent dans les Deux-Sèvres, le 11 janvier 1823. Élève de l'École Polytechnique et de l'École d'application de Metz, il assista comme lieutenant du génie au siège de Rome en 1849, comme capitaine au siège de Sébastopol en 1854. A l'attaque de la Tour Malakoff, l'épaule ouverte par un biscaïen, il resta à son poste jusqu'au moment où une balle vint lui trouer la jambe. Professeur adjoint à l'École d'application de Metz pendant quatre ans, puis employé en Algérie à des travaux importants, il commanda le génie à Belfort depuis 1863, et mit en état de défense les forts des *Perches* et des *Barres*. Colonel le 19 octobre 1870, il vit arriver l'ennemi devant la place au début du mois de novembre.

Le 4 novembre, le général Von Treskow lui écrivit pour le sommer de se rendre « afin d'éviter à la population du pays les horreurs de la guerre. » Denfert répondit :

Belfort, le 4 novembre 1870.

A M. le général de Treskow, commandant les forces prussiennes devant Belfort.

« Général, j'ai lu avec toute l'attention qu'elle mérite la lettre que vous m'avez fait l'honneur de m'écrire avant de commencer les hostilités. En pesant dans ma conscience les raisons que vous me développez, je ne puis m'empêcher de trouver que la retraite de l'armée prussienne est le seul moyen que conseillent à la fois l'honneur et l'humanité pour éviter à la population de Belfort les horreurs d'un siège.

« Nous savons tous quelle sanction vous donnerez à vos menaces, et nous nous attendons, général, à toutes les violences que vous jugerez nécessaires pour arriver à votre but; mais nous connaissons aussi l'étendue de nos devoirs envers la France et envers la République et nous sommes décidés à les remplir.

« Veuillez agréer, général, l'assurance de ma considération très distinguée.

Le colonel du génie, commandant supérieur de Belfort,

DENFERT-ROCHEREAU.

Le siège de Belfort dura 103 jours, dont 73 de bombardement. La place reçut plus de 500 000 projectiles. Les sorties de la garnison furent fréquentes et souvent heureuses. Le 6 décembre, les assiégeants télégraphiaient : « Belfort peut tenir 5 jours au plus. »

Deux mois plus tard, ils en étaient encore au même point. Tous les assauts furent repoussés. Malgré le

Le lion de Belfort.

bombardement, le froid, la neige, les privations de toutes sortes, Belfort tint jusqu'au bout. Si la garnison quitta Belfort, le 18 février 1871, ce fut seulement sur l'ordre du gouverneur français ; et, après une occupation momentanée, seule de toutes les villes d'Alsace, Belfort redevint française. Un lion gigantesque en bronze, œuvre de M. Bartoldi, dressé sur les fortifications de Belfort, rappelle la défense intrépide de 1870-1871. Une reproduction de ce lion a été érigée à Paris, le 14 juillet 1880, à l'angle du Boulevard d'Enfer et de la Rue Denfert-Rochereau.

Élu député à l'Assemblée Nationale, le colonel Denfert est mort le 11 mai 1878.

Une autre petite ville de Lorraine résista plus longtemps même que Belfort : c'était Bitche, défendue par le 54e de marche. Dès le 10 septembre, elle fut attaquée par les Bavarois. Un bombardement de onze jours incendia la plupart des maisons, mais laissa intacte la citadelle placée au sommet d'un roc. Le siège fut alors converti en blocus. Pendant sept mois, Bitche fut ainsi entourée par l'ennemi, isolée du reste du monde, exposée à un bombardement meurtrier qui recommençait de temps en temps. La ville ne fut évacuée qu'en vertu des préliminaires de paix : « La garnison de Bitche, disait la convention, sortira immédiatement de cette place avec les honneurs de la guerre. Elle emportera avec elle ses armes, bagages, matériel et les archives se rapportant à la forteresse même. La garnison sera transportée en chemin de fer à Lunéville, et de cette ville au delà des districts occupés par l'armée allemande. »

Les femmes de la ville « convinrent, dit un témoin, de broder un drapeau qui serait confié au commandant de la place, chargé de le remettre au Chef de l'Etat, avec prière de le déposer au Musée d'artillerie, jusqu'au jour où il pourra être rapporté à Bitche par une armée française triomphante. En quelques jours le drapeau fut terminé et apporté à la citadelle. »

Ce fut le 15 mars 1871 que M. Lamberton, chef de la municipalité de Bitche, remit ce drapeau au nom de la ville au lieutenant-colonel Tessier. « Je vous offre ce drapeau, dit M. Lamberton, travail de nos enfants. En vous serrant les mains au nom de notre population si française par le cœur, je ne vous dis pas adieu, mais au revoir. » En terminant, il fondit en larmes. Le drapeau porte cette inscription : *La ville de Bitche à ses défenseurs, 5 août 1870 - 12 mars 1871.* Il se trouve au Musée d'artillerie, à l'Hôtel des Invalides, au premier étage. Mes amis, si vous habitez Paris, ou si vous y venez, allez le voir.

Que d'actes de courage il faudrait encore citer ! Ce sont les cuirassiers, qui le 6 août 1870, à la bataille de Reichshoffen, se sacrifient pour couvrir la retraite de l'armée ; c'est la garnison de Phalsbourg, qui, sous

les ordres du commandant Taillant, tient les Prussiens
en échec, pendant dix-sept semaines, jusqu'au 12 décembre ; celle de Toul, commandée par le major Itak,
qui résiste six semaines, jusqu'au 23 septembre ; celle
de Verdun, ayant pour chef le général Guérin de Wal-
desbach, qui, attaquée une première fois le 24 août et
bombardée sans interruption depuis le 20 septembre,
ne succombe que le 9 novembre ; c'est la garde nationale de Saint-Quentin, ville ouverte, qui, sous la direction de M. Anatole de la Forge, préfet de l'Aisne,
derrière des barricades improvisées, repousse les Prussiens le 8 octobre ; ce sont quelques gardes nationaux
et francs-tireurs, au nombre de moins de 1200, qui,
sous les ordres de Lipowski et de La Cécilia, disputent, pendant toute une journée, le 11 octobre 1870,
Châteaudun en flammes à un ennemi dix fois plus nombreux.

Dans quelques rencontres, trop rares, hélas ! les
Français obtinrent même l'avantage. Le 9 novembre
1870, l'armée de la Loire, commandée par les généraux
d'Aurelles de Paladines, Martineau, Peitavin, Chanzy,
culbuta les Bavarois à Coulmiers. L'armée du Nord,
commandée par le général Faidherbe, battit les Prussiens à Pont-Noyelles (23 décembre 1870) et à Ba-
paume (3 janvier 1871). L'armée des Vosges, commandée par le général Garibaldi, repoussa les Prussiens,
qui avaient attaqué Dijon, après une lutte de trois
jours, dans laquelle ceux-ci perdirent le drapeau de
leur 61ᵉ régiment d'infanterie (8ᵉ Poméranien).

La résistance de Paris assiégé dura quatre mois, du
18 septembre 1870 au 29 janvier 1871. Le dévouement
de la population ne se démentit pas un instant. Il avait
fallu rationner le pain et la viande ; tout travail avait
cessé, les gardes nationaux n'avaient plus pour vivre
que leur solde de 30 sous par jour ; la mortalité devint
bientôt effrayante ; tous les jeunes enfants succombaient ; les nouvelles du dehors étaient rares et toujours mauvaises ; et pourtant personne ne parlait de

se rendre; on ne se plaignait que de ne pas combattre
assez. Puis le froid devint intense; la neige tombait,
des hommes étaient gelés sous la tente, la Seine se
couvrait de glaçons. La faim sévissait de plus en plus;
chaque adulte ne recevait à la fin que 300 grammes
par jour d'un pain répugnant et 25 grammes de viande
de cheval. Dans les rues, sillonnées par les obus, les
femmes faisaient queue de longues heures à la porte
des boulangeries et des boucheries municipales, les
pieds dans la neige ou dans la boue, pour ne recevoir
après cette mortelle attente, que des aliments insuffi-
sants.

La dernière bataille du siège de Paris, celle de Mon-
tretout ou de Buzenval, fut livrée le 19 janvier 1871.
Ce jour-là, le jeune peintre Henri Regnault, déjà célèbre, Gustave Lambert, l'explorateur hardi des terres
arctiques, le vieux marquis de Coriolis, le lieutenant-
colonel de Rochebrune, bien d'autres encore, tombèrent, mortellement frappés, au pied des retranchements ennemis. Dix jours plus tard, Paris, qui n'avait
plus de pain, capitula.

Si jamais l'heure venait pour vous de combattre
pour l'indépendance de la patrie et l'intégrité du sol
national, soyez aussi braves que vos pères, soyez plus
heureux!

TABLE DES MATIÈRES.

CIVILISATIONS ANCIENNES.

I. La civilisation égyptienne ; les pyramides, les hiéroglyphes, le papyrus, les momies. 4

II. La civilisation phénicienne ; les premiers navigateurs ; la teinture ; l'alphabet. 7

III. La civilisation assyrienne. Les monuments de Babylone. 9

IV. La civilisation chinoise ; le thé, la porcelaine, la soie. Les Mandarins. La Grande Muraille. 11

V. Lao-tseu et Confucius. 13

VI. La civilisation aryenne. L'Inde. Les lois de Manou. Boudha. 15

VII. La civilisation médique et persique. Zoroastre. 18

LÉGISLATEURS, FONDATEURS, HOMMES D'ÉTAT.

I. Des différentes espèces de gouvernement. 20

II. Moïse, législateur des Hébreux. 21

III. Lycurgue, législateur de Sparte. 25

IV. Solon, législateur des Athéniens. 31

V. Périclès et son siècle. La grandeur d'Athènes. 35

VI. Romulus, fondateur de Rome. 42

VII. Junius Brutus, fondateur de la République romaine. 46

VIII. Auguste, fondateur de l'Empire romain. 49

IX. Constantin, fondateur de Constantinople. 54

X. Mahomet, fondateur de la religion musulmane et de la puissance arabe. 58

XI. Clovis, fondateur du royaume des Francs. 64

XII. Charlemagne, fondateur de l'empire carlovingien. 67

XIII. Les Normands en France. Hastings le pirate. 71

XIV. Rollon, fondateur du Duché de Normandie. 74

XV. La Féodalité. 76

XVI. Louis le Gros et l'affranchissement des communes. 78

XVII. Godefroy de Bouillon, fondateur du royaume chrétien de Jérusalem. 80

XVIII. Guillaume le Conquérant, fondateur du royaume normand d'Angleterre. 83

XIX. La Grande Charte et les fondateurs de la Constitution anglaise. 91

XX. Étienne Marcel et les États Généraux en France. 94

XXI. Jacques Cœur, réorganisateur de l'administration financière sous Charles VII. 101

XXII. Les frères Bureau, réorganisateurs de l'armée sous Charles VII. 104

XXIII. Sully, le ministre de Henri IV. 107

XXIV. Colbert et Louvois. 113

XXV. Turgot, le ministre réformateur. 118

XXVI. Pierre le Grand, fondateur de Saint-Pétersbourg. 123

XXVII. Frédéric II, fondateur de la puissance prussienne. 129

XXVIII. Washington, libérateur et fondateur des États-Unis. 137

XXIX. Abraham Lincoln, l'émancipateur des esclaves. 145

HOMMES DE GUERRE, CONQUÉRANTS ET PATRIOTES.

I. La guerre. 152

II. Le Spartiate Léonidas, défenseur des Thermopyles. 154

III. Alexandre le Grand, roi de Macédoine et conquérant de l'Asie. 158

IV. Hannibal le Carthaginois et le Romain Scipion l'Africain. 167

V. Le Romain Jules César, conquérant de la Gaule, et le Gaulois Vercingétorix, défenseur de son pays. 178

VI. Le Grand Ferré, ou la résistance nationale contre les Anglais au XIVᵉ siècle. 189

VII. Jeanne d'Arc, la libératrice de la France au XVᵉ siècle. 194

VIII. Bayart, le chevalier sans peur et sans reproche. 200

IX. Turenne et Condé. 213

X. Carnot, l'organisateur de la victoire. 220

XI. Les enfants héroïques. 227

XII. Hoche. 231

XIII. Marceau. 242

XIV. Kléber. 246

XV. La Tour-d'Auvergne, le premier grenadier de la République. 253

XVI. Napoléon Bonaparte. 258

XVII. Les défenseurs de la Patrie en 1814 et 1815. 268

XVIII. Les défenseurs de la Patrie en 1870 et 1871. 276